公路桥梁
检测与加固技术研究

张　杰　张长伟　李　庆　主编

天津出版传媒集团

天津科学技术出版社

图书在版编目（ＣＩＰ）数据

公路桥梁检测与加固技术研究 / 张杰，张长伟，李
庆主编. -- 天津 : 天津科学技术出版社，2021.4
ISBN 978-7-5576-8862-2

Ⅰ．①公… Ⅱ．①张… ②张… ③李… Ⅲ．①公路桥
－检测－研究②公路桥－加固－研究 Ⅳ．①U448.14

中国版本图书馆 CIP 数据核字(2021)第 061344 号

公路桥梁检测与加固技术研究
GONGLU QIAOLIANG JIANCE YU JIAGU JISHU YANJIU
责任编辑： 王 祯

出版：天津出版传媒集团
天津科学技术出版社
地址：天津市西康路 35 号
邮编：300051
电话：(022) 23332400
网址：www.tjkjcbs.com.cn
发行：新华书店经销
印刷：北京宝莲鸿图科技有限公司

开本 787×1092 1/16 印张 16.5 字数 360 000
2021 年 4 月第 1 版第 1 次印刷
定价：68.00 元

前　言

　　公路桥梁工程试验检测是一门融公路桥梁工程基础知识、试验检测基础理论和测试操作技能于一体的学科，是进行公路桥梁工程质量检测的一种有效手段，是公路桥梁建设质量管理工作的重要组成部分，它可以直观地反映出该工程的整体质量水平，及时发现问题并采取有效的措施和手段进行解决，因此对公路桥梁的建设具有至关重要的作用。对于新材料、新工艺、新技术，通过试验检测和研究，可以完善设计理论和施工工艺。

　　改革开放以来，随着国民经济的快速发展，国家加大了交通基础设施建设的投资力度，公路及城市道路建设蓬勃发展，一大批科技含量高、技术复杂、施工难度大的特大跨径桥梁相继建成，使我国的道路桥梁建造技术步入世界先进水平的行列。与此同时，随着交通量增加、荷载等级提高、环境条件变化等多种因素的不断作用，道路桥梁的使用性能逐渐劣化，导致各种病害的出现，严重的已无法满足现今交通的需要，面临着艰巨的养护维修和技术改造任务。相对于发展较快的道路桥梁建设技术，我国的道路桥梁维修加固技术的发展相对滞后，进一步加强针对道路桥梁养护维修与加固改造的技术研究以及工程应用具有重要意义。

目 录

第一章 绪 论

第一节 国内外桥梁发展状况

20 世纪以来，以悬索桥、斜拉桥为主的大跨径桥梁技术获得飞速发展。悬索桥跨径从威廉斯堡桥（主跨 488m，1903 年）至明石海峡大桥（主跨 1991m，1998 年）上升了 4 倍，斜拉桥跨径从斯特伦松德桥（主跨 183m，1955 年）至苏通大桥（主跨 1088m，2008 年），上升近 5 倍有余。

截至 2016 年年底全国公路总里程 469.63 万公里，比上年增加 11.90 万公里。公路密度 48.92 公里 / 百平方公里，增加 1.24 公里 / 百平方公里。公路养护里程 459.00 万公里，占公路总里程的 97.7%。全国四级及以上等级公路里程 422.65 万公里，比上年增加 18.03 万公里，占公路总里程的 90.0%，提高了 1.6%。二级及以上等级公路里程 60.12 万公里，增加 2.63 万公里，占公路总里程的 12.8%，提高了 0.2%。高速公路里程 13.10 万公里，增加 0.74 万公里；高速公路车道里程 57.95 万公里，增加 3.11 万公里。国家高速公路 9.92 万公里，增加 1.96 万公里。国道 35.48 万公里，省道 31.33 万公里。农村公路里程 395.98 万公里，其中县道 56.21 万公里，乡道 114.72 万公里，村道 225.05 万公里。全国通公路的乡（镇）占全国乡（镇）总数的 99.9%，其中通硬化路面的乡（镇）占全国乡（镇）总数的 99.00%，比上年提高了 0.38%；通公路的建制村占全国建制村总数 99.94%，其中通硬化路面的建制村占全国建制村总数的 96.69%，提高了 2.24%。

截至 2016 年年底，全国公路桥梁 80.53 万座、4916.97 万米，比上年增加 2.61 万座、324.19 万米，其中特大桥梁 4257 座、753.54 万米，大桥 86178 座、2251.50 万米。全国公路隧道为 15181 处、1403.97 万米，增加 1175 处，135.58 万米，其中特长隧道 815 处、362.27 万米，长隧道 3520 处、604.55 万米。

与此同时，公路运输中超限超载的问题日渐突出，已成为危及人民群众生命和国家财产安全，影响社会经济协调、健康发展的一个突出社会问题。由于超限超载车辆的实际载重大大超过了道路、桥梁的正常设计使用荷载，极大地缩短了道路，桥梁的使用寿命，增加了道路、桥梁的投入成本。近年来，重载货车和船舶压垮撞毁桥梁的安全事件时有发生，桥梁安全形势十分严峻。

另一方面，由于混凝土结构的使用需求改变、混凝土劣化、老化等造成混凝土强度不足、各种灾害（地震、水灾、风灾和火灾等）、钢筋锈蚀、结构设计或施工不当以及配合规范修正等原因，大量在役混凝土桥梁存在承载能力不足等问题。桥梁作为交通枢纽和经济建设的大动脉，承担着重大的责任，一旦发生事故必将给人民的生命财产和经济造成极大的损失，且不易在短期内恢复，甚至一蹶不振。

桥梁的维修与加固对于发达国家已成为重要课题。对于土木工程建设而言，既有结构物的维护、加固及升级应该与新建结构物的设计及施工扮演同等重要的角色，混凝土结构加固也因此成为土木工程界目前发展最快的领域之一。利用先进的加固技术对这些病危桥梁进行加固处理，提高其承载能力、延长其使用寿命，确保桥梁结构和交通运输安全，是现在和今后广大桥梁工作者所面临的主要任务，也是桥梁养护管理工作中急需解决的问题。

综上所述，要保持交通的安全畅通以及桥梁建设的可持续性发展，提高现有桥梁的服务水平，我们不仅要加强桥梁建设，同时也要积极加强对已有旧桥的维护与加固工作；要保持交通的持续畅通发展，桥梁建设和桥梁的维修加固两者不可偏废。尤其是我国是一个发展中国家，资金不充足，交通还处于比较落后的地位，在这个大前提下，加强旧危桥的维修加固工作就具有更大的实际意义：一是可以最大限度地降低交通建设成本，实现投资的优化；二是可以保持桥梁建设的快速发展，缓解我国的交通紧张状况。

第二节　桥梁养护工作的重要性与现状

一、我国在役桥梁病害严重的原因

1. 桥梁建设中的前期原因致使桥梁不能适应现有大交通量的需要，我国大量县乡村公路桥梁大多修建于 20 世纪 70 年代以前，过去在资金不足、技术力量薄弱，而工期又非常紧的情况下建设起来的这些桥梁，其技术标准低、工程质量差，不能适应当前交通量日益增长，从而加快了桥梁疲劳、老化进程，部分交通量大的桥梁便成为危桥。建国初期至改革开放前的几十年中修建的桥梁约 24 万座，大多存在技术标准低、年久失修的状况，不能满足现代交通的需求。近三十年桥梁建设快速发展，但设计、施工管理水平发展相对滞后，还处在不断提高的过程中，因而许多桥梁未通车就存在隐患。

2. 桥梁设计荷载等级低，大大限制了公路运输的通行能力。以前修建的桥梁等级大多为汽车 -10 级，而现在的汽车重量已达到了一百多吨，各种超重车的出现加重了桥梁的负荷并加快了桥梁损坏的进程，车辆超载行驶使这些低等级的桥梁难以适应。因为交通运输管理体制等多方面的原因，中国公路桥梁上行驶的大型车辆普遍超载。单车过百吨、轴重过 250kN 的车辆时常可见。这些车辆对道路桥梁的破坏是直接而致命的。虽然这些超重车辆和大件运输车辆过桥时，不会导致桥梁立即倒塌，但对桥梁造成了严重损伤，将缩短其使用寿命。

3. 桥梁设计不合理，导致桥梁病害的加重。在 20 世纪 60 年代至 70 年代我国采用最多的桥梁结构是石板桥和圬工拱桥。石板桥最大的弊端是桥面没有铺装，即使有也是简易铺装，石板一断裂整座桥便处于瘫痪状态；圬工拱桥配筋率低，与梁桥相比可节省大量的钢材，但是其桥台难以稳定，容易产生位移、桥台的位移必然会导致整个上部构造的损坏，主要表现为腹拱顶开裂，拱脚渗水等。此外，许多桥梁在结构上、材料上的研究还不足，设计规范标准也存在滞后的问题，有些桥梁在成桥后的长期使用中发现这样或那样的缺陷。

4. 自然因素的影响，日益加重的环境污染，造成桥梁的自身老化、破损。随着我国工业的发展，各企业只注重发展生产，排出的废水不经处理便排入河流，致使沿线桥梁下部构造腐蚀。

5. 缺乏有效的管养机制。面对数量庞大、增长迅速的桥梁，我们没有建立有效管养体系；众多桥梁缺少管理和保养。让"小病"逐渐发展成"大病"，桥梁长期带"病"工作，最终发展成为危桥。

桥梁坍塌是桥梁损伤破坏的一种极端现象，是桥梁损伤不断积累的结果。要避免此类事件的发生，必须防患于未然，及早对桥梁进行定期检查、评估和加固处理。沉痛的教训使人们认识到，桥梁的安全性不仅仅是建设期间的质量控制问题，更是全社会关注的重大问题。在交通建设中，既要实现公路桥梁的建设目标——安全、畅通、高效益和低成本，又要对建成的桥梁加强日常管理和养护，预防发生病害，使用期间及时根治缺陷、加固维修保养，保证其持续安全运营，确保桥梁结构在建设投入使用、最终完成其使命的整个寿命期间，能够保证结构运行荷载和人员的安全，以合理的经济成本维持自身较高的服务水平和通行能力，并满足持续增长的需要。

二、桥梁养护存在的典型问题

目前，管理单位普遍存在着养路不养桥，重建不重养的思想，造成桥梁失养，主要表现在以下几个方面：

1. 桥面不清洁、泄水孔堵塞，在中小型桥梁中比较普遍，个别的桥面上堆放柴草杂物、垃圾泥土污物等，晴天尘土飞扬，雨天泥浆四溅。

2. 桥面不平整，使车辆颠簸，影响车速，增加桥梁构件的疲劳，如不改善将缩短桥梁的使用寿命。

3. 桥头跳车现象严重。桥头跳车会给行车带来不舒适，影响车速，降低行车质量，长期下去也会影响桥梁的使用寿命。

4. 桥梁栏杆残缺不齐。造成栏杆残缺的原因很多，如车辆肇事，人为破坏等。虽然不影响车辆运行，但会造成行驶在桥上的车辆及行人缺乏安全感。

5. 桥梁构件损坏不及时维修。桥梁投入运营后，由于施工中出现的变位、沉陷空洞等病害，在日常养护中没有及时修补，造成桥面剥落、墩台砌块脱落、基础外露、钢筋外露锈蚀等，这类病害不及时处理可能酿成大问题。

6. 桥况不明。桥梁资料不全、技术状况不清楚等，是由于技术资料不及时归档所造成的；对桥梁不进行定期检查桥梁病害的状况、病害发展过程不清楚，桥梁技术状况在各类报表资料中混乱，甚至还有桥名不统一的情况。

三、我国在役公路桥梁技术现状

目前我国在役公路桥梁多建于 20 世纪 50 年代以后，限于当时技术水平和历史条件，桥梁设计和施工水平不高，加上超重车作用频繁，养护不及时等原因，我国在役桥梁技术现状不容乐观，主要表现在如下几个方面：

1. 相当比例的桥梁设计承载力低，不能满足重载交通要求。我国桥梁设计荷载标准，20 世纪 50 至 90 年代末为汽车 -10 级、汽车 -13 级、汽车 -15 级、汽车 -20 级、汽车 - 超 20 级，现行标准为公路 - Ⅱ级、公路 -Ⅰ级。建于 20 世纪 80 年代前的桥梁，设计荷载一般为汽车 -10 级、汽车 -13 级、汽车 -15 级。根据现行《公路工程技术标准》（JTG B01-2014），桥梁设计荷载有公路 - Ⅱ级、公路 -Ⅰ级。根据荷载等级公路 - Ⅱ级相当于汽车 -20 级这一标准判定，我国这些桥梁承载力不符合现行标准，属"等外"桥梁，属于承载力不达标桥梁。而且，有关研究分析表明，设计荷载为汽车 -20 级的桥梁承载力仍稍低于公路 - Ⅱ级标准，按此标准判定，建于 20 世纪 80 年代至 90 年代末的汽车 -20 级的桥梁，也属于"等外"桥梁。因此，我国在役桥梁中承载力属"等外"的桥梁占相当大的比例。这些桥梁应予加固提级，使其承载力至少达到公路 - Ⅱ级。

2. 目前我国绝大多数在役桥梁设计时仅进行构件强度验算，而未进行耐久性设计，目前构件材料：老化退化严重，病害严重。众所周知，桥梁使用寿命不仅取决于其构件强度，还取决于构件的耐久性，也就是构件在使用期内保持强度和结构完整的性能。限于当时知识技术水平和经济发展水平，至 2015 年前我国公路桥梁设计未规定使用寿命，桥梁设计时仅要求满足强度指标。2015 年实施的《公路桥涵设计通用规范》（JTG D60-2015）提出桥梁设计基准期为 100 年。而设计基准概念并不明确，不等同于使用寿命，而且也没有实现设计基准期 100 年技术措施的具体办法；2014 年实施的《公路工程技术标准》（JTG B01-2014）未提使用寿命；2006 年实施的《公路工程混凝土结构防腐蚀技术规范》（JTG/T B07-2006）提出了实现设计基准期的技术要求，但仅为"推荐性标准"，强制性不足。因此，目前我国在役的大多数桥梁耐久性不足，使用寿命难以达到期望设计基准期；而且，至今我国桥梁设计时尚未充分考虑桥梁使用寿命，设计文件缺少构件耐久性设计。

实际上，西方发达国家的桥梁设计早就考虑使用寿命。例如，上海著名的"外白渡桥"是一家英国公司设计的。20世纪90年代，该公司来函告知中国政府部门，称到某年某月某日，该桥寿命已到100年，"我们对该桥的责任已经终止"。这就是寿命期间责任的体现。

在我国，部分氯盐环境（海洋环境）的桥梁，设计时未对构件进行耐久性设计，使用仅数年即产生混凝土剥落、钢筋锈蚀等严重病害，其寿命可想而知；有的桥梁虽然投入巨资维修加固，但由于有的部位，如海水海床中桥墩无法修复，留下了隐患。

3. 目前我国多数在役桥梁尤其是中小桥梁设计时对次要构件和附属设施不够重视，例如，桥面混凝土层配筋少甚至无钢筋，钢筋混凝土栏杆的保护层过薄，泄水管过短，桥面排水系统不合理，采用油毡支座，无检查通道，未预留支座更换空间等。这些有设计缺陷的次要构件也严重影响桥梁寿命。

4. 目前在役的部分桥梁建于20世纪50至70年代，部分桥梁尤其是低等级公路的中小桥，施工单位无资质，施工质量不高，其承载力难以达到设计荷载。有的桥梁采用外购红砖、外购水泥砖，无质量检测资料；甚至拱桥中采用竹片代替钢筋等。目前从外观看，这些桥梁构件有蜂窝麻面现象，材料老化严重。

四、我国在役公路桥梁养护管理现状

为了加强和规范公路桥梁养护管理工作，保证公路畅通和桥梁运营安全，1999年交通运输部下发了《关于加强桥梁养护管理工作的通知》，各级交通主管部门和公路管理机构普遍重视和加强了桥梁养护管理工作。2004年10月1日，交通运输部颁布了新的《公路桥涵养护规范》（JTGH11-2004），2007年交通运输部又印发了《公路桥梁养护管理工作制度》，2008年交通运输部又颁布实施了《公路桥梁加固设计规范》（JTG/T J22-2008）和《公路桥梁加固施工技术规范》（JTG/T J23-2008）。

但在实践中，除了少数大型桥梁外，重视路面养护、轻视桥梁养护的现象严重，上级考核评比项目也多集中于路况检测，而疏于桥梁检查。另外，近年来新建了大量大型桥梁，这些桥梁跨径大、结构复杂、结构轻、结构内力分布复杂。采用新材料和实时监测系统，是以前基层公路养护部门所不熟悉的，给桥梁养护管理带来了新难题，对其提出了更高要求。在我国，尽管多次强调建养并重，但地方重建轻养现象依然存在，有的还相当严重。目前我国公路桥梁养护管理仍存在各种观念和技术问题，甚至体制障碍，主要问题如下：

1. 桥梁疏于养护。在20世纪70至80年代，公路养护管理中，重养路面、轻养桥梁的现象十分严重，养护质量考核无桥梁考核项目，直至目前部分地方仍然存在这种情况。例如，由于不重视支座养护，支座损坏，橡胶支座老化变形破损，原钢支座锈蚀失效，原活动支座变为固定支座，主梁由受弯构件变成弯拉构件。

2. 对桥梁检查重视不够。桥梁检查是桥梁养护管理工作中最主要的内容，也是后续决策的依据。桥梁服役期间，由于构件材料劣化、外因作用等原因，桥梁总会出现各种病害，必须通过检查发现这些病害，评价其技术状况，进而提出养护维修对策。桥梁检查是公路桥梁养护管理的重要内容，桥梁养护对策包括改建对策均需首先进行检查。《公路桥涵养护规范》（JTGH11-2004）规定，每月开展一次桥梁经常性检查，但有的养护单位检查粗糙、应付了事。桥梁每日承受着大量车辆作用，桥梁构件缺损也不是每个月月底出现，因此对于交通量大、重要大型桥梁应增加检查频率，每日巡查一次，及时发现问题及时处理。在桥梁养护管理工作中，编者曾遇到桥面突然出现坑洞，危及行车安全，养护工人日常巡路发现后及时采取措施，避免了交通事故发生。但根据现行桥梁养护管理工作制度，桥梁检查由桥梁工程师负责。因此，为及时发现桥梁危害，确保行车安全，桥梁检查应推行以下检查制度：每日养护站技术员巡查桥梁，每月县公路局桥梁养护工程师对桥梁进行经常性检查，每年监管单位养护工程师组织桥梁定期检查。实际上，西方发达国家以及我国的香港，对桥梁养护十分重视。据有关资料介绍，香港青马大桥的检查制度有日常巡查，桥梁养护工程师每日步行桥面来回巡查一次，并做记录。

《公路桥涵养护规范》（JTG H11-2004）规定，每1~3年开展一次桥梁定期检查。定期检测由市级桥梁养护工程师组织，无须检测资质。但在我国由于建设时未预留桥梁检测通道，而且桥梁检测车不普及，难以按时开展定期检查，也由于无检测设备，采用望远镜方式检查桥梁，检查质量难以保证。

3. 旧桥技术档案资料缺失，不利于后续桥梁养护管理。部分建于20世纪50至70年代的桥梁，实行"多快好省"的建设方针，设计无资质，无设计者签名，无地基地质资料和施工检测资料，因而给后续桥梁养护管理带来困难。例如，加固设计需要竣工图，无竣工图时无法进行加固设计验算，只能采用拆除旧桥重建方案。

4. 桥梁养护管理责任单位的责任不明。2007年交通运输部颁布实施了《公路桥梁养护管理工作制度》，各省区市根据当地实际制定了实施细则。但目前我国公路桥梁养护管理还存在以下不足：公路管理体制多样，在部分省份，省级交通主管部门垂直管理省、市、县公路局，而年度公路养护计划由省级计划部审批，投资决策层次达5个。实际上，桥梁出现病害后应及时养护处理。基础公路养护部门是桥梁养护责任单位，但投资决策层次过多，投资决策部门远离危桥，未意识到桥梁病害严重性，因而责任意识不强，决策周期长，导致桥梁养护单位无所适从，也无积极性；另外，养护单位的桥梁工程师有责无权，责权不统一，工作积极性不高。有的经营性收费公路的业主只顾收费，不安排专门的资金用于桥梁养护和加固。

5. 对危桥实行交通管制困难。现行交通行业标准规定，对四类桥梁实行交通管制、限速限载，对五类桥梁实行封闭交通。但实践中实施困难，当地群众不理解、地方政府不支持的现象时有发生，车辆强行过桥，桥梁损坏加剧，还可能造成桥塌车毁事故。

6. 车辆超载严重，而且难以管理；另外，大件运输车辆逃避管理现象严重，对桥梁造成严重损伤。由于处于无管理状态，超载车辆常形成密集车队行驶，不同于设计荷载车队，其对桥梁产生的荷载效应可能远大于设计荷载效应；另外，水电站、化工厂建设常需运输大件设备，部分设备和运输车辆的总重远超过设计验算荷载，这些车辆常逃避管理。虽然这些超重车和大件运输车辆过桥时，一般不会导致桥梁立即坍塌，但对桥梁造成了严重损伤，将缩短其使用寿命。

7. 部分桥梁养护工程师的技术水平难以达到现实要求，桥梁管理水平不高。根据交通运输部《公路桥梁养护管理工作制度》，县级公路养护单位为桥梁养护单位，市局和省级公路管理机构为桥梁养护监管单位，而且桥梁检查、养护建议等基础工作一般由县级公路养护单位的桥梁工程师负责。但目前现状是，由于多年游离于桥梁养护决策层外，部分桥梁养护单位的桥梁工程师业务生疏，知识水平不高，西部地区尤为严重。另外，近年新建的部分桥梁，跨径大，结构复杂，结构内力分布复杂，采用新材料，采用实时监测系统，是以前基层公路养护部门所不熟悉的。

目前我国社会和经济迅速发展，对公路桥梁养护管理提出了更高要求。根据上述我国目前在役桥梁的技术状况和养护管理现状，为确保在役桥梁安全运营，无疑应全面落实交通运输部《公路桥梁养护管理工作制度》，贯彻执行《公路桥涵养护规范》（JTG H11-2004）。公路基层养护部门是公路桥梁的养护单位和监管单位，其桥梁工程师直接承担着桥梁养护管理的重任，是确保在役桥梁安全运营的直接责任人，因而桥梁工程师的业务能力决定着桥梁养护管理水平。如前所述，目前部分公路养护单位桥梁工程师的知识水平不高，对病害危及桥梁安全程度判断不准，对桥梁病害产生原因分析不明，导致采取的养护维修措施不当等。因此，提高基层公路养护单位桥梁工程师的业务水平，是加强桥梁养护管理、确保在役桥梁安全运营的首要手段。

基层公路养护单位桥梁工程师的主要工作内容是：组织桥梁经常性检查，组织桥梁定期检查，根据检查结果提出维修加固建议。因此，本指南面向基层公路养护单位的桥梁工程师，细化了《公路桥涵养护规范》（JTIG H11-2004）中关于桥梁检查的内容，为桥梁的维修加固提供了参考意见。

第三节　桥梁检测与加固的目的及意义

桥梁检测与维修加固，是针对正在使用的桥梁进行检测、评价、维修、加固或改造等技术对策的总称。据日本有关统计资料表明，对于结构建筑物（包括桥梁）承载能力和使用性能进行检测、评价，在投入使用后一般有两次高峰期，一是投入使用后约20年，称为小周期，二是约60年，称为大周期。小周期对结构进行检测的目的是：确保结构建筑物处于完好的技术状态；大周期是对结构建筑物进行鉴定，判定其使用状态，以便做出相应的对策。

目前，我国相当一部分现有桥梁已无法满足交通事业发展的需要，主要是由于交通运输事业的发展,不仅车流量急剧增加,而且荷载等级不断提高,加之车辆超载现象非常严重,对公路桥梁造成永久性损伤,严重缩短了桥梁的使用寿命。另外,由于桥梁运营环境恶劣,酸碱盐腐蚀、冻融循环等因素会降低材料与结构的耐久性。因此,部分既有桥梁已经不能适应现代交通运输的需要。如果将其全部拆除重建,不仅资金耗费巨大,而且在时间上也不允许。而维护和加固旧桥所产生的费用远小于新建桥梁,又不阻碍交通。国内外经验表明:一般情况下,拱桥的加固费用为重建新桥的 20% ~ 30%,梁桥的加固费用为重建新桥的30% ~ 40%。因此,对可利用的公路桥梁进行维修、加固改造,提高其承载能力和通行能力,可大大节省资金,具有重大的社会价值和技术经济价值。

第四节　桥梁加固的基本原则和要求

一、基本原则

桥梁经过可靠性鉴定需要加固时,或桥梁结构有明显病害并危及行车安全时,必须进行加固。其维护与加固设计应遵循的基本原则为:

1. 必须对原桥进行翔实的现状调查、具体的病害分析与结构状态评定。

2. 加固改造后的桥梁使用荷载等级应根据使用要求由设计者按实际情况而定。

3. 加固设计应与施工方法紧密结合,保证新增结构与原结构连接可靠,协同工作。

4. 应按现行的公路桥梁设计规范进行设计,加固改造后的桥梁在使用荷载下,原有结构与新增结构的强度、刚度及裂缝宽度限值等均应符合规范要求。

加固桥梁应按下列原则进行结构承载力验算:

1. 结构计算应根据实际受力状况确定。

2. 结构的计算截面积应采用实际有效截面积,并考虑结构加固时的实际受力情况及加固部分的应变滞后特点。

3. 进行超静定结构承载力验算时,应考虑实际荷载偏心结构变形、温度作用等造成的附加内力。

4. 加固后桥梁结构重量增加时,应对被加固结构及桥梁基础进行验算。

二、基本要求

由于桥梁加固工程的客观特殊性,对它的实施有技术、经济、交通影响及环境影响上的要求:

1. 技术要求

（1）加固桥梁不同于新建桥梁，固定的旧危桥梁客观条件对方案设计及施工组织等技术层面提出了更高的要求。

（2）应尽量减少对原有桥梁结构的损伤，充分利用原有结构构件，做到加固工程的安全、可靠、耐久，满足使用要求，不留后患。

（3）施工方面必须考虑已有交通的影响，在施工组织和方案设计上必须做到施工便捷、快速。

（4）在新旧结构的处理上，设计计算应该充分考虑结构强度的折减；在施工时，应尽量做到两者的一致性。

2. 经济要求

加固结构所产生的费用应该总体大幅低于新建结构的费用，使其直接经济效益和间接经济效益明显。

3. 交通影响要求

首先应该做到在允许的范围对交通的影响最小。

4. 环境影响要求

桥梁加固方案的设计应把对环境的影响考虑进去，对新旧部分应做到外观协调，以适应一定的景观要求。

第二章 路基常见病害及防治措施

第一节 路基常见病害及处置方法

一、路基常见病害

在自然界中，路基受各种因素的作用，产生不可恢复的变形，危及路基及其各组成部分的完整和稳定，形成路基的病害。

（一）路基沉陷

路基沉陷是指路基表面在垂直方向产生较大的沉落。

路基沉陷分两种情况：

1. 因路基填料选择不当、填筑方法不合理、压实不足，在路基堤身内部将形成过湿的夹层，在荷载和水温综合作用下，引起路基自身沉缩。

2. 原天然地面为新近填土、软土、泥沼等，其承载能力不足，路基修筑前又未经处理，在路基自重作用下，地基沉陷或向两侧挤出，引起路基下陷。

（二）边坡滑塌

根据边坡土质类别、破坏原因和规模的不同，路基边坡滑塌可分为以下四种：

1. 溜方

溜方是由少量土体沿土质边坡向下移动所形成的，通常是指边坡上薄的表层土下溜，可能是由于流动水冲刷边坡或施工不当而引起的。

2. 滑坡

滑坡是指一部分土体在重力作用下沿路堤的某一滑动面滑动。滑坡现象主要是土体的稳定性不足而引起的。滑坡分为路堤滑坡和路堑滑坡。

边坡坡度过陡、边坡坡脚被冲刷挖空、填土层次安排不当是导致路堤边坡的主要原因。边坡高度和边坡坡度与天然岩土层次的性质不适应是路堑边坡滑坡的主要原因。黏性土层和蓄水的砂石层交替分层蕴藏，特别是有倾向路堑方向的斜坡层理时，就更容易诱发滑坡。

3. 风化剥落

风化剥落是指风化的石质路堑边坡，在外界环境因素如降水、强风、振动等影响下，成片或块体剥落，从而危及线路和行车安全。风化剥落一般多指因地形、地质原因而造成的体积较小而数量较多的风化岩石剥落。

4. 不良地质和水文条件

不良地质条件（如泥石流、溶洞等）和较大自然灾害（如大暴雨）均可能导致路基的大规模毁坏。

二、常用地基处理方法

（一）换填法

换填法就是将路基底面以下一定范围内的软弱土层挖去，然后以质地坚硬、强度较高、性能稳定，具有抗侵蚀的砂、碎石、卵石、素土、灰土、煤渣、矿渣等材料分层填筑、压实成为良好的人工地基。就道路病害而言，通常只在上部路堤较矮且下部软弱土层较薄的情况下采用换填法。

（二）静压注浆法

静压注浆法的实质是用气压，液压或电化学原理，把某些能固化的浆液注入各种介质的裂缝或孔隙，以改善地基的物理力学性质。注浆法可用于防渗。堵漏、加固和纠正结构物倾斜。它广泛应用于水利、道桥以及地下建筑等工程中的砂及砂砾石地基、软黏土地基、杂填土地基、淤泥以及湿陷性黄土地基等。在地基处理中，常用的静压注浆方法按其依据的理论可分为渗透注浆法、劈裂注浆法、压密注浆法、电动化学注浆法。

1. 劈裂注浆法

浆液在压力作用下，克服地层的初始应力和抗拉强度，引起土体结构的破坏和扰动，进而使浆液沿垂直于小主应力平面上发生劈裂，进一步使地层中原有的孔隙或裂隙扩张或形成新的裂缝和孔隙，从而使低透水性地层的可灌性和浆液扩散距高增大。劈裂注浆法可以通过劈裂压密土体形成充填裂缝，浆液进一步扩散和延伸，最终形成板状和树根状浆脉，达到改善土体化学性能、增加土体抗压强度、降低土体渗透性的目的。

2. 压密注浆法

通过钻孔向土层中压入浓浆，随着土体的压密和浆液的挤入，在压浆点周围形成浆泡空间，并向四周不断膨胀挤压土体，压入的浆泡使一定范围内的土体被挤密，浆泡本身凝结后也最终形成硬质块体存在于土体中，使一定范围内的土层得到强化改善。此外，浆液的挤压作用会引起地面的局部隆起和路基不均匀沉降有所抵消现象。

3. 渗透注浆法

在注浆压力作用下，浆液克服各种阻力而渗入孔隙和裂隙，注浆压力越大，吸浆量及浆液扩散距离就大。该法假定在注浆过程中地层结构不受扰动和破坏，所用的注浆压力相对较小。渗透性注浆是在地层结构不被破坏的条件下渗入地层，浆材的颗粒尺寸必须至少小于土的孔隙尺寸，才能实现渗透性注浆。

4. 电动化学注浆法

在黏性土中插入金属电极并通以直流电后，就在土中引起电渗、电泳和离子交换等作用，促使在通电区域的土中以高价金属离子代换钠离子，使土的含水量显著降低，并可使土内形成渗浆"通道"。若在通电的同时向土中灌注硅酸盐浆液，就能在"通道"上形成硅胶，并与土体胶结成具有一定力学强度的加固体。

（三）旋喷桩法

旋喷桩法利用旋喷钻机将预先配置好的水泥浆液通过高压脉冲泵使液流获得巨大能量后，通过注浆管道从高压喷嘴中高速喷射，形成一股能量高度集中的液流。切削土体的同时，钻杆以一定的速度边旋转、边提升，从而使浆液与土体充分搅拌，并按一定的浆土比例和质量大小有规律地重新排列，胶结硬化后便形成一个有一定直径的柱状固结体。

采用旋喷桩法，在软弱土层中形成由水泥固结体与桩间土组成的复合地基，可大大提高地基的抗剪强度，改善土的变形性质，提高地基的承载力，减少地基的沉降变形。此方法可以利用小直径钻孔旋喷成比孔大 8～10 倍的大直径固结体，具有设备简单、施工速度快、机械化程度高、用途广、成本低的特点。

（四）混凝土挤密桩法

混凝土挤密桩的实质是一种钻孔桩，即利用钻机从路面向下钻孔至不良地基中，成孔后将混凝土分层压实，在一定的压力作用下，对周围的不良土体起挤密作用，同时挤出的水分被干混凝土吸收，形成改良后的复合桩基础，从而达到治理的目的。

（五）树根桩托换法

树根桩就是在套管导向下用旋转方法钻进（钻孔直径 100～300mm），穿过原有建筑物的基础进入地基土中至设计高程，清孔后下放钢筋（钢筋数量视桩孔直径而定），再用压力灌注水泥浆、水泥砂浆或细石混凝土，边灌、边振、边拔管，最后成桩。利用该方法所形成的桩可以是垂直的也可以是倾斜的，可以是单根的也可以是成排的，由于桩基形状如"树根"而得名。它的突出优点是能够最大限度地保持结构物与地基之间原有的平衡状态，保证在加固地基的同时，又不破坏地基土对结构物的支撑作用。树根桩的三维结构增加了地基的刚度，可使基础的沉降大大降低，且树根桩在施工时无振动，不需要笨重的设备。

第二节　路基不均匀沉降及防治措施

一、路基不均匀沉降原因及防治措施

（一）路基不均匀沉降原因分析

路基不均匀沉降是地基、路基本身、水等多方面因素综合作用的结果。

1. 地基

表土处理、伐树除根不彻底，基底压实度不符合要求，易致地基松软及不均匀沉降。填筑前地基未按规定要求挖成台阶的大横坡路段，荷载作用下与地基结合不良的填料极易失稳而沿坡面发生滑移，从而产生横向不均匀沉降。

软土地基在附加应力作用下，会发生固结沉降、次固结沉降和侧向塑性挤出，导致明显的沉降变形。当清淤处理不彻底或回填材料控制不好时，易形成相对软土层，导致地基不均匀沉降，造成路基的不均匀沉降及路面开裂。

在碳酸盐岩地区，路基下有时分布有岩溶洼地或漏斗，其中的沉积物松软，在荷载作用下，沉积物压实、侧向流动和下陷，形成路基沉陷。

2. 路基

在路基施工过程中，填料、级配难以得到有效控制。填料多用挖方、废方，其性质、级配差异大，若填料中混入种植土、腐殖土等劣质土，或土中含有大块土或冻土等，在一定期限可能产生局部明显横向下沉。

压实不足往往导致填方路基的横向不均匀沉降变形，在路基两侧出现纵向裂缝。路基土体压实度不足的原因很多。在施工过程中，填方土体的最佳含水量控制不力，压实时的松铺厚度、碾压机具选择不当，压实或压实作用时间不足，路基压实不充分，压实效果达不到要求；分层碾压厚度过大，小颗粒填料和软弱物质难以有效压实，长期荷载作用下，路基会产生不协调沉降变形；局部路堤填料含水量低，土块粉碎不足易致路基压实度不均匀；加减速道与行车道拼接处，路基边缘不能超宽碾压处，容易产生压实度不足的情况。填方土体压实度不足，使得土体前期固结压力小于自重应力和各种附加应力之和，在自重作用下就会发生沉降变形。路基压实不足，密实度达不到要求，土体易发生积水，造成水分积聚和侵蚀路基，使路基土软化或因冻胀而产生不均匀沉降。

在半填半挖路段，由于填方与挖方的沉降系数不同，在行车荷载的作用下，填方与挖方的沉降：差值随着时间的增加而增大，易在交界处出现不均匀沉降，从而产生纵向裂缝。

3. 水

在地下水的交替作用下，路基土体内水含量反复变化。土体重度在一定范围内波动，由毛细管张力引起孔隙水压力达到相当的数值，可使路基产生横向沉降变形。降雨量过大、洪水、冰冻、积雪或温差过大，都可能使高路堤产生横向不均匀下沉。

施工过程不注意排水，雨天时路基积水严重，无法自行排水，积水浸入路基内部，形成水囊；晴天施工时，积水未及时排除就继续填筑，形成隐患。

（二）路基不均匀沉降防治措施

1. 勘察设计

（1）做好地质勘探调查

对道路沿线的地形、地貌、水文地质进行详细勘察，对特殊路基段应提供详细的设计资料。地表不良路段，可考虑换土或掺石灰、水泥及铺设土工合成材料等措施。

（2）设计要求

按照设计规范要求，根据土基干湿类型及毛细水位高度确保路基最小填筑高度，保证不因地表水、地下水、毛细水及冻胀作用的影响而降低其稳定性。当路基填筑高度受限制而不能达到规范规定时，则应采取相应的处治措施，如换填沙砾、石渣等透水性材料。设置隔离层或修筑地下渗透沟等以避免地面积水和地下水浸入路基，影响路基工作区内的土基强度与稳定性。

遵循因地制宜、整体规划综合考虑的原则，进行路基纵、横向排水设计，避免造成两侧长期积水浸泡路基，使路基承载力下降而发生沉降变形。

高填、深挖路基的边坡应根据填料种类、边坡高度和工程地质条件等确定，且高填路堤必须进行路基稳定性验算。填方边坡过高时，可考虑在边坡中部加置边坡平台。

积极推行植物防护与硬防护相结合的综合防护形式，在比较稳定的土质边坡采用种草、铺设草皮、植树等植物防护措施。岩体风化严峻、节理发育、软质岩石、松散碎（砾）石土的挖方边坡以及受水流侵蚀、植物不易生长的填方边坡可采用护面墙、砌石等工程防护措施，沿河路基、受冰侵害和冲刷路段采用挡土墙、砌行护坡、石笼抛石等直接防护措施。

（3）防治方法

强夯法处治是利用大能量直接作用在被处置范围上，通过整体提高被处治体的密实度来减少不均匀沉降变形。其作用效果明显，施工速度快。

压力灌浆法是利用机器施加高压，把能固化的浆液压入土体空隙，浆液凝固后把压力区范围内的土体固结，使用松散的土颗粒形成整体，达到控制沉降、减少不均匀沉降的目的。

特别是针对路路基下软土基的处治，可以直接改善土体结构，固结土体，控制沉降。

应用土工合成材料（土工格栅、塑料网格等）进行加筋或制或柔性褥垫层，使之调节和控制不均匀沉降。

2. 施工

施工前要做好施工组织设计,做好施工前的准备工作,认真清除地表土,严格控制填土含水量,选取满足规范要求的路基填料,做好监测工作,处理好填石路基与鸡爪形地段等特殊地段施工,做好路基填筑碾压工作,路基施工必须分层填筑,分层碾压,并做好路基施工中的排水工作,对半填半挖部位做台阶以控制不均匀沉降。

路基土石方施工时或完工后,应及时进行路基防护工程施工和养生。各类防护与加固应在稳定的基础或坡体上施工。防护工程的砂浆、混凝土,应采用机械拌和,随拌随用,并注重做好养生。

二、纵向填挖交界处不均匀沉降原因及防治措施

纵向填挖交界处不均匀沉降问题直接关系到道路的质量,因而,解决好纵向填挖交界处不均匀沉降问题具有重大的意义。

1. 纵向填挖交界处存在的质量问题

在新建的道路上,经常出现填方地段与挖方地段发生错台,致使整个路段产生不均匀沉降,路面也随之发生破坏。由于填挖结合部位是填挖方的过渡段,其特点是填方的高度和挖方的深度都较小,作为行车荷载直接作用区域,随着时间的推移,由于填、挖方的沉降值不同,使路基出现纵向不均匀沉降。

2. 纵向填挖交界处不均匀沉降原因分析

(1)在道路施工中,路基填方与挖方结合处的填方一般处于一个"倒三角"的地形。在这种地形填方时,机械难以在底部展开工作,一般倾填至机械能及的位置后才进行碾压。倾填的部分由于大石料集中,填料的空隙率大,极不稳定。尤其是基底未经处理,地基的承载能力不均匀也导致了变形过大而挖方地段基础处于天然密实状态,即使有沉降也是均匀的。

(2)高填方地段的工后沉降量大于挖方地段。

(3)填方时,填挖衔接处没有按要求采取挖台阶处理或者处理的宽度及高度不满足要求。

3. 纵向填挖交界处不均匀沉降预防措施

(1)填方前应对基底进行处理,清除淤泥、腐殖土、杂草树根。

(2)做好临时排水设施。当坡面或坡脚处裂隙水比较丰富或有地下泉水时,应在沿坡脚位置每间隔 2 ~ 3 个填层高度设置一个盲沟,将丰富的裂隙水或泉水导流至填方区以外排水沟内。此外,路堤在填筑过程中要按设计纵横坡保持路拱,以便雨季排水畅通。另外,对于半填半挖,填挖交界处施工,最好不要用推土机直接进行填土作业,这样容易形成推堆区,且满足不了压实要求。

（3）高填方路基前边坡应用较大石块，码砌高度不小于 2 m，厚度不小于 1 m；控制倾填料颗粒径，避免大石料过于集中；采用大吨位机械振动压实，避免出现过大的工后沉降。

（4）填方前，对于填挖交界处或自然横坡陡于 1：5 时，应将原地面挖台阶，宽度不小于 2 m，其顶做成 2%～4% 的内倾斜坡，压实度不得小于 85%，挖好横向联结台阶，分层压实。

（5）做好挖方段地表及地下排水工作，避免水对新填路基的危害。

（6）在进行填方区压实度检测时，应将纵向填挖交界处作为重点检测对象，若压实度不合格，要根据不合格原因坚决进行返工或补压。

（7）工程实践已证明，应用土工合成材料处治路基非均匀沉降，不失为一种有效的工程技术措施。

为保证纵向填挖交界处路基的稳定性，减少不均匀沉降，对部分填挖交界路基进行土工格网加固处理。山体自然坡度比不小于 1：2，且填高大于 4 m 时，在路基顶部至 0.4H（H 为填土高度）高度处，每间隔 100 cm 高度铺设一层土工格网。纵向填挖交界处土工格网沿横向铺设，当土工格网铺设长度超出路基边坡的范围时，则铺至离坡面 30cm 处即可。

4. 纵向填挖交界处不均匀沉降处理措施

如果纵向填挖交界处的沉降已经发生，可采取以下措施：

（1）分析产生的原因，观察沉降发展的情况、设计处理措施方案。

（2）错台差异不大的地方，对开裂的路面使用沥青砂或者水泥浆进行灌缝处理，避免路面水浸入而影响路面基层强度或路基的整体强度。

（3）如果沉降已经稳定，视差异高度加铺一层路面结构或重新填筑。

第三节　高填方路堤病害维修加固措施

高填方路堤施工和工程完工后，在自然环境多因素影响和汽车重复荷载作用下，易出现一些路基病害，引起路基的整体下沉、局部沉陷、边坡坍塌，影响道路的正常使用。对高填方路堤出现的严重病害，必须采取行之有效的处理办法，使路基处于良好的工作状态。对其常见处治措施如下。

1. 换土复填法

因填筑土质不符合要求，导致路基出现下沉但面积不大且深度较浅时，宜采用换土复填方法，简便快捷。换土复填法即挖除原路基出现病害部分的土，更换符合规范要求的填料。填料以采用级配较好的沙砾土，塑性指数满足规范要求的亚黏土为宜。回填时，挖补面积要扩大，且逐层开挖成台阶状，并由下往上逐层填筑，碾压密实，压实度要求高出原路基压实度 1% ~ 2% 为宜。

2. 固化剂法

在高填方路堤下沉处理过程中，有时路基填料更换受到限制不易进行，若填筑数量不大，可在原填料中掺入固化剂来处理路基病害。路用材料固化剂分为固态和液态两大类，从化学构成上可分为主固化剂和助固化剂两大部分。固体粉状固化剂中主固化剂以石灰、石膏、水泥为主，助固化剂采用高聚物如聚丙烯酚氨、聚丙烯酸或含有活性基的有机化合物，与土混合分层碾压密实即可，适合于表层或浅层土的固化；液态固化剂中主固化剂多采用水玻璃、助固化剂采用各种无机盐如碳酸镁、碳酸钙等，采用特殊工艺将浆液注入土中使土固结，适合于深层土的固结。

固化剂的种类很多，在道路工程中使用时，可根据路用材料的种类与固化剂的成分、类型选用。

3. 灌浆法

灌浆法是利用液压、气压或电化学原理，通过注浆管将浆液均匀地注入地层中，浆液以充填、渗透和挤密等方式占据土粒间或岩石裂缝中的空间，一定时间后，浆液将原来松散的土粒或裂隙胶结成一个整体，形成一个强度大、防水性能好，化学稳定性高的"结合体"。

4. 粉喷桩法

粉喷桩法处理软土地基是通过专门机械将粉体固化剂喷出后在地基深处就地与软土强制搅拌，利用固化剂和软土之间发生一系列物理、化学反应，在原地基中形成强度与刚度较大的桩体，同时也改善桩周土体性质，使桩体与桩间土体形成复合地基共同承担外部荷载。

粉喷桩加固技术是处理 10m 以内路基下沉病害的一种较为理想的方法。

使用粉喷桩加固路基，应认真调查路基病害的情况，做好粉喷桩施工的设计（桩径、桩距、固化剂掺入量、桩身强度等），施工中要严格掌握固化剂掺入量、粉喷桩龄期、土样含水量、混合料搅拌的均匀性，并着重抓好施工中的以下几个环节。

（1）严格按粉喷桩施工规范施工，严格掌握钻机的就位、钻进、停钻、提升、停喷、重复的工艺流程。

（2）粉喷桩处理软基属隐蔽工程，通常是昼夜连续施工，必须做好粉喷桩的质量控制，控制内容包括桩距、桩位检查，逐桩控制喷粉量、桩长等。

第四节　桥头跳车

桥头跳车是指桥头及伸缩缝（桥头引道）处的差异沉降或伸缩缝破坏而使路面纵坡出

现台阶引起车辆通过时产生颠簸跳跃的现象

引起桥头跳车的主要原因有不均匀沉降、刚度突变、车速、车辆本身的抗震性能等。就城市道路路况而言，它主要是柔性道路与刚性结构物之间的连接处发生不均匀沉降，产生错台所致。桥梁与路基、路面的组成材料、刚度、强度、胀缩性等存在差异，且桥头连接处受力时易形成集中应力，在车辆荷载、结构自重，自然因素作用下，桥梁与道路同时发生沉降，但两者的沉降量有很大差异，道路的沉降量远大于桥梁的沉降量，形成错台，导致行车时发生桥头跳车。

桥头跳车的危害主要表现为：影响行车安全、降低行车速度、影响车辆运营费用和加速桥梁及路面的病害，对道路桥梁的运行影响极大。

消除或缓解桥头跳车的关键是减少不均匀沉降量。延长沉降特征长度、减缓不均匀沉降梯度，从而起到匀顺纵坡的目的。因此需要对地基、台背路堤以及过渡段路面采取综合处治措施，才能较好解决桥头跳车现象。

一、地基处治技术

地基处治的目的是改善地基性能，提高承载力和抵抗自然灾害的能力，增强地基稳定性，减少或消除路桥过渡段的不均匀沉降、缩小桥台与路堤的沉降差。

目前针对不良地基的预防措施有很多，但很多预防措施在施工中没有严格按要求实施，以致经过多年使用之后，路基出现各种病害。针对已有病害的地基处治目前缺乏比较系统的研究。由于道路一旦投入使用，交通量较大，为了不影响或尽量少影响道路的通行，在病害处置方法的选择上就有一定的局限性，对于上部填土较厚的不良地基，就不适合采用换填、排水固结、强夯等一般的处治措施。在处置方法的选择上不但要达到治理地基的沉降和破坏的目的，还应尽量减小对路堤及上部结构的扰动，不影响交通，经济且方便施工。

在对台背地基进行处治时，需考虑路堤纵、横向的变形协调问题。在明了桥头地基地质情况的前提下，根据以下两点选用处治措施：

纵向上保证桥台沉降与路堤地基沉降的平衡过渡；横向上维持路堤中央变形和坡脚路肩处变形的协调稳定。

在工程应用中，应综合考虑土质、经济、安全等实际情况，选择合适的处置方法，以有效地减少地基的沉降。

1.常用地基处置方法

静压注浆法具有设备简单、施工方便、材料便宜、操作不受时间限制。在道路运营期间便于施工等特点，因此，在路桥过渡段病害地基处治中得到了广泛的应用。在地基处理中，常用的静压注浆方法按其依据的理论可分为渗透注浆法、劈裂注浆法、压密注浆法、电动化学注浆法。

另外，旋喷桩法、树根桩托换法、换填法、混凝土挤密桩法等也得到了广泛的应用。

2. 地基处置方法选择

地基处治的土体复杂多变，没有万能的处置方法，只有具体问题具体分析，对症下药，才能达到治理病害的目的。

（1）软土地基

软土地基是第四纪后期形成的滨海相、泻湖相、三角洲相、湖泊相等黏性土沉积物或河流冲积物，其中最为软弱的是淤泥和淤泥质土。这类土的特点是天然含水量高、孔隙比大、抗剪强度低、压缩系数高、渗透系数小、黏粒含量高，土体颗粒之间的联结力主要是范德华力，且以水化膜联结为主。在荷载作用下，软黏土地基承载能力低，地基沉降变形大，不均匀沉降也大，而且沉降稳定时间比较长。在比较深厚的软黏土层上，结构物基础的沉降往往持续数年乃至数十年之久。

由于软土地基没有相对较大的孔隙，因此，可以利用劈裂注浆使得其可灌性增强，并沿垂直于小主应力平面上发生劈裂，浆液充填劈裂面，同时引起土体固结及挤出，提高土体的固结度，从而提高土体的抗压强度。如有排水通道，也可以用压密注浆通过钻孔向土层中压入浓浆。在压浆点周围形成泡形空间，使浆液对地基土起到挤压密实作用。另外也可以使用电动化学注浆法。对于含水量较高且没有排水条件的软基，还可以采用置换法，如旋喷桩法、混凝土挤密桩法等。

（2）湿陷性黄土地基

在上覆土的自重应力或与附加应力共同作用下，受水浸湿后结构迅速破坏面发生显著附加下沉的天然黄土称为湿陷性黄土。发生显著下沉的现象是湿陷性黄土地基的特性，然而这种特性会给结构物带来不同程度的危害，如使路基大幅度沉降、路基纵向开裂，甚至还会引起路基边坡的滑坡和坍塌。黄土和黄土状土在我国特别发育，且地层多、厚度大，广泛分布在辽宁、内蒙古、山东河北、河南、山西、陕西、甘肃、宁夏等地区。

当以湿陷性黄土作为地基时，完全防水做不到，而且受水浸湿后土的结构迅速破坏，因此，在处治上应提高土体的密实度和改善土体的抗水能力为主。所以通常在采用劈裂注浆、压密注浆、旋喷桩来提高土体的密实度、改善土体的物理性能的同时，还应加强地面排水设施并做好坡面防护。

（3）冲填土地基

冲填土是由水力冲填而形成的，其性质与所充填泥沙的来源及淤填时的水力条件有密切关系。含黏土颗粒较多的冲填上往往是欠固结的其强度和压缩性指标都比同类天然沉积土差。冲填土地基一般要经过人工处理才能作为建筑物地基。以粉细砂含量为主的冲填土，其性质基本上和粉细砂相同或类似。因此，在病害处理时可选用提高地基强度的方法，对于上部路堤填土较厚的冲填土可选用劈裂注浆法，压密注浆使浆液对地基土起到挤压密实作用。对于上部路堤填土较薄的冲填土，可开挖路堤后按一般的方法处理，如换填等。

（4）卵砾和块石地基

卵砾和块石地基多位于山区的河谷地段和断层破碎带，具有大孔隙结构。随着上部振动荷载的重复作用以及地下水位的不断变化，卵砾及块石有可能发生重新排列从而引起地基的不均匀沉降。因其具有大孔隙性，可以采用渗透注浆法，通过浆液的填充和胶结作用来提高地基的承载力。

（5）膨胀土地基

膨胀土是一种吸水膨胀、失水收缩，具有较大胀缩变形性能，且变形往复的高塑性黏土。利用膨胀土作为结构物地基时，如果没有采取必要措施进行人工处理，常会给结构物造成危害。在病害处治时应以完善防排水设施和加强土质改良为主，可采用的方法有灰土换填、劈裂注浆、生石灰桩等。

二、路堤处治技术

路堤是承受并传递上部结构及汽车荷载的载体。路堤的沉降和变形直接关系到道路的正常运营，一旦发生破坏后维修比较困难。而且，在施工中受构造物的影响，大型的压实机械由于工作面较小难以展开压实工作，即使有足够的工作面。由于压实过程中大吨位机械振动力太大，出于对桥台的安全考虑，一般也不允许在桥台背部位使用大型的压实机械进行压实。因此，台背部位回填土的压实质量难以保证，加之该部位路堤施工又晚于其他正常路段路堤施工时间，相比之下没有足够的时间完成固结沉降，因而在其自重的作用下，路堤的压缩沉降一般也就比较大，这是引起路桥过渡段不均匀沉降的主要原因之一。相关资料显示，多数台背路堤在回填过程中都经过处理，但路基病害仍然普遍存在，只是破坏程度不同而已。

路桥过渡段处病害处治的目的就是使路基与桥台间实现平稳过渡。由于考虑到道路的通行和地段的特殊性，在处置方法的选择上就会有一定的限制。路桥过渡段处病害处治总的原则是减少对周围稳定结构的破坏，工期要短，尤其是对于高填路堤一般不会采用大开大挖，但小规模填补又不能从根本上解决问题。

因此，减少路桥过渡段不均匀沉降，台背路堤处治可从以下几方面入手。

合理安排施工工序和时间，尽早对路桥过渡段路堤进行施工，保证有足够的时间完成沉降；提高台背回填区路堤的压实度，减少因填料自重和车辆荷载作用下压实度增加而产生的沉降；在考虑经济性的前提下，合理选择填料，减少路桥过渡段路堤的自重作用，避免因自重而产生过大的压缩沉降；利用土工格栅予以加筋等方法提高台背路堤自身承载能力，增加路堤填土的整体性，减少不均匀沉降的梯度。

1. 施工工序的合理安排

为使桥台台背填土尽早开始，在立柱、桩基础施工中应先安排桥台，再做其他桥墩。为保证桥台盖梁下填土的压实质量，要求必须先将台背填土至盖梁地面高程，再浇筑桥台盖梁。为避免桥梁、伸缩缝、路堤三者高程不一致而形成错台，要求铺筑路面时，先将伸缩缝预留槽，并临时用沥青填筑，待路面铺筑完毕，再对预留槽进行切缝，安装伸缩缝。

另外，当台背路堤高度小于 4 m 以下时，也可先填筑路堤预压，让路基排水固结，待路堤沉降基本完成以后，在涵洞或桥台位置再开挖合适的工作面，进行基础及桥台等施工。可用易于压实的二灰或三灰等材料对工作面进行回填，从而减少桥涵两端路堤的工后沉降，使桥涵两端路堤与桥台构造物的相对沉降尽量小一些。

2. 优化台背填方碾压方法

施工过程中尽可能扩大施工场地，以便充分发挥一般大型填方压实机械的作用，当受场地限制时，可采用横向碾压法，以能使压路机尽量靠近台背进行碾压。对于大型压路机不能靠近台背时，可采用小型压路机配合人工夯实进行碾压。同时，可减薄碾压层厚度（15 ~ 20 cm），提高压实度，最终使压实度满足设计要求。

在涵洞的翼墙周围特别容易产生因压实不足而引起的沉陷，给养护工作带来麻烦，应注意压实。扶壁式桥台在施工时很可能使用大型压实机械，这种情况下应与小型振动压路机配套使用，给以充分压实。

3. 强化台背回填材料

回填材料的性质对工程质量起决定作用。台背填料应在现场择优选用。填料应选择强度高、渗水性好、塑性小、压实快、透水性好的材料。同时，为了改善填土的密实性，应设计好相应的级配，且台后须设置横向泄水管或盲沟，以利排水，减少病害。

此外，应采用粗颗粒材料填筑桥涵两端路堤，或者设置一定厚度的稳定土，用粗颗粒材料作为路基的填料，不仅改善压实性能，使其易达到要求的密实度，而且对北方地区特别有利于减缓冻融的危害。设置稳定土的改善层能够使路基、路面的整体刚度有所提高，从而减少沉陷。

国外台后填方采用轻质填料，其目的也是减轻填方土体对地基的压力，提高地基的承载力和抗变形的能力。在桥头路堤任一高度的平面内不应采用不同填料填筑（不同层次可用不同填料），不准采用高塑性黏土填筑桥头路堤。

在挖方地段的台背回填部位，因场地特别窄小，应选择当地的石渣、沙砾等优质填料（在湿陷性黄土地区宜用水泥、白灰稳定土）。填料的施工层厚度，以压实后小于 20 cm 为宜。无论填方或挖方地段的台背填料，最好不要采用容易产生崩解的风化岩碎屑，以免因填料风化崩解而产生下陷，这一点在土方调配时应予以重视。

在高填方的拱涵及涵洞与侧墙的相接部位，应尽量使用内摩擦角大的填料进行填筑，而且，施工时应注意填料土压的平衡，不得发生偏压，以免造成工程事故。

受施工条件的限制，一般土方的内摩擦角较小，加之压实质量难以保证，因此，桥台背通常选用如岩渣、砾石、沙砾等摩擦角、强度高、压实快、透水性好的填料。这类回填料不但有利于从台背缝隙中渗入的雨水沿盲沟或泄水管顺利排到路基外，减缓雨水的危害，而且也有利于改善压实性能，使路基容易达到设计要求的密实度。

粉煤灰在碱性环境下，比如掺加一定量的石灰或水泥，粉煤灰将发生水化、硬化反应。随着龄期的增长，混合料的强度也随之增大，表现出具有强度高、板体性好、水稳定性和温度稳定性优良等特点。粉煤灰的干密度小，用其回填台背可大大降低路堤下地基的附加荷载，有利于减少地基沉降及路堤对桥台的侧压力。但是，由于透水性大、稳定性差以及无黏结性等特点，粉煤灰不宜直接用于台背回填，石灰粉煤灰混合料作为台背路堤填料，经压实后形成轻质整体性路堤。

4. 土工格栅处治台背填土

随行加筋土技术的日趋成熟，土工格栅也逐渐被用于桥台台背，以处治桥头跳车问题。

（1）土工格栅处治桥头跳车机理

土工格栅处治桥头跳车的原理是：在填土中沿路线方向分层平铺土工格栅，格栅层的一端固定于桥台，另一段与台背连接，利用土工格栅变形的连续性及其高强度、高弹性、大变形特性，将车辆荷载及上部土体的自重荷载部分地传递到桥台，在台背局部范围内，分层阻止填料沿台背沉降；与此同时，通过格栅与土体的相互作用，改善局部荷载作用下土体内部的受力状态，将荷载扩散到一个较大的范围内，从而减少外部荷载对土体的压缩沉降，延长沉降特征长度，使台背与填土交界部位的阶梯状沉降变为连续渐变沉降。

（2）土工格栅处治桥头跳车方法

采用土工格栅处治，减少台背路堤不均匀沉降，通常将土工格栅一端锚固于桥台背，另一端向压实后的路基上水平展铺，最下一层铺设在构造物基础的顶面，最上一层铺设在路基的顶面，以使得桥台借助于土工格栅和台背的路基压实土成为一体。

土工格栅处治施工时，沿路线的纵向进行摊铺，将成捆格栅自桥台背部向外展开，按设计长度截断。若桥台与线路斜交，应将格栅靠桥台一端的端部裁成与斜交角相同的角度，保证格栅铺向与路线走向平行。先将土工格栅靠桥台一端用膨胀螺钉或预埋螺杆锚固在台背（膨胀螺钉间距为 60 cm），然后用一带钩横梁将土工格栅张紧，使之产生 2% ~ 4% 的伸长率，后用 U 形钉定位（U 形钉的布设间距不大于 2 cm，其长度宜为 15 cm 左右），再将土工格栅用膨胀螺钉锚固于桥台两侧的翼墙上（膨胀螺钉间距不大于 1.0 m）。对于每层的土工格栅，应采用连接棒将相邻的两幅连为一体。

土工格栅铺好后，可在填料与台背交界部位填筑 20 cm 厚的级配碎石，以便于台背排水。填料颗粒粒径小于 3 cm，每层松铺厚度小于等于 20 cm，整平后用 12 t 以上压路机静压数遍后再起振碾压直至压实度符合规范的要求，压实后的厚度约为 15cm。

碾压时应严格控制填料的含水量，在达到最佳含水量 +2% 以内的含水量时，方可进行碾压，否则应进行翻晒。在桥台和翼墙附近等大型压路机碾压不到的部位，还应采用电动打夯机夯实，以确保其压实度。在施工过程中，对回填质量应进行检测，内容包括填料常规的物理指标和压实度等。

（3）土工格栅处治桥头跳车注意事项

①砌筑桥台台背和翼墙时，其内侧表面应保证平整、规则，便于膨胀螺钉的安装和土工格栅的锚固，待圬工砌体达到规定的强度后再进行台背填筑。

②台背填筑禁止在雨天进行。台背填筑时，底层土工格栅下的级配碎石应分层摊铺并用振动式压路机振动压实。当土工格栅摊铺在碎石层上时，应先在碎石层上撒铺 2 cm 厚的粗砂，以免格栅直接与碎石接触而被压断。

③土工格栅应储存在不被阳光直接照射和被雨水淋泡处，根据工程进度和日用量按日取用。

④运料车应设法避免在已摊铺并张紧定位好的土工格栅上直接行走，以免对格栅产生推移作用。

三、路面处治技术

1. 设置桥头搭板

为了避免不均匀沉降对行车造成的不良影响，目前我国道路建设中常用的方法是在桥台上设置桥头搭板。桥头搭板一端支撑于桥台，另一端通过枕梁或直接与路基相连。设置桥头搭板，可把集中的不均匀沉降量分散在搭板长度范围内，使柔性路堤产生的较大沉降逐渐过渡至刚性桥台上，从而起匀顺纵坡的目的，使车辆通过时跳跃现象大为减少。合理设置的桥头搭板可有效地解决前述的局部沉陷和横坡变化的状况，但不能解决纵坡变化情况。

因为当桥台和过渡段土体之间发生不均匀沉降后，搭板两端分别随两者下沉，即桥头搭板绕简支端转动，纵坡变化仍然存在。

由于回填区一般压实比较困难，压实度也很难到达要求，所以称之为欠压实区。而回填区之外的路堤，在大型压实机械碾压作用下，压实度很容易满足要求，在此称之为压实区。由于压实区施工较早，路堤填土及地基有一定的沉降固结时间，相对台背回填区来讲，可以认为这部分路堤沉降已经趋于稳定。因此，搭板的末端应该设置在这段稳定的路基上，即搭板至少应该设置在欠压实区与压实区交界部位处。搭板长度与桥台高度成正比，桥台越高，搭板也就越长、反之亦然。对于桥台由于基础稳固，沉降较小，而搭板末端的路基由于应力集中而通常会发生局部沉降，从而再次引发二次跳车。为控制搭板末端与路堤间的不均匀沉降值，工程中一般在搭板末端设置枕梁，将搭板传下来的荷载分布到较大面积的路基上，同时还可增加搭板的横向抗弯刚度。

为了改善搭板末端的受力状态，在搭板末端宜设置枕梁，但枕梁的设置却对搭板的弯拉应力带来了不利影响。据研究，枕梁设置可使板底弯拉应力增大约 1/3，从而增大搭板断裂的可能性。搭板断裂不仅没能消除跳车现象，而且导致路面开裂，雨水下渗使土基受到破坏，加剧该部位的沉降。为减少板底部弯拉应力，采取在板底设置一层或二层水泥稳定碎石层。水泥稳定碎石层可改善板底的局部沉降，为搭板提供均匀支承，使搭板的受力更加均匀一致；同时，水泥稳定碎石层也改善了枕梁处应力集中的现象，进一步避免搭板和路堤衔接处出现局部沉陷，从而消除因设置搭板而引起的二次跳车。

2. 采用过渡性路面

根据桥涵的长度和路基的容许工后沉降值，在桥头一定长度范围内铺设过渡性路面，待路堤沉降基本完成（一般为 3 ~ 5 年）后，再改铺原设计永久性路面。过渡性路面可采用预制水泥混凝土六棱块、条石铺砌、半刚性过渡层或沥青表处过渡层等类型。其中，水泥混凝土六棱块和条石铺砌仅适应于水泥混凝土路面，最大优点是翻修处理速度快但不易铺砌平整，行车仍有抖动感觉，且其砌缝应采用防水材料，以防渗入雨水损害路基。值得推广的简便有效方法是铺设沥青表处过渡层，其优点是当出现较大沉降时，可及时补充铺设一层沥青混凝土或沥青砂，便能确保行车畅顺，有效避免跳车现象。

3. 设置纵向反坡

所谓的纵向反坡就是在可能产生沉降的范围内，根据沉降的经验值设置一定的纵向路面超高，以抵消在运营过程中的路基沉降，从而达到消除桥头跳车的目的。通常有设置搭板和不设搭板两种。

4. 采用 HD 掺胶混凝土修补处治

水泥混凝土路面结构与沥青混合料路面结构相比，有显著不同的特点。水泥混凝土强度高，强度形成的龄期长（一般需 28 d），弹性模最大等，导致处治水泥混凝土路面桥头跳车变得复杂，如果用同种水泥混凝土材料修复，不仅存在最小厚度要求，而且由于强度形成的龄期长，在已通车的道路上必须封闭较长一段时间的区间交通。

表明，采用 HD 掺胶混凝土快速修补水泥混凝土路面具有黏结强度高、早期强度好、抗折强度及模最大、抗冷热交变性好、路面视觉效果好、通车时间短等优点，在道路水泥混凝土路面处治桥头跳车施工中具有很好的应用前景。

5. 采用可起吊的活动搭板

对部分桥头路基填土高、路桥过渡段施工进度快等特殊情况，考虑通车后剩余沉降量较大，很有可能出现跳车现象的路段，将桥头搭板设计为可起吊的活动搭板，通车一段时间后若出现跳车现象，可将搭板吊起，调整基层及枕梁高程，再将搭板放回原位即可通车。其施工工艺简单、方便，是一种快捷、有效地处治桥头跳车的方法。

四、综合处治对策

路面、路堤、地基是道路的重要组成部分。它们之间相互影响相互作用，是一个密不可分的整体。在对桥头跳车处治时，往往是对破坏段路基、路面同时进行综合处治，而且在处治过程中往往是多种方法相结合。

（一）路基整体滑移或纵向开裂的综合处治

路基整体滑移造成的路桥过渡段病害虽然并不多见，但是其后果比较严重。路基整体滑移包括路基整体侧向和向桥台方向的滑移或开裂，其实质是路基的滑移破坏或边坡的坍塌。

从外因方面考虑，要加强边坡防护，阻止雨水渗入，把边坡和已形成的裂缝全部封闭起来；从内因方面考虑，不仅要改变填土的性质，同时还须增加其强度，提高抗滑移的能力。

因此，对其治理可以采用类似治理滑坡的方法，由于路基的特殊性，通常采用桩体与其他方式相结合的综合处治措施。抗滑桩是治理滑坡和路基纵向开裂隙的一种最常用方法，其作用原理是借助桩与周围岩土共同作用，把滑坡推力传递到稳定地层的一种抗滑结构。

1．"抗滑桩＋注浆"法

在路桥过渡段病害处治时可采用抗滑桩法，利用抗滑桩可阻止路基侧向变形发展，并提高抗滑移的能力；而注浆既可以改善滑移面的力学性能，还可以防止地表水的下渗，从而达到治理的目的

2．"密集弧形高旋喷注浆＋抗滑桩＋注浆"法

当路基的下卧软弱层较厚、埋深较大时，可以采用密集弧形高压旋喷注浆＋抗滑桩＋注浆的处理措施。采用此方法可以达到以下目的：高压旋喷注浆水泥浆置换地基中软弱层部分土体，可以使其固结稳定，提高其承载力和抗剪能力抗滑桩可以阻止路基侧向变形的发展，提高抗滑移的能力注浆可以增加滑动面土体的整体性和防止地表水渗入。

3．"高压旋喷桩＋注浆"法

高压旋喷注浆是在填土中形成高强度的水泥与填土混合的固结体，以阻止路基侧向变形的发展，提高抗滑移的能力。注浆则是将路面下已破裂的土体通过注浆联结起来，改变填土的性质，增加土体的强度和整体性，同时阻止雨水通过路面下渗。

该方法主要适用于地基较好的高填土质路基开裂或滑移。高压旋喷桩可以是一排或多排，注浆按其充填范围进行合理布置，待路基处理完毕后再根据具体情况做路面。

4．"挡土墙＋注浆"法

低路堤段路面纵向开裂产生的原因，主要是由于存在切过地基的滑动面，缓慢糯滑所致。其最初可造成路面架空，进而使路面形成纵向裂缝。雨水沿滑动面下渗，起到润滑剂的作用，促使滑动速度加快，裂缝渐渐变宽。如果路面纵向裂缝治理不及时，便会形成浅层滑坡。治理目的主要是阻止滑体糯滑，阻止雨水沿滑面下渗。对于地基较好的低路堤，设置挡土墙可对滑动土体产生抗滑力；同时，对滑移面进行注浆不但可以有效增加滑动面土体的整体性和强度，还可以防止地表水沿裂缝入渗。

5. "反压护道 + 注浆"法

当在较薄软土地基上填筑低路堤时，由于地基承载力不足，常常会出现堤脚外面隆起，路基剪切破坏或引起路堤滑塌现象，因此，需要对路堤边坡进行加固处理。其中，反压护道和注浆综合处理是一种经济有效的方法之一。所谓反压护道，是在堤坝两侧一定距离内堆土石以防地基土被挤出，达到稳定堤坝的作用，亦称镇压法。该法的优点是施工简单方便，不需要特殊的施工机具；填料可就地取材，经济实用。反压护道法虽然是一种较成熟的方法，但若与注浆相结合效果会更好，施工也比较方便。

6. 土工格室（栅）法

对于基础较好的矮路基，也可将滑移体开挖后，采用土工格室（栅）加土分层按台阶状回填，这里主要利用土工织物的加筋作用。埋置于稳定路堤上的土工织物可以限制滑体的侧向位移，增加土体的抗剪能力，从而改善土体的力学性能，减小或消除差异沉降。

（二）路基沉降有关的桥头跳车的综合处治

同路基沉降有关的路桥过渡段病害主要包括台背差异沉降、路面凹陷、搭板断裂、搭板末端产生差异沉降或裂缝。实际中往往是路基、路堤、路面或搭板均发生破坏而产生桥头跳车。因此，治理时应从地基、路堤、路面方面综合治理。

对于路基发生了不均匀沉降的未设搭板或者搭板已发生断裂的路桥过渡段，可采用路基处治与设置搭板相结合的方法，常用的有钻孔桩 + 搭板、树根桩托换 + 搭板、旋喷桩 + 搭板、压力注浆 + 搭板等。

路基处治后生成的复合路基不但可以增加路基的强度和整体性，还可以有效阻止地基的后续沉降与变形而设置搭板可以扩大路基（桩顶）的受力面积，最大限度地减少路面的不均匀沉降。

1. "钻孔桩、旋喷桩 + 搭板"法

钻孔桩、旋喷桩 + 搭板主要适用于未设搭板或搭板已破坏，而且沉降范围较大的路基。钻孔桩、旋喷桩既可以在一定程度上改善土的性质又可以起支撑上部荷载的作用；而搭板可以起到防止桩体刺入路面和扩散车轮荷载的作用。

2. "树根桩托换 + 搭板"法

树根桩主要适用于路基的局部不均匀沉降或局部加固。通过在路基局部沉降处设置树根桩，可以使该处的荷载扩散到强度较高的路基，从而起到改善此处的受力情况，达到减小不均匀沉降的目的。

3. "劈裂（压密）注浆 + 搭板"法

劈裂和压密注浆均属于压力注浆，其中压密注浆主要利用的是其形成浆泡对土体的压密和抬升功能；劈裂不但有压密功能还可以通过掺入不同化学物质来改善土体的物理、化学性能。

五、排水措施改进技术

在桥涵与路堤的联结部位，由于存在缝隙，雨水会沿缝隙渗入，从而对路面结构层和土基产生冲刷和侵蚀，增加路面各结构层和路基土的含水量，降低路面强度和路基整体稳定性。随着路基和各结构层的破坏，在外部车辆荷载冲击作用下，必然造成桥头路堤沉陷，产生跳车现象。因此，路桥过渡段应该设置完善的排水系统，尽可能减少桥头路堤不均匀沉降。

台背排水措施以往通常的做法是在台后填筑之前，在处治后的地基上设置泄水管或盲沟。首先，在横坡为 3% ~ 4% 均匀夯实的黏土土拱上，挖一条双向排水的地沟，其尺寸一般为宽 40 ~ 60 cm，深 30 ~ 50 cm。然后，在台背后全宽范围内铺一层油毡或尼龙薄膜下垫层、上盖油毡的隔水材料；在地沟内铺设直径为 10 cm 硬塑料泄水管，在管壁上开设小孔，其孔径为 5 mm，小孔间距控制在 10 cm 以内并布置成梅花形，且其出口应伸出路基或桥头锥坡外。最后，在硬塑料管四周再填筑粒径较大的透水性好的材料，由台背分层填筑至路基顶面。横向盲沟的设置与泄水管的相同，应采用合适的材料（如大粒径碎石）填筑地沟。用土工布包裹盲沟出水口处，并对其做必要的处理。

对于这种排水措施，首先，要求台背采用透水性填料，这在缺石地区难以实现，且相应的成本也较高；其次，即使台背采用透水性填料，渗入路堤内的水会造成填料中细料土的流失，从而在荷载和自重作用下导致沉降；最后，渗入路基内的水难以保证全部汇集于泄水管或盲沟内，可能会有部分水沿着水平方向浸湿正常路堤的填料，从而影响两种不同填料界面附近的正常路堤的强度和稳定性，同样在车辆荷载和自重作用下导致该部位的路基沉降。鉴于此，宜对台后排水措施加以改进。

改进排水措施从路基顶部向下依次设置透水层、隔离层和黏土层。黏土层和隔离层起隔水作用，防止渗入路面内的水进一步下渗到路基内，从而影响路基的强度和稳定性。隔离层首先可以用油毡或其他防水材料直接铺筑在黏土层上，然后在隔离层上铺设 2 ~ 5 cm 中砂，以免透水层材料直接与隔离层材料挤压而损伤隔离层材料。铺设隔离层之前，最好在台背处涂设一层沥青，防止水沿台背渗入下部。在隔离层上最后铺透水层，透水层可采用级配碎石填筑，厚度宜取 20 cm 左右。盲沟可以采用大粒径碎石。除了与透水层接触的进水口处设置土工织物反滤层之外，盲沟周围均采用双层隔水层，一方面是隔离水渗入正常路堤，另一方面是防止水继续下渗。此外，为了排水流畅，各结构层层底宜有 3% 左右的纵坡，这样就克服传统台后排水措施的缺点，且台背填料不一定采用透水性材料（如粉煤灰轻质填料），可经济有效地解决过渡段排水问题，从而起到减少桥头路堤不均匀沉降的目的。

第五节　路基边坡病害整治

由于边坡失稳将导致交通中断，造成巨大的经济损失和不良的社会影响，路基边坡的防治越来越成为工程建设和后期养护的工作重点。

开的土质路基边坡的主要地质灾害表现为滑坡。按其破坏的规模，滑坡可分为整体滑坡和局部滑坡。边坡整体滑动的破坏类型主要为圆弧形；边坡局部滑动的破坏类型主要为土体流动。

一、边坡治理原则

1.坚持以工程地质条件为依据。重视滑坡定性评价，辅以定量评价。定量评价一定要满足定性评价。

2.安全性根据防治对象的重要程度，设计使用年限。根据地震条件、地下水条件合理地拟定滑坡推力计算的安全系数。

3.技术经济合理性充分利用一切地形、地质条件，因地制宜地采取有效工程措施，加强滑坡的整体稳定性。

4.充分考虑施工过程和顺序，以保证滑体逐步趋于稳定，并确保施工人员安全。

5.制订工程措施和施工顺序时，应注意协调施工与当地居民生活的关系，尽量不影响当地居民正常生活。

6.重视环保绿化。

另外，对于性质复杂的大型滑坡，可以绕避时应尽量绕避。当绕避有困难或在经济上显著不合理时，应视滑坡规模、公路与滑坡的相互影响程度、防治与治理费用等条件，设计几种方案比选。

对于可能突然发生急剧变形的滑坡，应采取迅速有效的工程措施；对于滑坡缓慢的大型滑坡，应全面规划和整治，仔细观察每期工程的效果，以采取相应的治理措施；对于施工及运营中产生的大型滑坡，应慎重做出绕避、治理方案或局部改移与防治措施相结合的方案等，经全面综合比较后决定取舍，应采取预防措施，避免其复活或产生新的滑坡。

对于性质简单的中小型滑坡，一般情况下可进行整治，路线不必绕避。但应注意调整路线平、纵面位置，以求整治简单、工程量小、施工方便、经济合理。

路线通过滑坡的位置，一般滑坡上缘或下缘比滑坡中部好。滑坡下缘的路基易设成路堤形式、以减轻滑体自重对于窄长而陡峭的滑坡，可用旱桥通过。

整治滑坡之前，一般应先做好临时排水系统，以减缓滑坡的发展，然后针对引起滑坡滑动的主要因素，采取相应的措施。

滑坡整治工程宜在旱季进行，并注意施工方法和程序，避免引起滑坡的发展。

二、边坡深层治理技术

（一）排除深层地下水技术

水是造成路基边坡及其构造物破坏的主要原因。危害路基的水可分为地表水和地下水两大类。下面主要阐述深层地下水的排除措施。

排除深层地下水的主要措施有：渗沟排水、渗水隧洞排水、平孔排水和集水井排水四种。

1. 渗沟排水

按其作用的不同可分为支撑渗沟、边坡渗沟及截水渗沟三种。

（1）支撑渗沟

支撑渗沟使用深度（高度）一般小于 10 m，宽度一般采用 2 ~ 4 m，用以支撑不稳定的边坡，兼起排除和疏于坡体内地下水的作用。支撑渗沟形式分为主干和分支两种：主干平行于可能滑动的方向，布置在地下水露头处或由土中水形成坍塌的地方；支沟应根据汇水情况合理布置，可与滑动方向成 30° ~ 45° 交角，并可伸展到滑动范围以外，以拦截地下水。如果滑坡推力大，范围广，可采用抗滑挡土墙与支撑渗沟相结合的结构形式，以支撑滑坡体。

（2）边坡渗沟

边坡渗沟疏于潮湿的边坡和引排边坡上局部出露的泉水或上层滞水，支撑边坡，减轻坡面冲刷。边坡渗沟垂直嵌入坡体，其底埋入潮湿土层以下较干燥而稳定的土层内，做成有 2% ~ 4% 泄水坡的阶梯式。边坡渗沟的基底一般都要铺砌防渗层。边坡渗沟的间距取决于地下水的分布、流量和边坡土质等因素，一般采用 6 ~ 10 m，边坡渗沟的宽度为 1.2 ~ 1.5 m，其深度视边坡潮湿土层的厚度而定。

（3）截水渗沟

当有丰富的深层地下水进入滑坡体时，可在垂直于地下水流的方向设置截水渗沟以拦截地下水，并将其排出滑坡体。截水渗沟一般深而长。为便于维修与疏通孔道，在截水渗沟直线段每隔 30 ~ 50 m 或渗沟的转弯、边坡处应设置检查井，其井壁应设泄水孔，以排除附近的地下水。

2. 渗水隧洞排水

渗水隧洞主要用于截排或引排集中于滑动附近埋藏较深的一层地下水。隧洞断面不受地下水流量控制，主要决定于施工和养护维修的方便，并考虑节约投资。

3. 平孔排水

用平孔排除滑坡地下水，具有施工方便、工期较短、节约材料和劳动力的特点，是一种经济有效的措施。平孔的设置位置和数量应视地下水分布的情况及地质条件而定。平孔的孔径大小一般不受流量控制，可由数十毫米至一百毫米以上。平孔的坡度应不小于10%。

4. 集水井排水

集水井排水最适用于集中汇集基岩面上及其附近的地下水。集水井深度一般为15～30 m。在滑坡区内进行集水井施工时，集水井深度达到滑动面时即可停止，并尽量缩短工程工期；在暂没滑动的滑坡区内或滑坡区外，集水井应深入基岩2～3 m。

（二）土钉支护技术

土钉的特点是以群体起作用，与周围土体形成一个组合体，在土体发生变形的条件下，通过与土体接触面上的黏结力或摩擦力使土钉被动受拉，并主要通过受拉工作以约束加固或使其稳定。边坡采用土钉支护结构可以加固坡体、防护边坡，也可以提高边坡的整体稳定性。

（三）岩土锚固技术

岩土锚固是一种把受力拉杆埋入地层的技术，能充分发挥岩土能量，调用和提高岩土自身强度和自稳能力，减轻结构自重，节约工程材料，并确保施工安全和工程稳定，具有明显的经济和社会效益，因而广泛用于岩土工程加固。

锚固技术按是否施加预应力分为预应力锚杆（索）和非预应力锚杆（索）。预应力锚杆（索）由锚头、杆体和锚固体三部分组成。预应力锚杆（索）在边坡工程中的应用主要包括：边坡加固、斜坡挡土、锚固挡墙及滑坡防治。

三、边坡浅层治理技术

（一）地面排水

地面排水设施包括设置边沟、截水沟（天沟）、排水沟（泄水沟）和跌水与急流槽（吊沟）。沟渠加固的加固措施有：土沟表面夯实、三合土或四合土加固层加固、单层干砌片石加固、单层栽砌卵石加固、浆砌片石加固、浆砌片石矩形排水槽。这些加固措施一般用于沟内水流速度较大且防渗要求较高的地方。在有地下水（或常年流水）及冻害地段，沟壁沟底外侧应加设反滤层（或垫层），并在沟壁上预留泄水孔，沟内平均流速大于4 m/s时，沟渠纵坡不加限制，可考虑用急流槽形式。沟渠加固施工时，沟渠开挖后应平整夯拍，选用 MS 水泥砂浆，随拌随用砌筑后应注意养护。

（二）截水沟设计

1. 截水沟设计一般要求

（1）当路基挖方上侧山坡汇水面积较大时，应设置截水沟。

（2）截水沟应能保证迅速排除地表水，沟底纵坡一般不应小于 0.5%，以免水流停滞。对土质地段的截水沟，必要时应采取加固措施，以免水流冲刷或渗漏。

（3）截水沟应结合地形合理布置，直接舒顺。在转折处应以曲线联结，必要时应采取加固措施。

2. 截水沟新面形式

（1）截水沟断面一般为梯形：底宽不小于 0.5 m；深度按设计流量确定，亦不应小于 0.5 m；边坡坡度视土质而定。

（2）截水沟沟壁最低边缘开挖深度不能满足断面设计要求时，可在沟壁较低一侧培筑土埂，土埂顶宽为 1 ~ 2 m；背水面坡度设置为 1 ：1 ~ 1 ：1.5；迎水面坡则按设计水流速度、漫水高度所确定的加固类型而定。

（3）藏水沟出水口设置原则：①截水沟内的水流一般避免排入边沟，且通常应尽量利用地形，将截水沟中的水流排入其所在山坡一侧的自然沟中或直接引到桥涵进口处，以免在山坡上任其自流，造成冲刷。②截水沟的出水口，应与其他排水设备平顺地衔接，必要时应设跌水或急流槽。

（三）坡面防护

坡面防护包括种草、铺草皮、抹面与捶面等。

种草防护注意事项如下：选用草籽应注意当地的土壤和气候条件，通常应以容易生长、根部发达、叶茎低矮枝叶茂密的多年生草种为宜。最好采用几种草籽混合播种，使之生成一个良好的覆盖层；种植时草籽宜掺砂或土粒拌和，使之播种均匀，播种时间以气候温暖、湿度较大的季节为宜。

（四）冲刷防护

为防止道路两边边坡的冲刷，多采用的防护形式是护面墙。其多用于各种软质岩土层和较破碎的岩石的挖方边坡，使边坡免受大气因素影响，并防止继续风化。不过，护面墙除自重外，不担负其他荷载，亦不承受墙后的压力，因此护面墙所防护的挖方边坡陡度应符合极限稳定边坡的要求。

四、边坡深层和浅层相结合的综合治理技术

1. 挡土墙

挡土墙是一种能够抵抗侧向土压力，防止墙后土体坍塌和增加其稳定性的建筑物，用以支撑路堤或路堑边坡、隧道洞口、防止水流冲刷路基，同时也常被用于处理路基边坡滑坡崩坍等路基病害。

挡土墙按其设置位置可分为路肩墙、路堤墙、路堑墙和山坡墙。其他常用的挡土墙有：锚杆（索）式挡土墙、悬臂式挡土墙、扶壁式挡土墙和加筋土挡土墙。

2. 抗滑桩

抗滑桩是承受侧向荷载、整治滑坡的支撑建筑物，可穿过滑体在滑床的一定深度处锚固，具有抵抗滑坡推力的作用。工程实践表明，抗滑桩能迅速、安全、经济地解决一些比较困难的工程，因此它发展较快。

第六节　软土地基路基病害防治

一、浅层处理技术

软土地基处治的方法很多，具体工程的地质条件千变万化，对地基处理的要求不尽一致，而且施工机具、材料都会不同，因此必须从地基条件、处理要求。处理范围、工程进度、材料机具等方面进行综合考虑，以确定合适的处置方法。

（一）换填垫层法

当软土地基的承载力和变形不能满足设计要求，而软土层的厚度又不是很大时，将路基底面下处理范围内的软弱土层部分或全部挖去，然后分层换填强度较大的砂（碎石、素土、灰土、二灰土等）或其他强度较高、性能稳定、无侵蚀性的材料，并用人工或机械方法压（夯、振）实至要求的密实度为止，这种地基处理的方法称为换填垫层法。

换填垫层法按回填材料的不同，命名为不同的垫层，如砂垫层、碎石垫层、素土垫层、灰土垫层、二灰土垫层等。不同材料垫层的特点基本相似，故可以近似按砂垫层的计算方法进行计算。但对湿陷性黄土、膨胀土、季节性冻土等某些特殊土采用换填垫层法处理时，因其主要是为了消除或部分消除地基土的湿陷性。胀缩性和冻胀性，设计时应区别对待。

换填垫层法的处理深度通常宜控制在 3 m 以内，也不宜小于 0.5 m，因为垫层太薄，

则换土垫层的作用不显著。

1. 垫层材料选择

（1）砂和砂石垫层材料

用砂和砂石料作为垫层材料时，应选用颗粒级配良好、质地坚硬的中、粗砂为佳，可掺入一定数量的碎（卵）石，但要分布均匀，颗粒的不均匀系数最好不小于 10，含泥量一般不超过 5%，也不得含有植物残体、垃圾等有机杂质。如果用作排水固结地基的砂石材料，含泥量不应大于 3%，并且不应夹有过大的石块或碎石（< 50 mm），因为碎石过大会导致垫层本身的不均匀沉降。

（2）素土垫层材料

素土可采用施工过程中挖出的黏性土，土料中有机质含量不得超过 5%，也不得含有冻土或膨胀土。当含有碎石时，其粒径不宜大于 50 mm。素土垫层材料不应采用地表耕植土、淤泥及淤泥质土、杂填土等。

（3）灰土垫层材料

灰土垫层是将路基底面下一定范围内的软弱土层挖去，用按一定体积配合比的灰土在最佳含水量条件下分层回填夯实或压实，适用于处理厚 1 ~ 4 m 的软弱土层。

（4）碎石和矿渣垫层材料

碎石垫层用的碎石一般为 5 ~ 40 mm 的自然级配碎石，含泥量不大于 5%。

矿渣垫层应根据工程的具体条件选用矿渣垫层材料。大面积填铺时，多采用不经筛分的不分级高炉混合矿渣，最大粒径不大于 200 mm；不大于碾压分层虚铺层厚的 2/3 小面积垫层时，采用 20 ~ 60mm 分级矿渣。采用的矿渣应符合规范要求。在碎石和钢渣垫层的底部，为防止基坑表层软弱土发生局部破坏而产生过量沉降，一般应设置一层 15 ~ 30mm 厚的砂垫层（其砂料应采用中、粗砂），然后再铺筑碎石或钢渣垫层。

2. 垫层施工方法

（1）当地基表层具有一定厚度的硬壳层，其承载力较好，能上一般运输机械时，一般采用机械分堆摊铺法，即先堆成若干砂堆，然后用机械或人工摊平。

（2）当硬壳层承载力不足时，一般采用顺序推进摊铺法。

（3）当软土地基表面很软，如新沉积或新吹填不久的超软地基，首先要改善地基表面的持力条件，使其能上施工人员和轻型运输工具。

应该注意的是，无论采用何种施工方法，在排水垫层的施工过程中都应避免对软土表层的过大扰动，以免造成砂和淤泥混合，影响垫层的排水效果。

3. 垫层施工注意事项

（1）换填垫层法施工的关键是将垫层材料压实到设计要求的密实度。压实的方法常用的有机械碾压法、重锤夯实法和振动压实法。这些方法要求垫层材料分层铺设，然后逐层振密或压实。

（2）以黏性土为主的软弱土，宜采用平碾或羊足碾；对杂填土可用平碾；对砂土、砂石料、碎石土和杂填土宜采用振动碾或振动压实机；对于狭窄场地边角及接触带可用蛙式夯实机。压实效果、分层铺填厚度、压实遍数、最优含水量等应根据具体施工方法及施工机具通过现场确定。一般情况下，用平板振动器时，最优含水量为 15% ~ 20%；用平碾及蛙式夯时，最优含水量为 8% ~ 12%；用插入式振动器时，宜对饱和的碎石、卵石或矿渣充分洒水湿透后进行夯压。

（3）垫层施工前必须对下卧地基进行检验，如发现局部软弱土层，应予挖除，用素土或灰土填平夯实。对垫层底部有古井、古墓、洞穴、旧基础、暗塘等软硬不均的部位时，应先予清理后、再用砂石逐层回填夯实，并经检验合格后，方可铺填上一层砂石料后再行施工。

（4）严禁扰动垫层下卧的软土，为防止践踏、受冻、浸泡或暴晒过久，坑底可保留200mm 厚土层暂不挖去，待铺砂石料前再挖至设计高程。如果有浮土必须清除，当坑底为饱和软土时，须在土面接触处铺一层细砂起反滤作用，其厚度不计入砂垫层设计厚度内。

（5）砂石垫层的底面宜铺设在同一高程上，若深度不同，基底土层面应挖成阶梯或斜坡搭接，各分层搭接位置应错开 0.5 ~ 1.0 m 距离，搭接处注意捣实，施工应按先深后浅的顺序进行。垫层竣工后，应及时施工上层路面。

（6）垫层施工应注意控制分层铺填厚度，每层压实遍数宜通过确定。分层松铺厚度，可按采用的压实机具现场来确定。一般情况下，松铺 30 cm 时，分层压实厚度为 20 cm。为保证分层压实质量应控制机械碾压速度，一般情况下，平碾为 2 km/h，羊足碾为 3 km/h，振动碾为 2 km/h，振动压实机为 0.5 km/h，

（7）人工级配的砂石应拌和均匀。用细砂作填料时，应注意地下水的影响，且不宜使用平振法、插振法和水振法。灰土、二灰土材料应拌和均匀，注意其配合比，控制其含水量。如果土料水分过多或不足时应晾干或洒水润湿。

（8）当施工中地下水位高于挖土底面时，宜采用排水或降水措施，注意边坡稳定，以防止坍土混入砂石垫层中。

（9）压实后的灰土、二灰土应采取排水措施，3 d 内不得受水浸泡。

（二）抛石挤淤法

抛石挤淤法是借助换填材料的自重或利用其他外力，如压载、振动、爆炸、强夯等，使软弱层遭受破坏后被强制挤出而进行的换填处理。采用这种施工方法，不用抽水、挖淤、施工简单，一般用于厚度小于 3.0 m，其软层位于水下、表层无硬壳、软土液性指数大、呈流动状态的泥沼及软土。一般来说，抛石挤淤比较经济，但技术上缺少把握，当淤泥较厚时须慎重使用。

抛石挤淤应采用不易风化的石料，片石大小随软土稠度而定。对于容易流动的泥炭

或淤泥，片石宜稍小些，但颗粒大小不宜小于 30 cm，且小于 30 cm 的粒料含量不得超过 20%。抛石时应自路堤中部开始，逐次向两旁展开，使淤泥向两旁挤出。在片石露出水面后，应用较小石块填塞垫平，用重型机械碾压紧密，然后在其上铺设反滤层再进行填土。

（三）反压护道法

反压护道法是指在路堤两侧填筑一定宽度和高度的护道，使路堤下的淤泥或泥炭向两侧隆起的趋势得到平衡，从而保证路堤的稳定性。采用反压护道加固地基，不需特殊的机具设备和材料，施工简单，但占地多，用土量大，后期沉降大，养护工作量大。反压护道法适用于非讲作区和取土不困难的地区和路堤高度不大于 1.7 ~ 2 倍极限高度的情况。

反压护道法的设计及施工要点如下：

1. 反压护道一般采用单级形式，因为多级式护道增加稳定力矩较小，作用不大。

2. 反压护道高度一般为路基高度的 1/3 ~ 1/2，为保证护道本身的稳定，其高度不得超过天然地基所容许的极限高度。

3. 反压护道宽度一般采用圆弧稳定分析法通过稳定性验算决定。在验算中，软土或泥沼地基的强度指标采用快剪法测定。或采用无侧限抗压强度的 1/2 或用十字板现场所测得的强度。

4. 两侧反压护道应与路堤同时填筑。

5. 当软土层或泥沼土层较薄，且其下卧硬层具有明显的横向坡度时，应采用两侧不同宽的反压护道，横坡下方的护道应较横坡上方的护道宽一些。

二、排水固结法

排水固结法处理软基是在路基施工前，对天然路基或已设置竖向排水体的路基加载预压，使土体固结沉降基本完成或大部分完成，从而提高地基土强度，减少地基工后沉降的一种地基加固方法。

排水固结系统由排水系统和加压系统两部分共同组成。排水系统由竖向排水体和水平排水体构成，主要作用是改变地基的排水边界条件，缩短排水距离和增加孔隙水排出的途径。当软土层靠近地表且较薄或土的渗透性好且施工周期较长时，可在地面铺设一定厚度的砂垫层，不设竖向排水通道。土中的孔隙水在外荷载作用下排至砂垫层，从而产生固结。若软土层较厚时，为加快排水固结，应在地基中设置砂井等竖向排水体，与水平砂垫层一起构成排水系统。加压系统是指对地基施加荷载的布置。排水系统与加压系统总是联合使用的。如果只设置排水系统，不施加固结压力，土中的孔隙水没有压差，不会发生渗透固结，强度不会提高。如果只施加固结压力，不设置排水体，孔隙水就很难排出来，地基土的固结沉降就需要较长的时间。因此，要保证排水固结法的加固效果，从施工角度考虑，主要做好以下三个环节：铺设水平垫层、设置竖向排水体和施加固结压力。

排水固结法一般适用于饱和软黏土、吹填土、松散粉土、新近沉积土、有机质土及泥炭土地基。

（一）水平排水垫层施工

水平排水垫层的作用是使在预压过程中，从土体进入垫层的渗流水迅速地排出，使土层的固结作用能正常进行，防止土颗粒堵塞排水系统。因此，垫层的质量将直接关系到加固效果和预压时间长短。

1. 垫层材料

垫层材料应采用透水性好的砂料（同时能起到一定的反滤作用），通常采用级配良好的中粗砂，颗粒粒径以介于 0.074 ~ 0.84 mm 之间为宜，含泥量不大于 3%；一般不宜采用粉、细砂，也可采用连通砂井的砂沟来代替整片砂垫层。水盲沟的材料一般采用粒径为 3 ~ 5cm 的碎石或砾石。

2. 垫层施工

水平排水砂垫层的施工方法与换填土法中砂垫层的相同。不论采用何种施工方法，都应避免对软土表层的过大扰动，以免造成砂和淤泥混合，影响垫层的排水效果。

（二）竖向排水体施工

竖向排水体在工程中的应用有普通砂井、袋装砂井，塑料排水带三种。

砂井直径一般为 20 ~ 30 cm，水下砂井直径为 0 ~ 40 cm，并径比为 8 ~ 10。砂料要求为：粗砂，含泥量小于 2%，颗粒级配良好。袋装砂井直径一般为 7 ~ 10 cm，并径比为 15 ~ 30。

1. 普通砂井的施工

普通砂井的施工应当满足以下要求：保持砂井连续和密实，并且不出现缩颈现象；尽量减小对周围土的扰动；砂井的长度、直径和间距应满足设计要求。

普通砂井施工一般先在地基中成孔，再在孔内灌砂形成砂井。施工时应尽量选用对周围土扰动小且施工效率高的方法。

普通砂井施工成孔的典型方法有套管法、射水法、螺旋钻成孔法和爆破法四种。

（1）套管法

套管法是将带有活瓣管尖或套有混凝土管靴的套管沉到预定深度，然后在管内灌砂，拔出套管形成砂井。根据施工工艺的不同，套管法又分为静压沉管法、锤击沉管法、锤击静压联合沉管法和振动沉管法，其中振动沉管法是目前最为常用的方法。

（2）射水法

射水法是指利用高压水通过射水管形成高速水流的冲击和环刀的机械切削，使土体破坏，并形成一定直径和深度的砂井孔，清孔后再向孔内灌砂而成砂井。采用该法施工时，一要控制好冲孔时水压力大小和冲水时间；二要控制好孔内灌砂质量。

射水成孔工艺，对土质较好且均匀的黏性土地基是较适用的，但对土质很软的淤泥，因成孔和灌砂过程中容易缩孔，很难保证砂井的直径和连续性；对没有粉砂薄层的软土地基，若水压力控制不严，易在冲水成孔时出现串孔，对地基扰动较大。

射水法成井的设备比较简单，对土的扰动较小，但在泥浆排放、塌孔、缩颈、串孔、灌砂等方面还存在一定的问题

（3）螺旋钻成孔法

螺旋钻成孔法是以动力螺旋钻钻孔，属于干钻法施工，提钻后孔内灌砂成形。此法适用于陆地工程，砂井长度在10m以内，土质较好，且不会出现缩颈和塌孔现象的软弱地基，该工艺所用设备简单而机动，成孔比较规整，但灌砂质量较难掌握，对很软弱的地基不太适用。

（4）爆破法

爆破法是先用直径73mm的螺纹钻钻成一个砂井所要求设计深度的孔，在孔中放置由引爆线和炸药组成的条形药包，爆破后将孔扩大，然后往孔内灌砂形成砂井。这种方法施工简易，不需要复杂的机具，适用于深度6～7m的浅砂井。

2. 袋装砂井的施工

袋装砂井是用具有一定伸缩性和抗拉强度很高的聚丙烯或聚乙烯编织袋配合套管填满砂子形成的砂井。它基本上解决了大直径砂井中所存在的问题，使砂井的设计和施工更加科学化，保证了砂井的连续性；施工设备实现了轻型化，比较适合在软弱地基上施工；用砂量少，施工速度加快，工程造价降低；是一种比较理想的竖向排水体。

3. 塑料排水带的施工

塑料袋排水法是将带状塑料排水带用插带机将其插入软土中作为竖向排水体，然后在地基面上加载预压（或采用真空预压），使土中孔隙水沿塑料带的通道溢出，从而使地基土得到加固的方法。

（三）预压荷载施工

预压荷载的施工一般分为三类：利用建筑物自重加压；施加外部荷载（堆载顶压施工）；减少地基土的孔隙水（真空预压施工）。

1. 利用建筑物自重加压

利用路基填土本身的自重加压就是在未经预压的天然软土路基上直接填土压实。此法适用于以地基的稳定性为控制条件，能适应较大变形的建筑物。

这一方法要注意加荷速率与地基土强度的适应性，工程上应严格控制加荷速率，采用逐层填筑的方法以确保路基的稳定性。在每级荷载作用下，待地基土强度提高后才能进行下一步填土压实，分阶段依次进行。

2. 堆载预压施工

堆载预压的材料一般以砂石料和砖等不污染环境的散体材料为主。大面积施工时，通常采用自卸汽车与推土机联合作业。对超软土地基的堆载施工，第一级荷载宜用轻型机械或人工作业。

3. 真空预压施工

（1）施工设备和材料

施工设备包括真空泵和一套膜内、外管路。真空设备要求具有效率高，能持续运转，重量轻，结构简单，便于维修等特点。密封材料一般采用聚氯乙烯薄膜或线性聚乙烯薄膜等。

（2）施工工艺

真空预压施工顺序如下：

①置排水通道。在软基表面铺设砂垫层和在土体中埋设袋装砂井或塑料排水板。

②铺设膜下管道。将真空滤管埋入软基表面的砂垫层中。

③铺设封闭薄膜。在加固区四周开挖深 0.8 ~ 0.9m 的沟槽，铺上塑料薄膜，薄膜四周放入沟槽，将挖出的黏性土填回沟槽，封闭薄膜。

④连接膜上管道及抽真空装置。膜上管道的一端与出膜装置相连，另一端连接真空装置。主管与薄膜连接处必须处理好，保证密封，以保持其气密性。

⑤打开真空泵正式抽气，施加真空荷载，测读真空度和沉降值，进行加载预压。

⑥沉降记录达到设计值时，即可停止抽气，加载预压结束。

三、深层密实法处理技术

深层密实法是指采用爆破、夯击、挤压和振动等方法，对松软地基土进行振密和挤密的方法。它可使地基土在较大深度范围内得以密实。

爆破法是将炸药放在地面深处，引爆后在地基土内产生了高速压力波，在爆炸源附近的区域内，冲击波使土的疏松结构液化，形成密实的结构，以达到地基土加固的目的。如果在水下土面以上较小高度处设置炸药起爆，则对水下土层亦能起到加固作用。爆破法独特的优点是：除了一般钻进或水冲机械外，不需要重大设备；在小范围内处理比较经济；处理深度可达 20m，相对密实度可达 70% ~ 80%。

强夯法是一种将几十吨的重锤，从几十米的高处自由落下，对土进行强力夯击，使其达到密实的方法。它是一种地基处理的新方法。

挤密法是以振动、冲击或沉管等方法成孔，然后向孔中填入砂石、碎石或其他材料，再加以振实而成为直径较大桩体的方法。按填入材料的不同，挤密法可分为砂桩、碎石桩等。挤密桩属于柔性桩，主要靠桩管打入地基时对地基土的横向挤密作用，使土粒彼此移动，小颗粒填入大颗粒的空隙，颗粒间彼此紧靠，孔隙减小，此时土的骨架作用随之增强，从而使土的压缩性减小和抗剪强度提高。由于桩身本身具有较高的承载能力和较大的变形模量，且桩体断面较大，占松软土加固面积的 20%～30%，故在黏性土地基加固时，桩体与桩周土组成复合地基，可共同承担上部荷载。水泥粉煤灰碎石桩（简称 CFG 桩），是在碎石桩的基础上掺入适量的石屑、粉煤灰和少量的水泥加水拌和后制成的一种具有一定胶结强度的桩体。由于碎石桩是由松散的碎石组成，在荷载作用下将会产生膨胀变形，当桩周土为强度较低的软黏土时，桩体易产生膨胀破坏。碎石桩加固软土地基仅可提高地基承载力一倍左右；面 CFG 桩是一种低强度混凝土桩，因而它可较大幅度地提高地基承载力。

深层振密法是以振动杆（振动翼）作为振动器加固土的一种方法。该方法是以静压、振动等方法先将带振动翼的钢杆下到所需深度的土层中，然后产生垂直或水平振动并慢慢拔出，使土得到加密。该方法在砂土中应用效果较好。

（一）强夯法

强夯法，国外称之为动力固结法，以区别于静力固结法。它一般是通过 10～40 t 的重锤采用 10～20m 的落距（最高可达 40m）夯击地基，对地基土施加强大的冲击能，在地基土中形成冲击波和动应力，使地基土压密和振密，以加固地基土，达到提高地基土强度，降低地基土压缩性、改善砂土的抗液化条件，消除湿陷性黄土的湿陷性的目的。强夯法主要适用于加固砂土和碎石土。低饱和度粉土与黏性土、湿陷性黄土、杂填土和素填土等地基。

对于饱和黏性土地基，近年来发展了强夯置换法。它是利用夯击能将碎石、矿渣等材料强力挤入地基，在地基中形成碎石墩，并与墩间土形成碎石墩复合地基，以提高地基承载力和减小地基土沉降。

强夯法的施工顺序应该是先深后浅，即先加固深层土，再加固中层土，最后加固表层土。

（二）砂桩和碎石桩

砂桩和碎石桩又称粗颗粒土桩，是指用振动、冲击或水冲等方式在软弱地基中成孔后，再将碎石或砂挤压入桩孔中，形成大直径的碎（砂）石所构成的密实桩体。

1. 砂桩

砂桩适用于松散砂土、人工填土、粉土或杂填土等地基，可以提高地基的强度，减少地基的压缩性，或提高地基的抗震能力，防止饱和软弱土地基液化。

目前国内外砂桩常用的成桩方法有振动沉管法和锤击成桩法。振动沉管法是使用振动打桩机将桩管沉入土层中，并振动挤密砂填料。锤击成桩法是使用蒸汽或柴油打桩机将桩管引入土层中，并用内管夯击密实砂填料，实际上这也就是碎石桩的沉管法。

（1）材料选择

砂桩的填料宜用级配较好的中粗砂，也可用砾砂。对于饱和软黏土，因为原地基较软弱，侧限不大，为了利于成桩应选用级配好，强度高的沙砾混合料。填料中最大颗粒尺寸由桩管直径和桩尖的构造决定，以能顺利出料为宜。

（2）施工顺序

施工时应注意打桩先后位置次序：为使砂桩进展顺利，挤密砂桩宜从路之一侧向另一侧施打，或由中心向两边施打。就道路纵向而言，宜从道路一端向另一端施打，避免由两端向中间施打，以减少挤密砂桩施工的困难。

（3）施工机械

砂桩施工机械通常包括桩机架、桩管及桩尖提升装置，挤密装置（振动锤或冲击锤）、上料设备及检测装置等。高能量的振动砂石桩机配有高压空气或水的喷射装置。同时还配有自动记录桩管贯入深度、提升量、压入量、管内砂石位置及变化以及电机电流变化等的检测装置。

（4）施工方法

挤密砂桩施工根据砂井成孔的机械和方式一般可分为振动沉管法和锤击成桩法两种。

①振动沉管法

振动沉管法按其成桩工艺可以分为以下三种：

A. 一次拔管法施工工艺

首先，用振动沉桩机将安有活瓣式或脱离式管靴的导管，在规定的桩孔位置垂直就位：然后，将桩管沉入软土层中，并达到设计高程（略深一个桩靴的深度）：然后，用装砂漏斗或采用空压机将砂灌入导管；灌满之后，封闭管口，通入压缩空气或者加入水，缓慢提起导管直到地面，在拔管的同时边振动边输入压缩空气（或水）使活动瓣门开启（或脱离式桩靴离开导管），桩管中的砂通过压缩空气的力量或水的作用落入孔中，形成砂桩。

B. 逐次拔管法施工工艺

首先，将带有桩靴的导管在规定的位置垂直就位然后，将桩管沉入软土到设计高程之后，用料斗向导管内灌装砂子；灌满之后，在振动以及向导管输送压缩空气的条件下，边振动边将导管拔起一定高度，停止拔管继续振动若干秒，使落入孔中的砂密实；之后，再拔起一定高度又继续振动；如此反复进行，直到导管拔出地面。

C. 重复压拔管法施工工艺

首先，将被管在设计位置垂直就位：其次，将桩管沉入土层中达到设计高程，如果桩管下沉速度很慢，可以利用桩管下端喷嘴射水口加快下沉速度；然后，用装砂料斗向导管内灌砂灌满之后，在振动的条件下，将导管拔起到规定高度，同时向桩管内送入压缩空气使砂容易排出落入桩孔，桩管拔起后核定砂的排出情况；最后，用振动机将管按规定深度往已灌沙的孔中压下，使桩径扩大并振实，如此反复进行，直到导管拔出地面。对于桩管每次拔起和压下的高度，应根据砂桩直径要求通过确定。

②锤击成桩法

锤击成桩法按其施工工艺，分为单管法和双管法。

2.碎石桩

碎石桩适用于挤密松散的砂土、粉土、素填土和杂填土地基。在复合地基的各类桩体中，碎石桩与砂桩同属散体材料桩，其加固机理相似。随被加固土质不同，碎石桩加固机理有所差别：对砂土、粉土和碎石土，具有置换和挤密作用；对黏性土和填土，以置换作用为主，兼有不同程度的挤密和促进排水固结作用。碎石桩在工程中主要应用于软弱地基加固、堤坝边坡加固、消除可液化砂土的液化性、消除湿陷性黄土的湿陷性等方面。

碎石桩按其制桩工艺分为振冲（湿法）碎石桩和干法碎石桩两大类。利用振动水冲法施工的碎石桩称为湿法碎石桩。干震碎石桩和锤击碎石桩统称为干法碎石桩。

（1）材料选择

碎石或卵石可选用自然级配，含泥量不宜超过 10%，最大粒径不宜大于 80 mm。碎石常用的粒径为 20 ~ 50 mm，因为粒径太大不仅容易卡孔，而且能使振冲大、外壳强烈磨损。作为桩体材料，碎石比卵石好，因为碎石之间咬合力比卵石大，形成的碎石桩强度高；而卵石作填料、下料较好。

（2）施工顺序

碎石桩的施工顺序一般采用"先中间后周边"或"由一边推向一边"的顺序进行。在软黏土地基中施工时，要考虑减少对地基土的扰动，宜用间隔跳打的方式。在既有建筑物邻近施工时。必须向远离建筑物的方向施工，或者用功率较小的振动器施工。

（3）施工方法

碎石桩根据其施工工艺一般可分为振冲碎石桩和干震碎石桩。

①振冲碎石桩施工

振冲碎石桩施工的主要机具有振冲器、起吊机械、水泵、泥浆泵、填料机械、电控系统等。

其施工步骤为：就位、成孔、清孔、填料、振密加固、成桩。

②干震碎石桩施工

干震碎石桩适用于加固松散的非饱和黏性土（含水量小于 25%）、素填土，杂填土和二级以上非自重湿陷性黄土，加固深度 6 m 左右；不适宜加固砂土和孔隙比小于 0.85 的饱和黏性土。

干震碎石桩是对振冲碎石桩的一种改进，可克服施工过程中及其后一段时间内桩间土含水量增加，导致土强度降低及施工过程中大量排泥浆、污染环境的缺点。

干震碎石桩施工步骤如下：首先用振动成孔器成孔，将桩孔中的土挤入周围土体，提起振孔器，向孔内倒入约 1 m 厚的碎石；再用振孔器进行捣实，要求达到密实电流并留振 10 ~ 15s；然后提起振孔器；如此分段填料振实，直到形成碎石桩。

（三）CFG 桩

CFG 桩是水泥粉煤灰碎石桩（Cement Fly-ash Gravel Pile）的简称，由碎石、石屑、粉煤灰掺加适量水泥加水拌和，用振动沉管打桩机或其他成桩机具制成的一种具有一定黏结强度的桩。桩体主体材料碎石、石屑为中等粒径骨料，可改善级配；粉煤灰作为细骨料，可以和低强度水泥作用。通过调整水泥掺量和配合比，桩体强度可在 C5 ~ C20 之间变化，一般强度为 C5 ~ C10。

CFG 桩由于桩身具有一定的黏结性，故可在全长范围内受力，能充分发挥桩周摩阻力和端承力；桩土应力比一般为 10 ~ 40；复合地基承载力的提高幅度较大；有沉降小、稳定快的特点。

CFG 桩可用于加固填土、饱和及非饱和黏性土、松散的砂土、粉土等。CFG 桩使用在塑性指数高的饱和软黏土上应慎重。

1. 施工顺序

CFG 桩的打桩顺序有连打法、间隔跳打法。其具体打法宜由现场来确定。

连打法易造成邻桩被挤碎或缩颈，在黏性土中易造成地面隆起；跳打法不易发生上述现象，但土层较硬时，在已打桩中间补打新桩，可能造成已打桩被震裂或震断。

在软土中，桩距较大可采用隔桩跳打，但施工新桩与已打桩时间间隔不少于 7d；在饱和的松散粉土中，如果桩距较小，则不宜采用隔桩跳打；全长布桩时，应遵循由"由一边向另一边"的原则。

2. 施工工艺

（1）沉管

①桩机就位，桩管保持垂直，垂直度偏差不大于 1%。

②若采用预制钢筋混凝土桩尖，需埋入地表以下 300 mm 左右。

③开始沉管，为避免对邻桩的影响，沉管时间应尽量短。

④记录激振电流变化情况，一般可 1 m 记录一次激振电流。

（2）投料

沉管过程中可进行空中投料。沉管至设计高程后须尽快投料，直到管内混合料与钢管投料口对齐。若投料量不够，应在拔管过程中空中投料，以保证成桩桩顶高程满足设计要求。

（3）拔管

①拔管前，应原位留振约 10 s 后再振动拔管。

②控制拔管速度，一般控制在 1.2 ~ 1.5 m/min 较合适。拔管过快易造成局部缩颈或断桩；拔管太慢，振动时间过长，会使桩顶浮浆增厚，易使混合料离析。对淤泥质土，拔管速度可适当放慢，拔管过程中也不宜反插留振。

③桩管拔出地面后，应用粒状材料或用黏土封顶。

（4）开槽及桩头处理

CFG 桩施工完成后 7 d 即可开槽，若基坑深度不大于 1.5 m，可采用人工开挖；当基坑深度大于 1.5 m 时，可考虑人工和机械联合开挖，并通过试开挖确定预留人工开挖深度，一般人工开挖预留厚度不宜小于 700 mm，以避免对桩间土及桩产生不良影响。

（5）褥垫铺设

褥垫厚度由设计设定。要求褥垫层虚铺厚度比基础宽度大，其宽出的部分不宜小于褥垫层的厚度。

四、化学加固法

化学加固法是指利用水泥浆液、黏土浆液或其他化学浆液，通过灌注压入、高压喷射和机械搅拌，使浆液与土颗粒胶结起来，以改善地基土的物理力学性质的地基处理方法。

目前根据化学加固法中常用的浆液类型可划分为：水泥浆液，即由高标号的硅酸盐水泥和速凝剂等组成的常用胶结浆液；以水玻璃为主的浆液，这类浆液有较多的配方形式，较常用的是将水玻璃浆液与氯化钙浆液配合使用，该类浆液价格较贵，较少用；以丙烯酰胺为主的浆液，是一种类似有机化合物为主的浆液，其价格昂贵，难于广泛应用；以纸浆液为主的浆液，如重铬酸盐类，其加固效果较好，但有毒性，易污染地下水源，故使用上受到限制。因此，目前使用最广泛的是水泥浆液。

根据施工工艺，化学加固法可划分为灌浆法（注浆法）、高压喷射注浆法和水泥土搅拌法。

（一）灌浆法

灌浆法是指利用液压、气压或电化学原理，通过注浆管把浆液均匀地注入地层中，浆液以填充、渗透和挤密等方式，赶走土颗粒间或岩石裂隙中的水分和空气后占据其位置，经一定时间后，浆液将原来松散的土粒或裂隙胶结成一个整体，形成一个结构新、强度高、防水性能好和化学稳定性良好的"结石体"。灌浆法按加固原理可分为渗透灌浆、挤密灌浆、劈裂灌浆和电动化学灌浆。

（二）高压喷射注浆法

高压喷射注浆法是用工程钻机钻至预定深度后，用高压泥浆泵等发生装置，通过安装在钻杆机端的特殊喷嘴，向周围土体喷射化学浆液（常用水泥浆液），同时钻杆以一定的速度徐徐提升，高压射流破坏了附近的土体结构，并强制与化学浆液混合，在地基中硬化成直径均匀的圆柱体。可根据工程需要调整提升速度，变化喷射压力，或变换喷嘴的直径，从而改变流量，使固结体成为所需要的设计形状。固结体的形态和喷射流移动方向有关，一般分为旋转喷射（旋喷）、定向喷射（定喷）和摆动喷射（摆喷）三种。

旋喷法施工时，喷嘴一面喷射→面旋转并提升，固结体呈圆柱状。主要用于加固地基、提高地基的抗剪强度，改善土的变形性质；也可组成闭合的帷幕，用于截阻地下水流和治理流沙。旋喷法施工后，在地基中形成的圆柱体，称为旋喷桩。定喷法施工时，喷嘴一面喷射一面提升，喷射的方向固定不变，固结体形如板状或壁状，通常用于基坑防渗，改善地基土的水流性质和稳定边坡等工程。摆喷法施工时喷嘴一面喷射一面提升，喷射的方向呈较小角度来回摆动，固结体形如较厚的墙体。定喷及摆喷两种方法通常用于基坑防溜、改善地基土的水流性质和稳定边坡等工程。

高压喷射注浆法适用于砂土、粉土、黏性土、淤泥、淤泥质土、黄土、湿陷性黄土和人工填土地基。它既可用于工程修建前加固地基，又可用于工程使用期中的基础托换。对于砾石直径过大，含量过大及纤维质的腐殖土，高压喷射法的施工质量则难以保证，有时甚至达不到静压灌浆法的效果。当地下水流速过大时，喷射浆液无法在注浆管周围凝固。无充填物的岩溶地段，永冻土地基及对水泥有严重腐蚀的地基，均不适宜选用高压喷射注浆法。

（三）水泥土搅拌法

水泥土搅拌法是用于加固饱和黏性土地基的一种方法。它是利用水泥（或石灰）等材料作为固化剂，通过特制的搅拌机械。在地基深处就地将软土和固化剂（浆液或粉体）强制搅拌，由固化剂和软土间所产生的一系列物理和化学反应，使软土硬结成具有整体性、水稳定性和一定强度的水泥加固土，从而提高地基强度和增大变形模量。

根据施工方法的不同，水泥土搅拌法分为水泥浆搅拌法（国内俗称深层搅拌法，又称为湿法）和粉体喷射搅拌法（又称为干法）两种。前者是用水泥浆（有时添加减水剂如木质素等和速凝剂）和地基土搅拌，后者是用水泥粉或石灰粉和地基土搅拌。两种方法各有相应的适应性和利弊。从概念方面看，前者搅拌较均匀，易于复搅，但加固体硬化时间长，天然含水量过高时，桩间土多余的孔隙水需较长时间才能排除。对后者来说，虽搅拌均匀性欠佳，难于全程复搅，但水泥硬化时间短，且在一定程度上降低了桩间土的含水量，在一定范围内提高了桩间土的强度。

由于粉体喷射搅拌法采用粉体作为固化剂，不再向地基中注入附加水分，反而能充分吸收周围软土中的水分，因此加固后地基的初期强度高，对含水量高的软土加固效果尤为显著。它为软土地基加固技术开拓了一种新的方法。

1. 深层搅拌法（湿法）的施工

深层搅拌法的机械设备包括深层搅拌机和配套设备两部分。

深层搅拌机是进行深层搅拌施工的关键机械。目前，国内外有中心管喷浆方式和叶片喷浆方式。后者是使水泥浆从叶片上若干个小孔喷出，使水泥浆与土体混合较均匀。对于大直径叶片和连续搅拌是合适的。但因喷浆孔小，易被浆液堵塞，它只能使用纯水泥浆而不能采用其他固化剂，且加工制造较复杂。中心管输浆方式中的水泥浆是从两根搅拌轴之间的另二根管子输出，这对于叶片直径在 1.0 m 以下时，并不影响搅拌均匀度，而且它还可适用多种固化剂、纯水泥浆、水泥砂浆，至可掺入工业废料等粗粒固化剂。

2. 粉体喷射搅拌法（简称粉喷法，又称干法）

粉体喷射搅拌法是利用压缩空气向软土输送和喷射干粉（生石灰粉、水泥干粉等），利用于粉与土拌和发生化学反应，改善土质，提高地基的强度，它属于化学加固方法。加固后，可增加路基的稳定，减少路基的沉降。这种技术使得施工能在解决了干粉连续输送、压缩空气与干粉在土中分离以及土中空气排除等技术问题后得以进行。压缩空气将粉体加固料以雾状喷入地基深部，凭借钻头叶片的旋转，使粉体加固料与原位软土搅拌并得到充分混合，形成桩体或墙体，与路基下软土形成复合路基，从而使软土硬结。

水泥干粉与软土被搅拌后形成水泥加固土。它与混凝土的硬化机理有所不同。水泥加固土，水泥掺量很小（仅是被加固土的 7% ~ 15%），水泥的水解和水化反应完全是在具有一定的活性介质——软土内进行，硬化速度缓慢且作用复杂。水泥颗粒表面的矿物质能与软土中的水发生水解和水化反应，生成多种化合物，有的自身继续硬化，有的则与其周围具有一定活性的黏土颗粒发生反应。这些新生的化合物在水中和空气中越均匀，则水泥土的结构强度的离散性越小，总体强度越高。

粉体喷射搅拌法适合于加固各种成因的饱和软黏土，目前国内常用于加固淤泥、淤泥质土、粉土、杂填土等含水量较高的黏性土。以干粉作为加固料，不需向地基注入附加水分，反面能充分吸收周围软上中水分，因而初期强度高。可以事先合理选择加固料及配合比，针对不同的地质情况灵活设计桩径、桩长及桩距，可大大减少地基沉降量。

粉体喷射搅拌法与旋喷法（CCP 工法）不同。粉体喷射搅拌法是以机械强制搅拌，气粉混合体只需克服喷灰口处土及地下水的阻力而喷入土中，通过搅拌叶片的机械搅拌作用，使灰、土混合，形成加固柱体；旋喷法则是依靠高压脉冲泵所喷射的高压水来破坏土层。因此，粉体喷射搅拌法所用空气压缩机的压力不需要很高。此外，空气压缩机的风量也不宜太大。

第七节　黄土路基、膨胀土边坡综合治理

一、黄土路基

黄土地区路基病害的主要表现形式为路基沉陷或陷穴、路堤或基底沉陷、坡面滑溜、路堤局部滑坍或整体滑坡、土桥病害等。黄土特殊的工程特性导致了黄土地区道路病害的产生，其中黄土的湿陷性是引起路基破坏的主要因素，而黄上湿陷性与水（地表、地下水）的潜蚀作用导致的路基湿陷，对道路危害极大。设置完善的防、排水系统，最大限度地降低地基受水浸湿的可能性是防止黄土湿陷破坏的首选措施，也是最经济的技术措施。在黄土路基中加入土工合成材料，其目的就是要防水和减载。利用土工合成材料所产生的剪应力及拉力以改变路基的受力状态，使路基能够均匀承受荷载，减少路基的局部沉降及侧向

位移，提高路基的承载力。利用土工合成材料防治路基病害，不仅要改变其受力状态，还要解决地表水及地下水的排导、隔离、防渗等，并进行必要的加固，使路基免受水的侵害。

防治黄土在不利条件下造成的危害的方法，由早期的大开挖到后来的垫层（灰土或沙石）、强身（表面强分、深孔强夯、置换强夯）、挤密（灰土桩、饱和土时的振冲碎石柱）、沉桩（预制打入桩、钻孔灌注桩、大径扩底注桩、水泥搅拌桩）、化学加固（碱液法、加气硅化法）和防水（基本防水、检测防水、严格防水及施工防水）等，在工程实践中发挥了重要作用，目前，处治湿陷性黄土路基通常采用的有密实法、置换法、复合地基法等，再配合排水措施，形成一个体系。这些方法的特点是技术可靠、经济适用、施工简单、有较好地处理效果，便于掌握及推广应用。

二、膨胀土边坡

（一）概述

膨胀土边坡具有"逢堑必滑、无堤不塌"的极端特殊性与严重性，防治膨胀土滑坡必须贯彻"先发治坡、以防为主"的总原则。实践证明，必须针对边坡的特性（膨胀土的胀缩性，裂隙发育情况，软弱结构层面，坡高坡长，坡率等）、环境的影响（大气降雨量与蒸发量，地下水下地表径流方式等），结合边坡各部位可能产生的应力种类和大小，采取相应的处理、预防措施，进行综合治理。

（二）膨胀土滑坡预防

1. 膨胀土滑坡的防治原则

（1）防水：水不仅是滑坡的直接诱发因素，而且是胀缩循环的直接因素，在膨胀土滑坡中具有双重危害作用。因此，防治膨胀土滑坡必须本着"治坡先治水，防滑先防水"的原则，一是防止地表水和大气降水渗入边坡土体，二是及时疏导地下水。

（2）防风化：膨胀土的抗风化能力很低，尤其是地表浅层土体在大气风化应力作用下，容易形成风化软弱层，常是产生滑坡的危险结构面。

（3）防反复胀缩循环：膨胀土反复吸水失水产生胀缩循环效应，常在地表浅层形成胀缩变动带，使土体结构破坏，强度降低，导致滑坡的产生。

（4）防强度衰减：土体抗剪强度衰减，是造成边坡渐进破坏，产生滑坡的直接原因。

2. 膨胀土滑坡预防

预防膨胀土的滑坡的产生，必须立足于"先发治坡"的原则基础上，从勘察选线与选址开始，通过设计、施工和养护维护等等各个阶段，层层设防，最终实现。

（1）勘察阶段：详细查明线路位置和建筑场地的工程地质条件，对勘察区内膨胀土边坡的整体稳定性做出正确的分析判断，如果预测有发生大型滑坡的严重危害，或有可能出现滑坡群时，应详细做好工程地质选线和选址（场）工作，采取坚决绕避方案。

（2）设计阶段：充分应用工程地质资料，结合已有工程或滑坡的稳定性情况进行设计，尽量减少滑坡发生的可能性。一是正确选择设计方案，做出深挖长路堑与隧道的比较、高填长路堤与桥的比较；二是选择适合于膨胀土特性的合理边坡形式、陡度、高度三是选择必要的有效工程措施等。

边坡应按工程地质条件和稳定性分类分级，原则上均应一律采取必要的防护措施，那种单纯指望放缓边坡坡率即能稳定边坡的做法，对膨胀土地区路基设计是十分有害的。

（3）施工阶段：在膨胀土地区，由于施工方法不当引起的滑坡屡见不鲜。因此，施工中必须充分掌握膨胀土所具有的卸荷膨胀、风化膨胀和遇水膨胀等重要工程地质特性与规律，选择适合于膨胀土特性的正确施工方法与季节。

膨胀土地区的一般工点应尽量做到在旱季施工，并集中力量一气呵成。其施工顺序应严格遵循：先排水，后主体；快速开挖，及时支挡；自上而下，分层逐级施工的原则。对于支挡建筑物，施工时应从两端开始，跳槽开挖基坑，采取边挖边砌基础边修建的方法，及时恢复力的平衡状态，增强坡脚支撑。

（4）养护维修：由于膨胀土滑坡的发生，大多有一个从量变到质变的发育过程。边坡一旦出现变形，排水沟产生破坏等，如不及时治理与维修，则有进一步使变形扩大的可能。因此，应经常注意边坡与防护工程设施的工作状态。发现问题及时采取措施进行养护维修，是防止滑坡不可忽视的经常性工作。

（5）观测预报：对于危害性大的滑坡，应建立观测系统，监视滑坡的活动，进行紧急预报，以防止突然灾害的发生。

滑坡预报包括空间预报和时间预报两个方面。空间预报可根据膨胀土滑坡分布的空间规律，土体结构和边坡变形形迹等，基本上可以判断滑坡发生的地点和规模等。但滑坡发生的时间预报则较困难，目前，在一般滑坡时间预报中，主要是根据位移速度的观测进行预报。

（三）膨胀土边坡工程防护与加固

膨胀土路堑边坡防护与加固措施，可以分为表水防护、坡面防护和支挡防护三类，工程中大多是三种结合使用。

1. 表水防护

设置各种排水沟，建立地表排水网系，截排坡面水流，使表水不致渗入土体和冲蚀坡面。排水包括地表排水与地下水两个方面，地表排水以防掺和拦截滑体以外地表水、及时旁引为原则，地下排水以尽快汇集、及时疏导引出为原则。

由于膨胀土的水文地质特征，决定膨胀土中的地下水多为浅层裂隙水性质，而且具有极不均一性，在膨胀土滑坡整治中，一般采用综合排水的措施，可以收到好的效果。

归纳膨胀土滑坡整治中采用的各种设施，有包括防渗和截水的天沟、吊沟、侧沟、排水沟；有疏导相结合的支撑渗沟、渗水井、渗水暗沟，挡墙后盲沟和排水隧洞等。

（1）地表排水网

加强地表排水措施，建立地表网系，对于整治膨胀土滑坡具有特殊重要意义。以往成功的经验是：天沟、侧沟、排水沟紧密相连，三沟汇水齐归涵，同时，要求所有排水系统，应一律浆砌，随时检查维修，防止积水或淤塞，保证排水畅通。

（2）支撑渗沟

支撑渗沟整治膨胀土滑坡，用于疏导滑坡体内地下水，效果显著，是一种使用较普遍的排水措施。支撑渗沟一方面疏导地下水，同时又对边坡土体起到支撑作用，以增加其稳定性，一般常同抗滑挡墙联合使用。

支撑渗沟的平面布置和深度，应视滑体内地下水系的分布、埋藏条件等，结合地形合理布置。一般将渗沟按主沟和支沟布置成地下水排水网系，将滑体内的地下水由支沟引入主沟后，排出滑坡体外。

（3）渗水井、渗水暗沟和卸水隧洞

一般施工和养护维修都较困难，在整治膨胀土滑坡中，只用于少数几处地下水量大，埋藏较深的滑坡。

2. 坡面防护加固

膨胀土边坡因开挖而产生的施工效应特别明显，挖方使原来处于稳定的膨胀土裸露在边坡表面或降低了上覆压力。由于膨胀土边坡比其他土质边坡更易风化、易胀缩变形，由此引起的边坡变形危害就更加普遍而严重。因此，对膨胀土坡面的防护加固显得特别重要，坡面防护的类型很多，主要应根据边坡膨胀土类别及风化程度等特性合理选择。

（1）骨架护坡

主要是用以防止坡面表土风化，同时加强风化层土体的支撑稳固作用，实际上这是一种将长大坡面分割为由若干骨架支撑的小块土坡，进行分而治之的有效措施。在膨胀土边坡防护加固中，常用的骨架护坡形式主要有方格架护坡和拱形骨架护坡，此外还有人字形骨架护坡等。

（2）片石护坡

主要用于整治边坡膨胀土体已产生局部溜塌等变形的措施。片石护坡可分为：干砌片石护坡和浆砌片石护坡两类。

①干砌片石护坡

主要用于边坡产生局部溜塌变形后，可以及时清除溜塌体，用片石嵌补，以迅速恢复原有坡面的完整，同时，对受溜塌牵动影响的局部土体，可以起到一定支护作用；对于调整坡面表土胀缩作用、承受变形，均有一定效果。

②浆砌片石护坡

大多用于边坡土体产生局部塌滑后的整治。由于浆砌片石护坡整体强度较高，自重较大，对于边坡土体可以起到反压和部分支挡作用。同时，可以及时封闭坡面，防止土体继续风化。因此，采用浆砌片石护坡可以增加边坡稳定性，在路堑与路堤边坡加固中均有使用。

（3）植被护坡

常见有种草、撒草籽、铺草皮和种树等。植被防护的意义为：

膨胀土表面生长植被后，能够保证土壤温度、湿度的相对稳定，避免水分的大幅度变化，从而大大减少膨胀土干缩湿胀的发生，增强路堤、路堑的稳定性。

（4）土质边坡轻型防护——水泥土护坡

水泥土是用无机土按比例掺入硅酸盐水泥和水，均匀搅拌，捶实成形，经过适当养护，硬化而成的一种新型建筑材料。

它的机理是：无机颗粒与土粒间发生化学反应，产生新的化合物，其凝结与硬化有三种成因：①水泥的水解和水化反应；②离子交换和团粒作用；③硬凝反应。

水泥土的凝结，是大量硅酸盐水泥与水化合生成的硅酸钙硅铝酸钙水化物，以纤维状微粒构成的凝胶而结合，与混凝土的凝结机理相似。

工程实践证明，水泥土的变形和强度、耐久性、抗干湿循环、抗渗性、抗冲耐磨性等都达到工程要求。

（四）支挡结构

支挡结构是为了防止边坡的坍塌失稳，确保边坡稳定的构筑物。对于开挖的强膨胀土或中等膨胀土的边坡采取的预防支挡措施，以便防止滑坡的发生；对于已发生滑动的边坡进行治理支挡措施，使工程运行正常。按照地形地貌、土层结构与性质、边坡高度、滑体的大小与厚度，以及受力条件和危害程度而采取相应的形式进行治理措施。

1. 挡土墙

挡土墙的设计是否符合膨胀土边坡客观的情况，关系到边坡治理费用和安全问题。因此，对挡土墙类型、土压力盒算及作用，滑动破坏形状等方面的研究具有十分重要的意义。

挡土墙分为坡脚墙、坡腰墙、坡肩墙和坡顶墙。

（1）坡脚墙：用在路堑和路堤坡脚，起稳定坡脚土体的作用。其中，路堑坡脚墙宜与边沟同时构筑，浑然一体，可以起到增加基底摩阻和侧向支衬作用。

（2）坡腰墙：对于坡面过长（堤高、堑深大于8m）或坡体在开挖、填筑过程中，坡面土层产生过滑移或有滑移可能的坡体，常在坡面的中部增设一级或多级挡土墙，也称坡腰墙。其作用在于压缩坡长、减缓坡率，分而治之。

（3）坡肩墙：挖方路基称作坡顶墙，填方路基则称路肩墙。填方路堤因边部压实度不够，往往引起纵裂缝的产生，水分的进入导致肩部土体湿软，抗剪强度降低，引起坍肩现象。路肩墙常作为补救措施之一。

（4）坡顶墙：在挖方坡顶修筑坡顶墙其目的不仅在于治，更在于防。挖方边坡变形量大的、危害也较大，顶部因路堑开挖，土体超固结应力的释放和反弹，侧向应力的减弱或消失，导致顶部土体松弛，变形加剧，多形成张拉裂隙，浸水后自重增加，土体膨胀导致滑坍或滑坡之可能。设置坡顶挡墙之后，增加了土体的侧向约束，避免或减轻纵裂的发生或发展，阻止了坡顶大的变形破坏的产生。

坡顶墙应在坡顶处未发生大的裂缝或滑动面未形成之前及时修建，只有这样才能发挥其抑制变形的作用，若已有裂缝产生（特别是倾向坡内的水平和斜交裂缝）则需将基础置于裂缝下约 1 m。坡体完好地段，墙身与基础厚度在 1.5 ~ 2.0 m 之间即可。地面表层一般胀缩性能较弱，因此，墙身断面可适当放窄。若土质膨胀性能较强，则需考虑膨胀力的影响。

2. 加筋挡土墙

加筋挡土墙由填料、加筋、面板三部分组成。

3. 土钉墙

土钉是一种加固原位土体的方法，用以形成挡土墙结构物和边坡加固。

4. 抗滑桩

若路堑边坡已经产生滑动，采用多级抗滑挡墙无法阻止，或因施工困难，如挖基很深，边挖边塌，并能造成更大的滑动趋势者，应酌情考虑改用抗滑桩。

用抗滑桩来阻抗边坡土体下滑和治理滑坡，具有破坏滑体少、施工方便、工期短、省工省料等优点，是治理深层滑坡的有效方法。抗滑桩一般采用钢筋混凝土钻孔桩或人工挖孔桩，断面直径 500 ~ 1000 mm，桩的间距一般为桩直径的 3 ~ 5 倍，桩深入滑动面以下深度为桩长的 1/2。抗滑桩一般布置 2 ~ 3 排，为梅花形布置，以免滑体从桩间滑出。在重要边坡，抗滑桩间可以横向连接构成一个护坡的空间结构，这种抗滑桩系统稳固性较好。

5. 锚杆、钢筋网、喷射混凝护坡

对于强膨胀土边坡，可采用锚杆、钢筋网、喷射混凝土护坡。

第三章　公路工程试验检测与管理

第一节　试验检测的目的和意义

一、公路工程试验检测

公路工程试验检测，是指根据国家有关法律、法规的规定，依据工程建设技术标准、规范、规程，对公路水运工程所用材料、构件、工程制品、工程实体的质量和技术指标等进行的试验检测活动。试验检测是工程质量的重要组成部分，是工程质量科学管理的重要手段。

二、试验检测的作用和目的

公路工程试验检测是一门融公路工程基础知识、试验检测基础理论和测试操作技能于一体的学科，它贯穿于公路工程建设的全寿命周期，是工程设计参数、施工质量控制、工程验收评定、养护管理决策和各种标准、规范及规程修订的主要依据。客观、准确、及时的试验检测数据是公路工程实践的真实记录，是指导、控制和评定工程质量的科学依据。公路工程试验检测的作用和目的是：

（1）用定量的方法，对各种原材料、成品或半成品，科学地鉴定其质量是否符合国家质量标准和设计文件的要求，做出接收或拒收的决定，保证工程所用材料都是合格产品，是控制施工质量的主要手段。

（2）对施工全过程进行质量控制和检测试验，保证施工过程中的每个部位、每道工序的工程质量均满足有关标准和设计文件的要求，是提高工程质量、创造优质工程的重要保证。

（3）通过各种试验试配，经济合理地选用原材料，能充分利用当地出产的材料，就地取材，优化原材料的组合，提高工程质量，降低建设成本，节约工程造价。

（4）通过试验检测，还可以确定施工控制参数，不断改进施工工艺，优化施工流程，保障施工质量。

（5）对于新材料、新工艺、新技术，通过试验检测和研究，鉴定其是否符合国家标准和设计要求，为完善设计理论和施工工艺积累实践资料，为推广和发展新材料、新工艺、新技术做贡献。

（6）试验检测是评价工程质量缺陷、鉴定和预防工程质量事故的手段。通过试验检测，为质量缺陷或质量事故判定提供实测数据，以便准确判定其性质、范围和程度，合理评价事故损失，明确责任，从中总结经验教训。

（7）分项工程、分部工程、单位工程完成后，均要对其进行适当的抽检，以便进行质量等级的评定，为竣工验收提供完整的试验检测证据，保证向业主交付合格工程。

（8）试验检测工作集试验检测基本理论，测试操作技能和公路工程相关学科的基础知识于一体，是工程设计参数、施工质量控制、工程验收评定、养护管理决策的主要依据。随着工程建设管理水平的不断提高，人们给工程质量赋予了新的内涵，工程质量不仅关系倒入民生命财产安全健康、环保和其他公众利益，还与保护资源、节约投资、提高经济效益和社会效益息息相关。工程质量为其综合反映，因此，公路水运工程试验检测，需不断更新理念，用科学、准确的数据为工程质量把好关，充分发挥试验检测的质量控制作用。

第二节　试验检测工作管理

一、试验检测频率的确定

在公路工程施工前，应该先确定各种试验检测的频率，从而建立试验检测工作计划。试验检测的频率由以下几个方面确定：

1. 各种公路施工技术规范。

2.《公路工程质量检验评定标准》。

3.《公路工程竣（交）工验收办法》。

4.《公路工程施工监理规范》。

5. 工程承包合同，专用技术规范与设计图纸。

6. 监理工程师的指令。

确定了检测频率以后，根据预估的原材料、半成品、成品工程结构数量，就可以初步预估出所从事施工的项目的基本试验检测次数，从而制订试验检测工作计划，以便对施工中的试验检测进行控制。

二、试验管理流程

试验检测管理主要包括施工原材料订货管理、原材料进场试验管理、委托试验管理和试验检测管理等几个方面。

1. 施工原材料订货管理流程

（1）考察材料厂商生产能力并抽取样品。

（2）收集生产厂家的合格证书和试验报告。

（3）监理与建设单位现场调查生产厂家（设备、工艺、质量稳定性和合格率）。

（4）施工单位对样品试验合格。

（5）监理单位对样品复验合格。

（6）建设单位对材料进行审批。

（7）签订供货合同。

2. 原材料进场试验管理流程

（1）根据供货合同组织材料进场。

（2）施工单位对进场材料验证性试验合格。

（3）试验人员及室主任签认记录、报告。

（4）监理单位进行复核试验合格。

（5）监理在试验报告单签署结论性意见。

（6）将材料用于工程。

3. 委托试验管理流程

（1）取样（何处取、怎么取、取多少）。

（2）填写试验委托书（最好事先填写）。

（3）收样员收取试样（清点、核对、登记）。

（4）试验员根据委托书进行试验。

（5）填写试验记录和试验报告单并签字。

（6）试验室主任签署结论性意见并签章。

（7）形成试验报告签领单。

（8）领取人签字并领取试验报告。

4. 试验管理台账

公路工程施工周期较长，且试验检测项目种类繁多，为了便于试验检测工作的管理，应该事先建立试验检测台账表格，并在施工过程对所有的试验进行分类登记、统计和管理。公路工程试验检测台账主要包括以下几类：

（1）原材料试验分类台账。

（2）混合料试验分类台账。

（3）结构物试验分类台账。

（4）原材料试验统计表。

（5）混合料试验统计表。

（6）结构物试验统计表。

第三节　试验检测管理制度

一、检测室管理制度

公路水运工程试验检测活动应当遵循科学、客观、严谨、公正的原则。根据《公路水运工程试验检测管理办法》，试验检测机构应取得"等级证书"，同时按照《中华人民共和国计量法》的要求经过计量行政部门考核合格，通过计量认证的检测机构，方可向社会提供试验检测服务。

交通运输部负责公路水运工程试验检测活动的统一监督管理。交通运输部工程质量监督机构（以下简称部质量监督机构）具体实施公路水运工程试验检测活动的监督管理。省级人民政府交通运输主管部门负责本行政区域内公路水运工程试验检测活动的监督管理。省级交通质量监督机构（以下简称省级交通质监机构）具体实施本行政区域内公路水运工程试验检测活动的监督管理。

取得"等级证书"的检测机构在"等级证书"注明的项目范围内出具的试验检测报告，可以作为公路水运工程质量评定和工程验收的依据。

公路水运工程质量事故鉴定、大型水运工程项目和高速公路项目验收的质量鉴定检测，质监机构应当委托通过计量认证并具有甲级或者相应专项能力等级的检测机构承担。取得"等级证书"的检测机构，可设立工地临时试验室，承担相应公路水运工程的试验检测业务，并对其试验检测结果承担责任。工程所在地省级交通质监机构应当对工地临时试验室进行监督。

检测机构应当严格按照现行有效的国家和行业标准、规范和规程独立开展检测工作，不受任何干扰和影响，保证试验检测数据客观、公正、准确。检测机构应当建立严密、完善、运行有效的质量保证体系，应当按照有关规定对仪器设备进行正常维护，定期检定与校准。检测机构应当建立样品管理制度，提倡盲样管理。检测机构应当建立健全档案制度，保证档案齐备，原始记录和试验检测报告内容必须清晰、完整、规范。

检测机构在同一公路水运工程项目标段中不得同时接受业主、监理、施工等多方的试验检测委托。检测机构依据合同承担公路水运工程试验检测业务，不得转包、违规分包。检测人员分为试验检测师和助理试验检测师，检测机构的技术负责人应当由试验检测师担任，试验检测报告应当由试验检测师审核、签发。检测人员应当严守职业道德和工作程序，独立开展检测工作，保证试验检测数据科学、客观、公正，并对试验检测结果承担法律责任。检测人员不得同时受聘于两家以上检测机构，不得借工作之便推销建设材料、构配件和设备。

二、岗位责任制

1. 最高管理者

（1）主持单位全面工作和资源调配，贯彻执行国家政策和法规，负责制订单位质量方针目标并组织实施，批准单位年度工作计划和发展规划。

（2）确定单位机构设置，规定组织内各部门的职责和权限，任命技术负责人、质量负责人、各部门负责人及关键岗位人员，组织考核全体人员，实施奖惩制度。

（3）建立健全单位质量管理和质量保证体系，批准，颁布质量手册和程序文件，批准年度内审计划；批准管理评审计划和管理评审报告，主持单位的管理评审，保证管理体系持续有效运行。

（4）保证单位有足够人力、物力和财力资源，以满足质量管理和检测工作的需要。

（5）负责批准财务预算、决算和财务支出，审批仪器设备及大宗物资的申购计划、仪器设备降级和报废以及试验室重要设施建设和配置。

（6）负责对单位检测结果负法律责任、保证检测结果的公正性、判断的诚实性。

（7）负责单位的安全管理，指定安全管理责任人。

2. 技术负责人

技术负责人应当由试验检测工程师担任。

（1）负责单位技术管理工作，组织贯彻执行国家有关样品测试的法令、法规、技术标准和规范。

（2）负责单位标准方法的更新、验证并付之于实践，负责非标准方法修订的有关管理工作。

（3）对单位出现的不合格项进行调查分析，提出纠正措施并组织实施，对可能存在质量问题的检测结果进行复查或要求有关人员重新检测；对可能造成不良后果的行为，有权要求暂停检测工作。

（4）负责组织质量控制活动的实施，审批检测工艺、作业指导书、试验方案等技术文件。

（5）负责单位人员的技术培训及考核，决策检测工作中重大技术问题。

（6）负责组织单位内外的比对试验。

（7）审批质量控制计划和组织对质量控制结果进行评审。

（8）收集分包方的资质材料。

（9）完成领导交办的其他事项。

3. 质量负责人

（1）负责单位检测工作质量管理，参与单位最高管理层对单位方针和资源的决策活动及技术管理活动，组织解决检测工作中的质量问题，审批质量文件，并定期向最高管理者汇报工作情况。

（2）负责组织管理体系文件的编写、审核、宣贯，保证管理体系现行有效。

（3）组织实施管理体系内部审核，指定内审组长，签发内审报告。

（4）负责审批质量事故、质量投诉的调查和处理意见；负责纠正、预防措施的审核，监督并跟踪措施的落实情况。

（5）制订年度质量监督计划，对不合格项进行控制。

（6）参与管理评审，负责编制管理评审计划和评审报告，并协助最高管理者实施。

（7）负责管理评审和外审中不符合项的跟踪验证。

（8）负责资质考核工作的组织实施。

4. 授权签字人

（1）负责签发授权范围内的检测报告，对每份报告的真实性、准确性、合法性和适用性负全面责任。

（2）当检测报告不符合规定要求时，有权拒绝签发，并责令责任人整改。

5. 检测人员

（1）熟悉所承担的分析测试项目的方法原理，严格按照《作业指导书》和标准、规范规定开展各项检测工作，按时保质完成检测任务，及时提供检测数据。

（2）熟悉所用仪器设备的原理、性能和操作方法，严格执行仪器设备的使用、维护制度。

（3）严格遵守质量控制管理程序，保证检测原始记录和有关技术资料的真实性、完整性，对自己提供的检测数据和记录负责。

（4）发现检测结果出现异常时，要认真进行复查，并及时将情况向部门负责人报告。

（5）接受专业技术培训，掌握所从事项目的检测技能，做到持证上岗。

（6）了解所从事的分析测试项目的国内外动向和技术水平，掌握本测试项目的最新技术，不断提高分析测试能力和水平。

（7）遵守规章制度，爱护仪器设备，保持室内外清洁，做到文明操作；不随意倾倒废弃物，把废酸碱液、废重金属液和其他有毒有害物质等分类倒入收集器内。

（8）负责所操作仪器设备的期间核查，保证仪器设备处于完好状态。

（9）负责所从事的分析测试项目相关的试剂、耗材和仪器设备等物资的验收。

（10）负责所操作仪器设备相关联电脑、打印机的日常维护。

（11）协助做好仪器、设备检测试剂等验收工作。

6. 内审员

（1）接受内审组长的委派，实施具体的内审工作。

（2）负责编制内审检查表和参加有关资料的整理。

（3）负责对纠正措施进行审核和效果跟踪验证。

（4）负责编制内审不合格报告。

（5）内审组长在每次内审结束后编写内审总结报告。

7. 质量监督员

（1）负责监督检测工作过程。检测报告的抽查。

（2）应熟悉各项检测和（或）校准方法、程序、目的及结果评价，应是一个检测领域内相对业务能力强工作经验丰富的人员，应能够识别出其他检测人员的检测工作的不规范、不正确之处。

（3）对一些重要的工作环节、工作业务、检测项目以及人员要重点实施监督，比如新的检测项目、新的检测设备、新的检测人员、重要的检测业务、容易出问题的重要环节等。

（4）监督记录也是试验室容易出问题的一点，监督和其他工作一样，需要留有"痕迹"，即质量记录，它的格式应是受控的，是体系文件的一部分。

8. 仪器设备管理员

（1）负责仪器设备的分类、编号、登记管理。

（2）负责组织所有仪器设备的建档（包括名称，型号、规格、说明书、主机和附件、验收报告、保修单、检修记录、检定周期和使用记录等）和归档。

（3）负责制订仪器设备的年度检定 / 校准计划，并按计划进行检定 / 校准，避免漏检和迟检；负责对检定 / 校准结果进行确认，确保符合要求。

（4）负责仪器设备的标识管理。

（5）负责仪器设备购置、验收、停用与报废等工作。

9. 样品管理员

（1）负责样品的接收、登记、编码。

（2）负责样品的流转、贮存、发放。

（3）负责对测试完毕的样品进行合理处置，并进行记录。

（4）负责样品室的防火、防潮、防盗等安全工作。

10. 档案管理员

（1）负责报告的发放；负责单位所有文件资料记录的分类、编目和保管。

（2）负责文件资料的借阅登记、复制工作。

（3）负责并承办文件资料的销毁工作。

（4）负责档案室的环境条件、安全和卫生，保证档案资料完好无损。

（5）档案管理员要忠于职守，不失密，不泄密，如有工作变动时要严格履行文件资料的移交手续。

11. 抽样员

（1）负责各检测项目的样品采集。

（2）抽样出发前，根据任务需要准备抽样工具、样品瓶、样品箱、现场测试仪器、记录表等抽样所需物品。

（3）在抽样现场，负责进行各检测项目样品的采集，并严禁样品被玷污和丢失，保证样品的代表性、完整性和真实性，同时做好现场检测项目的记录，必要时，对现场环境和抽样过程进行拍照与摄像。

（4）抽样完成后，负责将样品安全运输至试验室，防止样品被破损、玷污、变质、丢失。

（5）样品交接后，负责抽样工具和现场测试仪器等的清洁和保养，并妥善存放待用。

（6）对应急监测的样品还需保证抽样的时效性。

（7）管理抽样准备室，保持抽样工具，样品瓶、样品箱等的清洁和完备，负责现场测试仪器的管理和维护，保证其性能正常。

12. 试剂、耗材、标准物质管理员

（1）负责标准物质的采购、入库、登记及使用管理。

（2）负责标准物质的验收及核查。

（3）负责建立试剂、耗材出入库台账。

（4）负责对单位所有试剂、耗材按类别、规格和性质合理有序地摆放。

（5）对有毒试剂、危险试剂、耗材和贵重试剂、耗材设专柜存放，并实行双人双锁制度。

（6）负责失效和变质试剂、耗材的及时报废处理，保证试剂、耗材的原有质量，有毒试剂、耗材应处理成低毒或无毒试剂后再废弃。

（7）保证试剂、耗材安全，对试剂、耗材库要勤检查和定时通风，做到防火、防盗、防水。

（8）参与重要试剂、耗材验收。

三、安全管理

1. 安全监督管理的方针和依据

"安全第一，预防为主，综合治理"是安全生产工作的指导方针。安全意识是安全科学发展之本，是实现安全生产和安全生存的灵魂，是所有企业经济效益的重要基础。

2. 公路水运工程试验检测的安全责任

根据《公路水运工程安全生产监督管理办法》相关规定，建设单位在公路水运工程施工招标文件中应当按照法律、法规的规定对施工单位的安全生产条件、安全生产信用情况、安全生产的保障措施等提出明确要求。建设单位不得对咨询、勘察、设计、监理、施工、设备租赁、材料供应、检测等单位提出不符合工程安全生产法律、法规和工程建设强制性标准规定的要求，不得随意压缩合同规定的工期。

施工单位应当向作业人员提供必需的安全防护用具和安全防护服装，书面告知危险岗位的操作规程并确保其熟悉和掌握有关内容和违章操作的危害。

作业人员有权对施工现场的作业条件、作业程序和作业方式中存在的安全问题提出批评、检举和控告，有权拒绝违章指挥和强令冒险作业。

在施工中发生可能危及人身安全的紧急情况时，作业人员有权立即停止作业或者在采取必要的应急措施后撤离危险区域。

作业人员应当遵守安全施工的工程建设强制性标准、规章制度，正确使用安全防护用具、机械设备等。

施工单位采购、租赁的安全防护用具、机械设备、施工机具及配件，应当具有生产（制造）许可证、产品合格证，并在进入施工现场前由专职安全管理人员进行查验。

施工现场的安全防护用具、机械设备、施工机具及配件必须由专人管理，定期进行检查、维修和保养，建立相应的资料档案，并按照国家有关规定及时报废。

3. 试验检测过程中的安全工作重点

室内试验的安全工作重点如下：

（1）仪器设备安装使用安全

仪器设备的安装，电动设备应有接地装置，有飞溅情况的仪器设备应设置安全防护装置；使用中，应对大型仪器设备进行操作人授权，操作人需经培训合格后方可操作，熟悉仪器设备性能，严格按照操作规程（作业指导书）等操作；操作人员操作中不得擅自离开，如使用中发现异常，应立即停止试验，遇停水、停电、漏油、漏水时，应立即停机，排除故障。

（2）用化学品试剂及"三废"处理的安全

危险化学品安全管理需依据《危险化学品安全管理条例》进行。该条例所称危险化学品，是指具有毒害、腐蚀、爆炸、燃烧、助燃等性质，对人体、设施、环境具有危害的剧毒化学品和其他化学品。

危险化学品应当储存在专用仓库、专用场地或者专用储存室（以下统称专用仓库）内，并由专人负责管理；剧毒化学品以及储存数量构成重大危险源的其他危险化学品，应当在专用仓库内单独存放，并实行双人收发、双人保管制度。危险化学品的储存方式、方法以及储存数量应当符合国家标准或者国家有关规定。储存危险化学品的单位应当建立危险化学品出入库核查、登记制度。

（3）用水、用电、用火、防噪声安全

用电安全要点如下：

①试验室内的电气设备的安装和使用管理，必须符合安全用电管理规定，大功率试验设备用电必须使用专线，严禁与照明线共用，谨防因超负荷用电着火。

②试验室用电容量的确定要兼顾事业发展的增容需要，留有一定余量。但不准乱拉乱接电线。

③试验室内的用电线路和配电盘、板、箱、柜等装置及线路系统中的各种开关、插座、插头等均应经常保持完好可用状态，熔断装置所用的熔丝必须与线路允许的容量相匹配，严禁用其他导线替代。室内照明器具都要经常保持稳固可用状态。

④可能散布易燃、易爆气体或粉体的建筑内，所用电器线路和用电装置均应按相关规定使用防爆电气线路和装置。

⑤对试验室内可能产生静电的部位、装置要心中有数，要有明确标记和警示，对其可能造成的危害要有妥善的预防措施。

⑥试验室内所用的高压、高频设备要定期检修，要有可靠的防护措施。凡设备本身要求安全接地的，必须接地；定期检查线路，测量接地电阻。自行设计、制作对已有电气装置进行自动控制的设备，在使用前必须经试验室与设备处技术安全办公室组织的验收合格后方可使用。自行设计、制作的设备或装置，其中的电气线路部分，也应请专业人员查验无误后再投入使用。

⑦试验室内不得使用明火取暖，严禁抽烟。必须使用明火试验的场所，须经批准后，才能使用。

⑧手上有水或潮湿请勿接触电器用品或电器设备；严禁使用水槽旁的电器插座（防止漏电或感电）。

⑨试验室内的专业人员必须掌握本室的仪器、设备的性能和操作方法，严格按操作规程操作。

⑩机械设备应装设防护设备或其他防护罩。

⑪电器插座请勿接太多插头，以免电荷负荷不了，引起电器火灾。

⑫如电器设备无接地设施，请勿使用，以免触电。

用水安全要点如下：

①节约用水，用完后随手关掉阀门。

②用水时要用器皿盛水，不得将水淋在化学药品上。

③管理人员要经常检查上下水是否完好。

用火安全要点如下：

①防止煤气管、本生灯漏气，使用煤气后一定要把阀门关好。

②乙醚、酒精、丙酮、二硫化碳、苯等有机溶剂易燃，试验室不得存放过多，切不可倒入下水道，以免集聚引起火灾。

③金属钠、钾、铝粉、电石、黄磷以及金属氢化物要注意使用和存放，尤其不宜与水直接接触。

④万一着火，应冷静判断情况，采取适当措施灭火；可根据不同情况，选用水、沙、泡沫、CO_2 或 CCl_4 灭火器灭火。

防噪声安全要点如下：

试验过程中有强噪声产生，应采取减噪声或隔声措施。产生噪声的试验室，应远离人口密集区。

4. 现场检测人员的安全及临时设施的安全管理

公路桥梁现场检测尤其是已开放交通的道路质量检测，多采用自动化检测设备或多种检测指标一体的综合检测车辆进行，由于已开放交通的道路车辆流动，各种不确定因素较多，给检测车辆和人员安全增加了风险，必须制订行之有效的检测方案及安全防护措施，确保人员、车辆及仪器设备安全。对于现场需要安装、拆卸、整体提升、模板等自升式架设设施，必须由有相关资质的单位承担，设施安装完毕后需自检后方可开展检测作业。

四、标准养护室管理制度

1. 混凝土试件标准养护室的环境条件：温度 20 ℃ ±2 ℃，湿度大于 95%。

2. 标准养护室一定要有专人保养，使用期间要经常检查各设备状态运行情况，每天记录室内温湿度至少 2 次。

3. 试件在放入标养室以前，由试验人员对试块进行编号，对成型日期、强度等级等信息进行核对，标识不全或不清楚的不能送入标养室。

4. 试件码放整齐有序，便于查找，试件间距 10 ~ 20 mm，不得重叠堆放，试件表面应保持潮湿，不得被水直接淋冲。

5. 应经常检查养护室内的温湿度是否满足要求，如不满足应立即查明原因，采取对应措施。

6. 进入标养室前应切断电源，以免发生触电事故，标养室禁止无关人员进入，养护室门不得长时间开启。

7.定期做清洁处理。

8.设备运转一年，要进行补氟一次。

五、检测仪器、标准物质的管理制度

1.相关文件规定

仪器设备的管理和技术应用水平是检测机构能力的重要组成部分。因此，检验检测机构资质认定、国家试验室认可及交通行业试验检测管理对其极为重视，并提出了具体的要求和管理措施。

《检验检测机构资质认定管理办法》，规定检验检测机构具有固定的工作场所，工作环境满足试验检测要求；具备从事检验检测活动所必需的检验检测设备设施。检验检测机构在使用对检测、校准的准确性产生影响的测量、检验设备前，应当按照国家相关技术规范或者标准进行检定、校准。

《检验检测机构资质认定评审准则》，规定试验室应配备正确进行检测和（或）校准所要求的所有抽样、测量和检测设备。用于检测、校准和抽样的设备及其软件应达到要求的准确度，并符合检测和（或）校准相应的规范要求。对结果有重要影响的仪器的关键量或值，应制订校准计划和程序。设备（包括用于抽样的设备）在投入服务前应进行校准或核查，以证实其能够满足试验室的规范要求和相应的标准规范。

《公路水运工程试验检测管理办法》，要求仪器设备作为评价检测机构试验检测能力必备基本条件之一，检测机构配备的仪器设备须与所开展的检测参数相对应，并按照有关规定对仪器设备进行正常维护，定期检定与校准。目前还要求检测机构将仪器设备基本信息录入"公路水运工程试验检测管理信息系统"，以便对其检测能力进行动态监管等。一般仪器设备可根据服务供应商名单选择性价比高的仪器设备。对于贵重仪器设备的采购需进行项目建议可行性分析。可从以下几方面选择：与单位生产实际需求相适应，性能指标保持先进水平，价格合理，售后服务及培训服务及时。

2.仪器设备的验收前准备

（1）确定大型设备的主要使用技术人员，使其熟悉技术资料和有关安装、使用要求等，为设备的使用培训做铺垫。

（2）对环境因素（温度、湿度、振动等）有特殊要求的设备，应提前按照供应商（厂家）要求，做好配置。

（3）对放置底座有特殊要求的设备，应提前按照供应商（厂家）提供的设计图纸，完成施工建设。

（4）对技术复杂，零配件较多的设备，检测机构需成立验收小组，明确验收负责人和具体责任人，并制订详细的验收方案，必要时应聘请本专业相关专家参加。

（5）联系量值溯源机构预约计量检定、校准时间，缩短验收周期，提前明确设备计量特性参数，指导量值溯源工作的开展。

3. 安装调试及验收

（1）软硬件符合性验收，开箱验收主配件、附件无误后，由供应商技术人员进行现场安装及初步调试。

（2）技术符合性验收，由计量检定机构对设备的计量特性参数进行符合性验收，确认产品的技术性能，设备管理员或相关技术人员已经对计量检定机构提供的有效检定合格证书或校准报告进行确认，并完成检校确认。必要时，可安排比对试验，进一步验证设备的技术性能。

（3）培训试用及验收，供应商应对试验检测机构人员进行培训（含课堂上课、实操练习、必要时进行培训效果考核），并现场指导其进行仪器设备试用。将验收情况汇总形成验收报告。

4. 仪器设备的管理状态标识

设备管理卡信息包括：设备名称、设备编号、规格型号、出厂编号、生产厂家、购置日期、放置地点、管理人员等。

5. 设备档案的管理

设备档案应包含（但不限于）以下内容：卷内文件目录、设备履历表、采购申请记录、采购比选记录、采购合同、设备发票复印件、设备验收记录及报告、设备使用说明书、设备装箱清单、合格证、保修卡、软件或光盘（必要时应附上软件审评记录）、设备授权记录及领用登记、设备量值溯源报告及确认记录（含首次及每年度）、设备期间核查报告及确认记录（根据设备要求）、设备维护保养记录、设备维修记录、设备封存/启封/停用/报废记录、设备内部调拨记录、设备外借记录。

6. 仪器设备的使用、维护及期间核查

（1）仪器设备的使用

仪器设备的使用需满足的一般要求，包括环境、场地和工作面、安全及环保等。仪器设备的操作规程主要针对操作步骤多、性能复杂、精密贵重的仪器设备，作为检测机构的技术性文件。仪器设备的使用记录一方面为检测活动的追溯保留痕迹，另一方面可以了解仪器设备使用过程中的各种情况、使用频率，为仪器设备的量值溯源，维护保养期间核查的策划提供依据。作为技术记录的一部分，应保证其具有足够的信息，能够辅助"再现"已完成的工作过程，因此，记录填写应齐全、准确、客观，使用记录一般按年度归档至仪器设备档案中备查。

现场检测仪器设备除了通用管理要素和使用要求外（同室内仪器设备），由于使用条件和控制条件的特殊性，还应关注出入库管理和现场环境条件。

出库管理是指在开展现场检测项目时，依据仪器设备领用登记的规定，向仪器设备管理员办理接收手续，并进行调试，确认正常使用。

入库管理是仪器设备的返还确认环节，现场检测设备历经长距离运输，野外恶劣环境使用，可能会发生性能退化，因此返还入库时，设备管理员和领用人员除了核对数量外，更应对设备性能进行检查确认，以免影响后续工作。

检验检测机构应建立和保持检验检测设备和设施管理程序，以确保设备和设施的配置、维护和使用满足检验检测工作要求。

当需要利用期间核查以保持设备检定或校准状态的可信度时，应建立和保持相关的程序。

（2）仪器设备的维护

仪器设备的维护可以理解为日常维护和定期维护两个层次。

日常维护应在每次试验后及时进行，包括对所用仪器设备的清洁和试验场所的整理，主要是确保检测场所的内务整洁、下次使用的便利性。

定期维护是仪器设备管理员根据仪器设备的自身特点、使用频次等按年度编制维护计划，明确仪器维护的项目和时间，按计划实施定期维护保养，并做好相应的记录，使仪器设备处于完好的使用状态。

（3）仪器设备的期间核查

期间核查是指根据规定程序，为了确定仪器设备是否保持其原有状态而进行的操作。期间核查的目的是在两次校准（或检定）之间的时间间隔期内保持测量仪器校准状态的可信度。

仪器设备管理员可根据自身资源、技术能力、仪器设备的重要性，以及可能产生的技术风险等因素综合考虑，确定仪器设备期间核查的对象和频次。制订期间核查计划，并按照核查方案（需评审后实施）、核查方法组织实施。

期间核查的仪器设备应考虑以下影响因素：怀疑仪器设备性能不稳定，漂移率较大的；使用非常频繁的；在恶劣环境下使用的；经常携带到现场检测的；曾经过载货怀疑有质量问题的等。

7. 仪器设备的量值溯源

检验检测机构应对检验检测结果，抽样结果的准确性或有效性有显著影响的设备，包括用于测量环境条件等辅助测量设备有计划地实施检定或校准。设备在投入使用前，应采用检定或校准等方式，以确认其是否满足检验检测的要求，并标识其状态。

针对校准结果产生的修正信息，检验检测机构应确保在其检测结果及相关记录中加以利用并备份和更新。检验检测设备包括硬件和软件应得到保护，以避免出现致使检验检测结果失效的调整。检验检测机构的参考标准应满足溯源要求。无法溯源到国家或国际测量标准时，检验检测机构应保留检验检测结果相关性或准确性的证据。

受我国计量管理体系的影响，人们往往认为只有检定才是保证仪器设备量值准确，可靠的唯一方式，而校准或其他形式则都是无法检定时采取的不得已而为之的方式，其实不然。人们对检定的青睐，主要原因可能是检定证书给出仪器设备合格与否的结论，或满足某个等级的结论。有了这个结论，即可放心地使用仪器设备。而校准证书则主要列出检验数据，不给合格与否的结论。但是，检定证书体现的数据极为有限，有的甚至没有数据只有结论；校准证书是从服务客户的角度，为了方便客户了解仪器的技术状态，会给出客户不易获取的详细检验数据。因此，对于试验检测机构而言，哪种证书更为实用，取决于具体仪器设备的技术复杂程度及使用场合，并不能一概而论。

由于公路工程行业的试验检测仪器设备不涉及或较少涉及国家强制检定范畴，可按照《公路工程试验检测仪器设备检定/校准指导手册》的有关规定，根据仪器设备的具体情况，确定合理的检验方式。

8.仪器设备的维修、升级、降级和报废

（1）仪器设备的维修

仪器设备像人一样有寿命周期规律，也会因为各种原因出现异常现象，同样需要维修。一般来说，仪器设备在实际使用中的技术状态有3种情况：一是完好状态，即性能处于正常可用的状态；二是故障状态，即主要性能已丧失的状态；三是处于上述两者之间的状态，即仪器设备已出现异常、缺陷，但尚未发生故障，这种为故障前状态。

仪器设备故障的征兆是故障早期的重要表现形式，是设备故障隐患的表征，这些征兆往往是设备即将发生故障的临界状态，设备管理部门及操作人员应当定期组织对设备的检查，采取"望、闻、问、切"的方法，利用人体视、听、嗅、触的感觉和简单工具进行检查，及早发现设备故障隐患。必要时，应对大型仪器设备进行监控，当其状态处于下降趋势或将要接近临界状态时，及时采取措施。

通过故障的原因分析，找出解决办法，对设备进行维修。设备维修的类别：按修理发生的时间可以分为预防性维修、计划性维修与故障性维修；按承担维修的机构可分为内部维修和外委维修；根据设备性能的恢复程度、修理时间的长短、修理费用的多少来划分，通常分为小修、中修、大修和专项修理。

维修后的仪器设备，应进行必要的检验，确保其功能得到恢复，检测机构根据实际情况对维修后的仪器设备重新检定/校准。

（2）仪器设备的升级、降级

随着科学技术的不断发展，公路工程试验检测标准规范不断推陈出新，各种新技术、新方法应用于公路工程试验检测工作，为了持续保证公路工程试验检测机构的技术能力水平，公路工程试验检测仪器设备更新和升级改造的需要也很迫切，通过对设备进行局部革新、改造，以改善设备性能，提高生产效率和设备的现代化水平。设备的升级改造主要是指应用现代技术成就和生产经验，改变现有设备的结构，给旧设备配上新装置、新附件，改善现有设备技术性能，使之适应检测工作的需要。它既可以是设备的改装，也可以是设备的技术改造。设备改装是指为了扩大或改变设备的原有性能，降低设备故障率，提高检测效率而对设备的功率、容量等加大或改变。设备技术改造是把新技术、新成果用于现有检测设备，改变现有检测设备落后的技术面貌。设备的升级改造必须充分考虑改造的必要性、技术上的可能性和经济上的合理性。升级改造后的设备应经检定/校准确定其性能。

仪器设备经检定/校准后，部分功能不满足规范要求，而有其他部分功能满足使用要求的，可降级使用。

六、检测事故分析报告制度

1. 检测事故

凡属下列情况之一者均视为检测事故：

（1）试验时弄错来样单位。

（2）样品丢失损坏或因保管不当，样品性能丧失或下降。

（3）加工试样时，弄错规格以致无法弥补。

（4）未事先协商，不按标准方法或不采用标准样品进行检测。

（5）检测时未及时读数、未填写原始记录或漏检项目而写不出检验结果。

（6）由于人员、仪器设备、环境条件不符合检测工作要求，使检测结果达不到要求的精度。

（7）已发出的检测报告，其检测数据计算错误或结论不正确。

（8）检测报告发错单位，在规定保存期内原始记录丢失，检测资料失密。

（9）检测过程中发生人身伤亡事故或仪器设备损坏。

2. 检测事故的处置

国际航空界著名的飞行安全法则——海恩法则指出：每一起严重事故的背后，必然有29次轻微事故和300起未遂先兆以及1000起事故隐患。海恩法则强调的是两点：一是事故的发生必然是不断积累的结果；二是再好的技术，再完美的规章，在实际操作层面，也无法取代人自身的素质和责任心。因此，事故或有关负责人不能隐瞒或掩盖事实，要认真分析事故发生的真正原因，并制订措施防止类似事故的发生。

一旦发生事故，应立即报告单位负责人，并在统一格式的事故登记表登记。事故发生后，应立即采取措施，防止事态扩大，并保护现场，通知有关人员处理事故。对事故应及时进行调查，弄清事实，由负责人主持召开有关人员参加的会议，分析事故原因及性质，对事故责任者给予批评教育或处理，并总结教训，杜绝此类事故重复发生。同时应迅速采取纠正措施，保证检测质量，减少不必要的损失。

重大事故发生后，检验检测机构应及时向上级递交事故专题报告，并积极配合上级部门的进一步调查处理。

第四节　试验检测机构

一、试验检测机构等级设置

　　试验检测机构等级，是依据检测机构的公路水运工程试验检测水平、主要试验检测仪器设备及检测人员的配备情况、试验检测环境等基本条件对检测机构进行的能力划分。检测机构等级，分为公路工程和水运工程专业。公路工程专业分为综合类和专项类，公路工程综合类设甲、乙、丙3个等级，公路工程专项类分为交通工程和桥梁隧道工程。水运工程专业分为材料类和结构类，水运工程材料类设甲、乙、丙3个等级，水运工程结构类设甲、乙2个等级。

二、试验检测机构资质要求

　　申请资质认定的检验检测机构应当符合以下条件：

　　1. 依法成立并能够承担相应法律责任的法人或者其他组织。

　　2. 具有与其从事检验检测活动相适应的检验检测技术人员和管理人员。

　　3. 具有固定的工作场所，工作环境满足检验检测要求。

　　4. 具备从事检验检测活动所必需的检验检测设备设施。

　　5. 具有并有效运行保证其检验检测活动独立、公正、科学、诚信的管理体系。

　　6. 符合有关法律法规或者标准、技术规范规定的特殊要求。

三、试验检测机构等级评定程序

　　部质量监督机构负责公路工程综合类甲级、公路工程专项类和水运工程材料类及结构类甲级的等级评定工作。省级交通质监机构负责公路工程综合类乙、丙级和水运工程材料类乙、丙级及水运工程结构类乙级的等级评定工作。

　　检测机构可以同时申请不同专业、不同类别的等级。检测机构被评为丙级、乙级后须满1年且具有相应的试验检测业绩方可申报上一等级的评定。

　　申请公路水运工程试验检测机构等级评定，应向所在地省级交通质监机构提交以下材料：

　　1. 公路水运工程试验检测机构等级评定申请书。

　　2. 申请人法人证书原件及复印件。

3. 通过计量认证的，应当提交计量认证证书副本的原件及复印件。

4. 检测人员证书和聘（任）用关系证明文件原件及复印件。

5. 所申报试验检测项目的典型报告（包括模拟报告）及业绩证明。

6. 质量保证体系文件。

公路水运工程试验检测机构等级评定工作分为受理、初审，现场评审 3 个阶段：

1. 受理

省级交通质监机构认为所提交的申请材料齐备、规范、符合规定要求的，应当予以受理；材料不符合规定要求的，应当及时退还申请人，并说明理由。

所申请的等级属于部质量监督机构评定范围的，省级交通质监机构核查后出具核查意见并转送部质量监督机构。

2. 初审

初审主要包括以下内容：

（1）试验检测水平、人员及检测环境等条件是否与所申请的等级标准相符。

（2）申报的试验检测项目范围及设备配备与所申请的等级是否相符。

（3）采用的试验检测标准、规范和规程是否合法有效。

（4）检定和校准是否按规定进行。

（5）质量保证体系是否具有可操作性。

（6）是否具有良好的试验检测业绩。

3. 现场评审

初审合格的进入现场评审阶段；初审认为有需要补正的，质监机构应当通知申请人予以补正直至合格；初审不合格的，质监机构应当及时退还申请材料，并说明理由。现场评审是对申请人完成试验检测项目的实际能力、检测机构申报材料与实际状况的符合性、质量保证体系和运转等情况的全面核查。

现场评审所抽查的试验检测项目，原则上应当覆盖申请人所申请的试验检测各大项目。抽取的具体参数应当通过抽签方式确定。

现场评审由专家评审组进行，专家评审组由质监机构组建，3 人以上单数组成（含 3 人）。评审专家从质监机构建立的试验检测专家库中选取，与申请人有利害关系的不得进入专家评审组。

专家评审组应当独立、公正地开展评审工作。专家评审组成员应当客观、公正地履行职责，遵守职业道德，并对所提出的评审意见承担个人责任。

专家评审组应当向质监机构出具"现场评审报告"，主要内容包括：

现场考核评审意见；公路水运工程试验检测机构等级评分表；现场操作考核项目一览表；两份典型试验检测报告。

4. 等级确定及发证

质监机构依据"现场评审报告"及检测机构等级标准对申请人进行等级评定。质监机构的评定结果，应当通过交通运输主管部门指定的报刊、信息网络等媒体向社会公示，公示期不得少于 7 天。公示期内，任何单位和个人有权就评定结果向质监机构提出异议，质监机构应当及时受理、核实和处理。

公示期满无异议或者经核实异议不成立的，由质监机构根据评定结果向申请人颁发"公路水运工程试验检测机构等级证书"（以下简称"等级证书"），等级证书有效期为 5 年；经核实异议成立的，应当书面通知申请人，并说明理由，同时应当为异议人保密。省级交通质监机构颁发证书的同时应当报部质量监督机构备案。

5. 换证

等级证书期满后拟继续开展公路水运工程试验检测业务的，检测机构应提前 3 个月向原发证机构提出换证申请。

换证的申请、复核程序按照上述等级评定程序进行，并可以适当简化。在申请等级评定时已经提交过且未发生变化的材料可以不再重复提交。

换证复核以书面审查为主，必要时可以组织专家进行现场评审。

换证复核的重点是核查检测机构人员、仪器设备、试验检测项目、场所的变动情况，试验检测工作的开展情况，质量保证体系文件的执行情况，违规与投诉情况等。

换证复核合格的，予以换发新的等级证书。不合格的，质监机构应当责令其在 6 个月内进行整改，整改期内不得承担质量评定和工程验收的试验检测业务。整改期满仍不能达到规定条件的，质监机构根据实际达到的试验检测能力条件重新做出评定，或者注销等级证书。换证复核结果应当向社会公布。

6. 变更及注销

检测机构名称、地址、法定代表人或者机构负责人、技术负责人等发生变更的，应当自变更之日起 30 日内到原发证质监机构办理变更登记手续。检测机构停业时，应当自停业之日起 15 日内向原发证质监机构办理等级证书注销手续。任何单位和个人不得伪造涂改、转让、租借等级证书。

第五节　工地试验检测室

一、工地试验室的类型

公路水运工程工地试验室是为加强工程建设现场质量管理而设立的临时试验室，它随建设项目的开工而设立，项目的结束而撤销。工地试验室所提供的试验检测数据是工程建设现场质量控制和评判的重要基础数据来源，是工程建设质量保证体系的重要组成部分。根据设立单位的不同，工地设立的试验室一般包括以下几类：

1. 施工企业试验室

施工企业试验室是施工企业为完成其所承担的施工任务而建立的试验室。

2. 监理中心试验室

各项目的驻地监理或总监办，在项目上一般都设有工地试验室，主要承担本项目合同段内的监理方面的试验任务。

3. 第三方检测试验室

近些年来，第三方检测制度在公路水运工程中得到推行，一般由建设单位单独招标一个第三方检测单位，进行独立的第三方试验检测工作。部分第三方试验检测需要在现场设立工地试验室。

工地试验室一般按合同段划分单独设立，工程线路跨度较大时，应设立分支工地试验室。分支工地试验室作为工地试验室的组成部分，也应按标准化建设要求建设，并接受项目质监机构的监管。

二、工地试验室的职责范围

各级各类工地试验室的职能不同，其职责范围也有区别，分别简单介绍如下。

1. 施工企业工地试验室的职责范围

（1）选定料源：主要指地方材料（包括土、砂石材料、石灰）等；按设计文件提供的料源，通过试验，选择符合技术标准要求、开采方便、运输费用低的料场供施工使用。

（2）试样管理：包括试样的采集、运输、分类、编号及保管。

（3）验收复检：指对已进场的各种材料（包括原材料、成品或半成品材料）按技术标准或试验规程的规定，分批量进行有关技术性质试验，以决定准予使用或封存、清退。

（4）标准试验：指完成各种混合材料的配合组成设计试验，提出配合比例及相关施工控制参数。

（5）工艺试验：包括试验路铺设、混合材料的预拌等过程中的试验工作，为施工控制采集有关的控制参数。

（6）自检试验：包括配合比例、压实度、强度（包括各类试件的成型、养护和试验）、施工控制参数、分项或分部工程中间交工验收试验等。

（7）协助试验：指为监理试验室提供其复核试验所需的一切材料（同现场监理人员一同取样，每种材料取两份，一份留自己试验用，一份送监理试验室）、为现场监理人员抽检试验提供必要的仪器设备及人员协助，以及委托试验的送样任务。

（8）协助有关方面调查施工中出现的质量问题或质量事故，为调查处理提供真实、齐全的试验数据、证据或信息，参与必要的试验检测工作。

（9）对试验资料进行整理分析，提出分析报告，随时掌握施工质量动态，供有关人员参考。

（10）参与现场科研试验工作，推广及应用新材料、新技术、新工艺。

2. 监理试验室的职责范围

（1）监理的职责是对工程的实施进行全过程、全方位的监督管理。监理试验室的职能介于施工企业和政府监督之间，即有监督的一面。其职责主要是进行复核或平行试验。

（2）评估验收：标段试验室在起用前要经过监理试验室的评估验收，包括试验室用房、设备到位及安装情况、衡器及测力设备检定校验情况、人员及其资质情况、规章制度及管理情况等，以决定是否同意投入使用。

（3）验证试验：对各种原材料或商品构件，按施工企业提供的样品、产品合格证和试验报告等进行订货前预验，以决定是否同意采购。

（4）标准试验：对各种混合材料的配合比例、标准击实及所用原材料进行平行复核试验，以决定是否同意批复使用。

（5）工艺试验：参与施工企业的有关工艺性的试验，包括各类试验路铺筑、混合材料预拌等过程中的试验工作，以决定是否同意正式开工。

（6）抽检试验：在工程实施过程中，按规定的抽检频率，对工程所用原材料、成品或半成品材料的性能及压实度、强度等做全程跟踪抽检试验。

（7）验收试验：对已完工的工程项目进行试验检测，以准确地评价工程内在品质，多指中间交验的分部及分项工程，以决定是否接收。

（8）监管作用：对施工企业试验室的工作实施全面监督管理，包括试样管理、试验工作管理、仪器设备管理、文献资料管理等。

（9）以上工作任务有些要由监理试验室来完成，有些由现场监理人员在标段试验室人员的协助下来完成，也可由现场监理人员利用标段试验室的设备独立来完成。

3.第三方检测试验室的职责范围

第三方检测试验室的职责包括以下两方面：

（1）抽检试验：在工程实施过程中，定期或不定期地对在建工程的部分项目进行抽检试验，或进行全面的质量普查，以了解工程的质量动态，监督项目顺利实施。

（2）协助建设单位对项目的试验检测工作进行管理。

三类试验室的性质不同，职能不同，职责范围也有区别。

施工企业试验室的职责主要是用规定的方法和手段，对工程所用原材料、成品或半成品材料、结构构件以至结构物进行自检试验，提出自检报告，作为申请监理检查验收的依据。监理试验室的职责主要是进行复核性或平行试验，提出复核或抽检试验报告，作为批复或检查验收的依据。

第三方检测试验室的职责主要是定期或不定期地对分项或分部工程进行抽检，提出抽检报告，作为项目建设单位监督的依据。

尽管各自的职责有所侧重，但目标是一致的，即杜绝不合格材料用于工程，对不合格的构件、结构物或工程提出返工或拒收的依据，构成了既有自检、复核，又有监督的质量保障体系，保证工程质量万无一失。因此要求各类试验室必须具有性能先进、配套齐全的试验设备，以及具有专门知识和试验技能的、能熟练操作使用这些设备的工作人员，充分发挥试验室工作在工程建设中举足轻重的作用。

三、工地试验室临时资质条件

根据交通运输部《关于进一步加强公路水运工程工地试验室管理工作的意见》要求，施工单位、监理单位根据工程质量安全管理需要或合同约定，在工程现场可自行设立工地试验室，也可委托第三方试验检测机构设立工地试验室，设立工地试验室的母体均应具有相应的"公路水运试验检测机构等级证书"（以下简称"等级证书"）。建设单位也可通过招标等方式直接委托具有等级证书和"计量认证证书"（以下简称"计量证书"）的第三方试验检测机构设立工地试验室，承担工程建设项目监理的全部或部分试验检测工作。

任何单位不得干预工地试验室独立、客观地开展试验检测活动。

设立工地试验室的母体试验检测机构，应当在其等级证书核定的业务范围内，根据工程现场管理需要或合同约定，对工地试验室进行授权。授权内容包括工地试验室可开展的试验检测项目及参数、授权负责人、授权工地试验室的公章、授权期限等。"公路水运工程工地试验室设立授权书"应加盖母体试验检测机构公章及等级专用标识章。

工地试验室设立实行登记备案制。经试验检测机构授权设立的工地试验室，应当填写"公路水运工程工地试验室备案登记表"，经建设单位初审后报送项目质监机构登记备案，质监机构对通过备案的工地试验室出具"公路水运工程工地试验室备案通知书"。工地试验室被授权的试验检测项目及参数或试验检测持证人员进行变更的，应当由母体试验检测机构报经建设单位同意后，向项目质监机构备案。

四、工地试验室标准化建设

为了进一步加强工地试验室的标准化建设，交通运输部先后出台了《交通运输部办公厅关于印发工地试验室标准化建设要点的通知》和《公路工程工地试验室标准化指南》，各省也相继出台了对应的工地试验室标准化建设指南（办法），如山东省即颁布实施了《山东省公路水运工程工地试验室标准化建设与管理指南》。

工地试验室检测，应坚持规范化、标准化精细化的方针，坚持"因地制宜、量力而行、务求实效"的工作原则，根据工程特点，将工地试验室标准化建设有关要求及费用标准等纳入招标文件，保证工地试验室标准化建设有序开展。各参建单位应将工地试验室标准化建设纳入日常管理，采取有效措施营造有利于工地试验室独立规范运行的外部环境，将提高工地试验检测数据的准确性、客观性和科学性作为工地试验室标准化建设的重中之重抓实抓好。工地试验室标准建设应做到以下几点。

1. 工地试验室标准化建设

（1）工地试验室标准化管理的内涵是硬件建设标准化、检测工作规范化、质量管理精细化、数据报告信息化。

（2）工地试验室标准化建设坚持因地制宜、务求实效、经济适用的工作原则，根据工程项目建设内容和规模进行设置，既要满足工程质量控制要求，又要满足布局合理、安全环保、环境整洁的要求。

（3）工地试验室选址，应充分考虑安全、环保、交通便利及工程质量管理要求等因素。

根据工作、生活、院落及周围所需面积，合理利用原有地形、地貌、地物、水面和空间以及现有的设施等，并按照分区设置、布局合理、互不干扰、经济适用原则进行合理规划，规划方案应满足试验检测工作需要和标准化建设有关规定，经项目建设单位有关部门审核后开始实施。

（4）工地试验室用房可新建或租用合适的既有房屋，房屋应坚固、安全、实用、美观，并满足工作、生活需要，新建房屋宜安装、拆卸方便且满足环保要求。

（5）环境建设应满足水、电、通风、采光、温湿度、安全、环保等方面规定。其他工作室的要求，根据不同试验设备，满足规范、规程要求。

2. 人员配备

（1）工地试验室应综合考虑工程特点、工程量大小及工程复杂程度、工期要求等因素，科学合理地确定试验检测人员数量，确保试验检测工作正常开展。

（2）试验检测人员应持证上岗、专业配置合理，能涵盖工程涉及专业范围和内容，工地试验室授权负责人必须是母体试验检测机构委派的正式聘用人员，且须持有试验检测工程师证书。

（3）试验检测人员不得同时受聘于两家及以上的工地试验室。

（4）工地试验室不得聘用信用较差或很差的试验检测人员担任授权负责人，不得聘用信用很差的试验检测人员从事试验检测工作。

3.设备配置

（1）工地试验室应按照合同要求和母体检测机构授权范围内的试验检测项目及参数配备相应的仪器设备和辅助工具，对使用频率高的仪器设备在数量上应能满足周转需要，仪器设备的功能、准确度和技术指标均应符合现行规范规程要求。

（2）仪器设备应按照优化试验检测工作流程、整体布局合理，同步作业不形成相互干扰的原则进行布置。

（3）仪器设备应严格按照试验检测规程和使用说明书中相关要求进行安装与调试。

（4）对有环境条件要求的功能室，应配置相应的温湿度控制设备。

（5）标准养护室应配置一定数量的试件存放架，其刚度、尺寸应满足使用要求，且方便存取。

（6）办公室一般配置计算机、打印机、传真机、空调等设备，具有良好的工作和网络通信条件。

（7）资料室应配置一定数量的金属资料柜，具有防潮、防虫等措施。

（8）工地试验室应配置一定数量的交通工具，满足检测工作需要。

4.体系与文化建设

（1）工地试验室应依据母体检测机构的质量体系文件，结合工程特点，编制简明、适用、针对性和操作性强的质量体系文件及各项管理制度。

（2）工地试验室管理制度主要包括但不限于试验室工作职责；主要岗位人员工作职责、试验检测人员管理制度、试验检测仪器设备管理制度；样品管理制度；化学品（试剂）管理制度；环境管理制度；标准、文件管理制度；试验检测记录、报告管理制度；试验检测工作程序及质量管理制度；外委试验管理制度；档案资料管理制度；不合格报告管理制度；检测事故分析报告制度。

（3）工地试验室在运行前，应开展质量管理体系文件和各项管理制度的宣贯和培训工作，并将各项制度落实到人，加强考核和检查，确保各项管理制度能得到有效执行，并做好相应记录。

（4）工地试验室应积极营造"诚实守信、科学规范"的工地检测文化氛围，将"科学、客观、严谨、公正"的理念，融入具体试验检测工作中。

第四章　路基路面工程试验检测

第一节　路基材料试验检测

一、概述

路基是在天然地表面按道路设计的平面线形和设计横断面开挖或填筑而成的岩土结构物，是路面结构层的基础。按填筑材料不同将路基分为填土路基、填石路基和土石混填路基。路床是指路面结构层底面以下0.80 m范围内的路基部分，在结构上分为上路床（0 ~ 0.30 m）和下路床（0.30 ~ 0.80 m）。

路堤是高于原地面的填底面以下方路基，路堤在结构上分为上路堤和下路堤，上路堤是指路面底面以下0.80 ~ 1.50 m范围内的填方部分，下路堤是指上路堤以下的填方部分（> 1.50 m）。

路堑是指低于原地面的挖方路基。

填石路堤是指用粒径大于37.5mm且含量超过总质量70%的石料填筑的路堤。土石路堤是指石料含量占总质量30% ~ 70%的土石混合料修筑的路堤。

二、基本要求

在路基施工过程中，对本工程段原地面土质应逐段补齐全部试验。常规试验包括含水量、液塑限、颗粒分析、标准击实等。

填筑路基用土的一般要求：含草皮、生活垃圾、树根、腐殖质的土严禁作为路基填料；泥炭、淤泥、冻土、强膨胀土、有机质土及易溶盐超过允许含量的土，不得直接使用；液限大于50%、塑性指数大于26、含水量不适宜直接压实的细粒土，不得直接使用，确需使用时，必须采取技术措施进行处理，经检验满足设计要求后方可使用；粉质土不得直接填筑路床，不得直接填筑于浸水部分的路堤及冰冻地区的路床；填料的强度和粒径应满足表4-1的要求。

表 4-1 路基填方材料最小强度和最大粒径

项目分类		路面底面下深度 /cm	最小强度			填料最大粒径 /mm
			高速、一级公路	二级公路	三级公路	
填方路基	上路床	0-30	8	6	6	100
	下路床	30-80	5	4	4	100
	上路堤	80-150	4	3	3	150
	下路堤	＞150	3	2	2	150
零填及路堑路床		0-30	8	6	3	100
30-80		5	4	3	100	

注：1. 二级及二级以下公路做高级路面时，应按高速公路和一级公路的规定。

2. 表中所列强度按《公路土工试验规程》。采用对试样浸水 96h 的 CBR 试验方法进行测定。路基填料的主要检测项目见表 4-2。

表 4-2 路基填料的主要检测项目

试验项目	试验目的	试验仪器和方法	备注
加州承载比试验	确定路基土的强度（可同时测膨胀量）	用 CBR 试验仪测定	选料及施工过程中
界限含水量	测定土液限和塑限。塑性指数	液限、塑限联合测定法	
标准击实试验	确定路基土的最佳含水率和最大干密度	重型标准击实试验	
天然含水率	确定路基土的原始含水率	烘干、酒精、核子	
颗粒分析	确定土的名称和分类	筛分、比重计和移液管	
比重试验	计算空隙比和评价土类	比重瓶法、浮力法、浮称法、虹吸简法	必要时做
土的密度试验	测定原状土的密度	环刀法	
有机质含量	测定土中有机质含量	重铬酸钾容量法	
易溶盐含量	测定土中易溶盐的总量	质量法	
冻胀试验	测定土在冻结过程中的冻胀率	按规程做	

三、试验检测方法

（一）土样的采集与试样制备

1. 土样的采集

土样的采集、运输和保管，是完成土工试验极其重要的环节，尤其是对特殊土的采集和运输应特别注意。如对原状冻土，在采集和运输的过程中应保持原土样温度和土样的结构以及含水率不变等。如果送到试验室的土样不符合要求，没有代表性，那么，任何精密的仪器和审慎的操作都将毫无意义。

（1）土样要求

采取原状土或扰动土视工程对象而定。凡属桥梁、涵洞、隧道，挡土墙、房屋建筑物的天然地基以及挖方边坡、渠道等，应采取原状土样：如为填土路基、堤坝、取土坑（场）或只要求土的分类试验者，可采取扰动土样。冻土采取原状土样时，应保持原土样温度，保持土样结构和含水率不变。

（2）取样

土样可在试坑、平洞、竖井、天然地面及钻孔中采取。取原状土样时，必须保持土样的原状结构及天然含水率，并使土样不受扰动。用钻机取土时，土样直径不得小于10 cm，并使用专门的薄壁取土器；在试坑中或天然地面下挖取原状土时，可用有上、下盖的铁壁取土筒，打开下盖，扣在欲取的土层上，边挖筒周围土，边压土筒至筒内装满土样，然后挖断筒底土层（或左、右摆动即断），取出土筒，翻转削平筒内土样与筒平齐。若周围有空隙，可用原土填满，盖好下盖，密封取土筒。采取扰动土时，应先清除表层土，然后分层用四分法取样。对于盐渍土，一般应分别在 0～0.05 m，0.05～0.25 m，0.25～0.50 m，0.50～0.75 m，0.75～1.0m 垂直深度处分层取样。同时，应测记采样季节、时间和气温。

土样数量按相应试验项目规定采取。

（3）取土记录和编号

无论采用什么方法取样，均应用"取样记录簿"记录并撕下其一半作为标签，贴在取土筒上（原状土）或折叠后放入取土袋内。取样记录簿宜用韧质纸并必须用铅笔填写各项记录。取样记录簿记录内容应包含工程名称、路线里程（或地点）、记录开始日期、记录完毕日期、取样单位、采取土样的特征、试坑号、取样深度、土样号、取土袋号、土样名、用途、要求试验项目或取样说明，以及取样者、取样日期等。对取样方法、扰动或原状、取样方向以及取土过程中出现的现象等，应记入取样说明栏内。

（4）土样包装和运输

原状土或需要保持天然含水率的扰动土，在取样之后，应立即密封取土筒，即先用胶布贴封取土筒上的所有缝隙，在两端盖上用红油漆写明"上、下"字样，以示土样层位。在筒壁贴上"取样记录簿"中扯下的标签，然后用纱布包裹，再浇注熔蜡，以防水分散失。原状土样应保持土样结构不变；对于冻土，原状土样还应保持温度不变。

密封后的原状土在装箱之前应放于阴凉处，冻土土样应保持温度不变。不需保持天然含水率的扰动土，最好风干稍加粉碎后装入袋中。

土样装箱时，应与"取样记录簿"对照清点，无误后再装入，并在记录簿存根上注明装入箱号。对原状土应按上、下部位将筒立放，木箱中筒间空隙宜以稻（麦）草或软物填紧，以免在运输过程中受振、受冻。木箱上应编号并写明"小心轻放""切勿倒置""上""下"等字样。对已取好的扰动土样的土袋，在对照清点后可以装入麻袋内，扎紧袋口，麻袋上写明编号并拴上标签（如同行李签），签上注明麻袋号数、袋内共装的土袋数和土袋号。盐渍土的扰动土样宜用塑料袋装。为防止取样记录标签在袋内湿烂，可用另一小塑料袋装标签，再放入土袋中，或将标签折叠后放在盛土的塑料袋中，并将塑料袋折叠收口，用橡皮圈绕扎袋口标签以下，再将放标签的袋口向下折叠，然后再以未绕完的橡皮圈绕扎系紧。每一盐渍土剖面所取的5塑料袋土，可以合装于一个稍大的布袋内。同样在装入布袋前要与记录簿存根清点对照，并将布袋号补记在原始记录簿中。

（5）土样的接受与管理

土样运到试验单位，应主动附送"试验委托书"，委托书内各栏根据"取样记录簿"的存根填写清楚，若还有其他试验要求，可在委托书内注明。土样试验委托书应包括试验室名称、委托日期、土样编号、试验室编号、土样编号（野外鉴别）、取样地点或里程桩号、孔（坑）号、取样深度、试验目的、试验项目，以及责任人（如主管、主管工程师审核、委托单位及联系人等）等。

2. 试样制备

（1）仪器设备

制备土样需用的仪器设备包括：细筛（孔径5.2、0.5 mm）；洗筛（孔径0.075 mm）；台秤（称量10 ~ 40 kg，分度值5 g）；天平（称量1 000 g，分度值0.1 g；称量200 g，分度值0.01 g）；碎土器（磨土机）；击实器（包括活塞、导筒和环刀）；抽气机（附真空表）；饱和器（附金属或玻璃的真空缸）；其他烘箱、干燥器、保湿器、研钵、木槌、木碾、橡皮板、玻璃瓶、玻璃缸、修土刀、钢丝锯、凡士林、土样标签以及其他盛土器等。

（2）扰动土样的制备

①预备程序

A. 细粒土样预备程序

对扰动土样进行描述，如颜色、土类、气味及夹杂物等。如有需要，将扰动土充分拌匀，取代表性土样进行含水率测定。

将块状扰动土放在橡皮板上用木碾或碎土器碾散（勿压碎颗粒）；如水量较大时，可先风干至易碾散为止。

根据试验所需土样数量，将碾散后的土样过筛。物理性试验土样如液限、塑限、缩限等试验，过0.5 mm筛；物理性及力学性试验土样，过2 mm筛；击实试验土样，过5 mm筛。过筛后用四分对角取样法或分砂器，取出足够数量的代表性土样，分别装入玻璃缸内，标以标签，以备各项试验之用。对风干土，需测定风干含水率。

为配制一定含水率的土样，取过2 mm筛的足够试验用的风干 ±1 ~ 5 kg，平铺在不吸水的盘内，计算所需的加水量，用喷雾器喷洒预计的加水量，静置一段时间，然后装入玻璃缸内盖紧，润湿一昼夜备用（砂性土润湿时间可酌情减短）。

测定湿润土样不同位置的含水率（至少2个），要求差值不大于 ±1%。对不同土层的土样制备混合土样时，应根据各土层厚度，按权数计算相应的质量配合，然后按规定进行扰动土的预备工作。

B.粗粒土样预备程序

对砂及沙砾土，按四分法或分砂器细分土样，然后取足够试验用的代表性土样供做颗粒分析试验用，其余过 5mm 筛，筛上和筛下土样分别贮存，供做比重及最大和最小孔隙比等试验用，取一部分过 2mm 筛的土样供做力学性试验用。

如有部分黏土粘在砂砾石上面，则先用水浸泡，将浸泡过的土样在 2 mm 筛上冲洗，取筛上及筛下代表性的土样供做颗粒分析试验用。

将冲洗下来的土浆风干至易碾散为止，再按规定进行预备工作。

②扰动土试样制备

根据工程和设计的要求，将扰动土制备成所需的试样供湿化、膨胀、渗透、压缩及剪切等试验用。

试样制备的数量视试验需要而定，一般应多制备 1 ~ 2 个备用。制备试样密度、含水率与制备标准之差值应分别在 ±0.02 g/cm³ 与 ±1% 范围以内，平行试验或一组内各试样间之差值分别要求在 0.02 g/cm³ 和 1% 以内。扰动土试样的制备，视工程实际情况，分别采用击样法、击实法和压样法。

A.击样法

根据环刀的容积及所要求的干密度、含水率，按《公路土工试验规程》（JTG E40-2007）计算的用量，制备湿土样。

将湿土倒入预先装好的环刀内，并固定在底板上的击实器内用击实方法将土击入环刀内。取出环刀，称环刀、土总量，并符合《公路土工试验规程》（JTG E40-2007）的要求。

B.击实法

根据试样所要求的干密度、含水率，计算的用量，制备湿土样。用《击实试验》（SL 237-20011-1999）击实程序，将土样击实到所需的密度，用推土器推出。

将试验用的切土环刀内壁涂一薄层凡士林，刃口向下，放在土样上。用切土刀将土样切削成稍大于环刀直径的土柱。然后将环刀垂直向下压，边压边削，至土样伸出环刀为止。削去两端余土并修平，擦净环刀外壁，称环刀、土总质量，准确至 0.1 g，并测定环刀两端削下土样的含水率。试样制备应尽量迅速操作，或在保湿间内进行。

C.压样法

按规定制备湿土样称出所需的湿土量。将湿土倒入预先装好环刀的压样器内，抹平土样表面，以静压力将土压入环刀内。取出环刀，称环刀、土总质量。

（3）原状上试样制备

小心开启原状土样包装皮，辨别土样上下和层次，整平土样两端。无特殊要求时，切土方向与天然层次垂直。按规程操作步骤，切取试样，试样与环刀要密合，同一组试样的密度差值不宜大于 0.03 g/cm²，含水率差值不宜大于 2%。

切削过程中，应细心观察土样的情况，并描述它的层次、气味、颜色，有无杂质，土质是否均匀，有无裂缝等。切取试样后剩余的原状土样，应用蜡纸包好置于保湿器内，以备补做试验之用，切削的余土做物理性试验。视试样本身及工程要求，决定试样是否进行饱和，如不立即进行试验或饱和时，则将试样暂存于保湿器内。

①试样饱和

试样饱和方法视土的性质选用浸水饱和法、毛管饱和法及真空抽气饱和法三种。

砂土，可直接在仪器内浸水饱和。较易透水的黏性土，采用毛管饱和法较为方便；不易透水的黏性土，采用真空饱和法，如土的结构性较弱，抽气可能发生扰动者，不宜采用。

A. 毛管饱和法

选用框式饱和器（图4-1），在装有试样的环刀两面贴放滤纸，再放两块大于环刀的透水板于滤纸上，通过框架两端的螺丝将透水板、环刀夹紧。

将装好试样的饱和器放入水箱中，注清水入箱，水面不宜将试样淹没，使土中气体得以排出。

关上箱盖，防止水分蒸发，借土的毛细管作用使试样饱和，一般约需3d。

试样饱和后，取出饱和器，松开螺丝，取出环刀，擦干外壁，吸去表面积水，取下试样上下滤纸，称环刀、土总质量，准确至0.1 g计算饱和度。

如饱和度小于95%时，将环刀再装入饱和器，浸入水中延长饱和时间。

B. 真空饱和法

选用重叠式饱和器（图4-2）或框式饱和器，在重叠式饱和器下板正中放置稍大于环刀直径的透水板和滤纸，将装有试样的环刀放在滤纸上，试样上再放一张滤纸和一块透水板，以这样顺序重复，由下向上重叠，至拉杆的长度，将饱和器上夹板放在最上部透水板上，旋紧拉杆上端的螺丝，将各个环刀在上下夹板间夹紧。

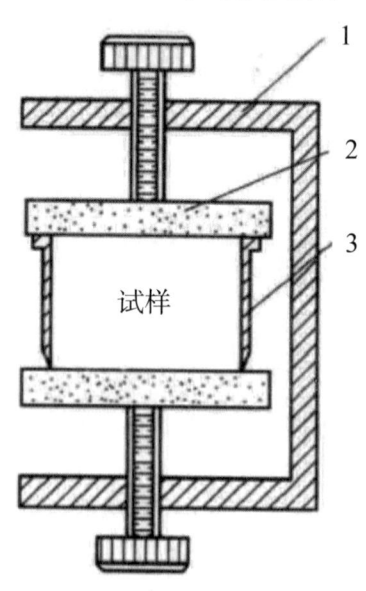

图4-1　框式饱和器

1- 框架；2- 透水板；3- 环刀

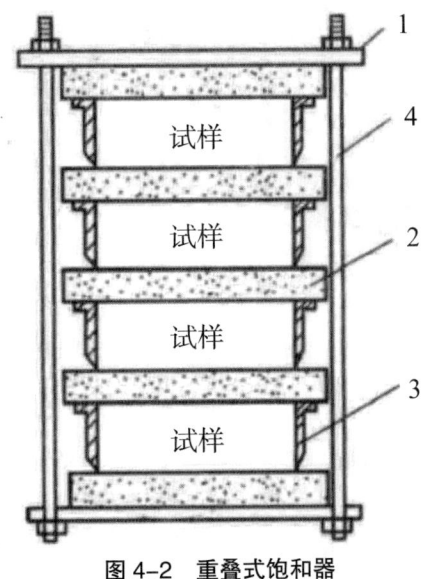

图 4-2 重叠式饱和器

1- 夹板；2-- 透水板；3- 环刀；4- 拉杆

装好试样的饱和器放入真空缸内（图 4-3）盖上缸盖，盖缝内应涂一薄层凡士林，以防漏气。

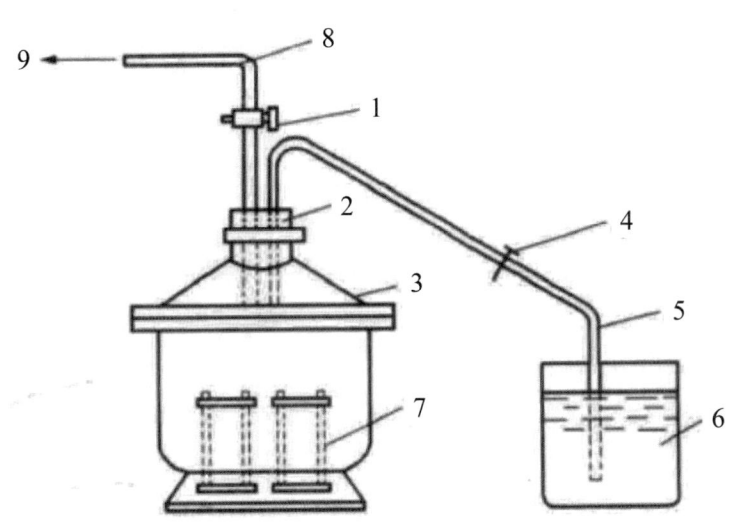

图 4-3 真空饱和装置

1- 二通阀；2- 橡皮塞；3- 真空缸；4- 管夹；5- 引水管；6- 水缸；

7- 饱和器；8- 排水管；9- 接抽气机

关管夹、开二通阀，将抽气机与真空缸接通，开动抽气机，抽除缸内及土中气体，当真空表达到约 1 个大气负压力值后，继续抽气，黏质土约 1 h，粉质土约 0.5h 后，稍微开启管夹，使清水由引水管徐徐注入真空缸内。在注水过程中，应调节管夹，使真空表上的数值基本上保持不变。

待饱和器完全淹没水中后，即停止抽气。将引水管自水缸中提出，开管夹令空气进入真空缸内，静置一定时间，借大气压力使试样饱和。取出试样，称量准确至 0.1 g，计算饱和度。

（二）标准击实试验

标准击实试验是在一定击实功作用下测定各种细粒土、含砾土等的含水率与干密度的关系，从而确定土的最佳含水率和最大干密度的试验方法。

土在一定击实功作用下，因其含水率不同，密实度也不相同。在工程实践中常把最能符合工程技术要求的，使土体能获得最大密实状态的含水率，称为最佳含水率，而此时土体的干密度称为最大干密度。最佳含水率用于路基的碾压控制，最大干密度用于路基碾压效果检测。标准击实试验是加州承载比试验的基础试验。

标准击实试验方法有轻型和重型两种，采用哪种方法，应根据有关规范的规定或工程、科学试验的实际需要选定。轻型、重型击实试验方法和设备的主要参数见表4-3。

表 4-3　轻型、重型击实试验方法和设备的主要参数表

实验方法	类别	锤底直径 /cm	锤质量 /kg	落高 /cm	试筒尺寸			层数	每层击数	击实功 /（kJ/m³）	最大粒径 /mm
					内径 /cm	高 /cm	容积 /cm³				
轻型 I 法	I .1	5	2.5	30	10	12.7	997	3	27	598.2	25
	I .2	5	2.5	30	15.2	12	2177	3	59	598.2	38
重型 II 法	II .1	5	4.5	45	10	12.7	997	5	27	2687.0	25
	II .2	5	4.5	45	15.2	12	2177	3	98	2677.2	38

1. 试件准备

试件的制备包括干法和湿法。

干法：加水法，在一般情况下，均采用此法，试料不重复使用。

湿法：减水法，对于高含水量的土，试料的干燥处理往往影响试验结果，在这种情况下，宜采用湿法（让采集的至少5个试样分别晒干至不同含水状态）。

2. 试验步骤

将击实筒放在坚硬的地面上，取制备好的土样分 3 ~ 5 次倒入筒内。

对小试筒：按三层法时，每次 800 ~ 900g（其量应使击实后的试样等于或略高于筒高的1/3）；按五层法时，每次 400 ~ 500 g（其量应使击实后的土样等于或略高于筒高的1/5）。对大试筒: 先将垫块放入筒内底板上；按五层法时，每层需试样900（细粒土）~ 1100 g（粗粒土）；按三层法时，每层需试样 1700 g 左右。

整平表面，并稍加压紧，然后按规定的击数进行第一层土的击实，击实时击锤应自

由垂直落下，锤迹必须均匀分布于土样面，第一层击实完后，将试样层面拉毛，然后再装入套筒，重复上述方法进行其余各层土的击实。小试筒击实后，试样不应高出筒顶面5mm；大试筒击实后，试样不应高出筒顶面6mm。

用修土刀沿套筒内壁削刮，使试样与套筒脱离后，扭动并取下套筒，齐筒顶细心削平试样，拆除底板，擦净筒外壁，称量质量，准确至1 g。

用推土器推出筒内试样，从试样中心处取样测其含水率，计算至0.1%。测定含水率用试样的数量按规定取样（取出有代表性的土样）。两个试样含水率的精度应符合含水率试验规定。

3. 确定最佳含水率和最大干密度

根据各含水率及对应的干密度，以干密度为纵坐标，含水率为横坐标，绘制干密度与含水率的关系曲线，曲线上峰值点的纵、横坐标分别为最大干密度和最佳含水率。如曲线不能绘出明显的峰值点，应进行补点或重做。

（三）液塑限测定

黏性土随着含水量的不同，分别处于各种不同的稠度状态，如流动状态、可塑状态、半固体状态、固体状态。为了确定土的稠度状态，就必须首先确定土从某一状态过渡到另一状态的界限含水量，液限和塑限在工程上是经常遇到的两种界限含水量。

1. 液限（ω_L）：由流动状态转向塑性状态时的界限含水量，即保持塑性状态的最高含水量。

2. 塑限（ω_ρ）：由塑性状态过渡到半固体状态时的界限含水量，即保持塑性状态的最低含水量。

3. 缩限（ω_s）：半固体状态与固体状态间的分界含水量称为缩限。

液塑限试验适用于粒径不大于0.5 mm，有机质含量不大于试样总质量5%的土。塑性指数：可塑性是黏性土区别于砂土的重要特征。可塑性的大小用土处在塑性状态的含水量变化范围来衡量，从液限到塑限含水量的变化范围愈大，土的可塑性愈好，这个范围称为塑性指数，$I_P = \omega_L - \omega_\rho$。液性指数：液性指数IL是表示天然含水量与界限含水量相对关系的指标，$I_L = (\omega - \omega_\rho)/(\omega_L - \omega_P)$。可塑状态的土的液性指数在0到1之间，液性指数越大，表示土越软；液性指数大于1的土处于流动状态，小于0的土则处于固体状态或半固体状态。土的液塑限主要采用滚搓土条法和液塑限联合测定法，工程上常使用后者。

第二节　路面材料试验检测

一、概述

基层：直接位于沥青面层下、用高质量材料铺筑的主要承重层，或直接位于水泥混凝土面板下、用高质量材料铺筑的一层称作基层。基层可以是一层或两层，可以是一种或两种材料。基层又可分上基层、下基层和底基层。

底基层：在沥青路面基层下用质量较次材料铺筑的次要承重层，或在水泥混凝土路面基层下、用质量较次材料铺筑的辅助层称作底基层。底基层可以是一层或两层以上，可以是一种或两种材料。

路面基层、底基层的类型主要有无机结合料稳定类、有机结合料稳定类和粒料类。高等级公路路面基层广泛采用无机结合料稳定类，有时也使用有机结合料稳定类。无机结合料稳定类（俗称半刚性材料）是在粉碎的或原状松散的土中掺入一定量的无机结合料（包括水泥、石灰或工业废渣等）和水，经拌合得到的混合料在压实与养生后，其抗压强度符合规范要求的材料，其种类可分为水泥稳定类、石灰稳定类、综合稳定类和工业废渣稳定类（主要是石灰粉煤灰稳定类），包括水泥稳定土、石灰稳定土、水泥石灰综合稳定土、石灰粉煤灰稳定土、水泥粉煤灰稳定土及水泥石灰粉煤灰稳定土等，其中土作为基层材料的骨架，水泥和石灰则属于基层材料的胶凝物质。

面层是直接承受车辆荷载和大气因素作用并将荷载传递到基层的结构层，按修筑材料不同，面层分为水泥混凝土（刚性）路面和沥青混合料（柔性）路面两类。目前高速公路、干线公路一般以沥青混合料路面为主，一般分两层或三层铺筑，各层混合料类型不同。沥青面层一般包括封层、粘层、连接层、下面层、中面层、上面层等层次。

二、基本要求

目前我国各地，特别是高速公路，大都采用石灰土、水泥土、二灰土、水泥碎石、二灰碎石等来做基层和底基层。以上原材料最初均应做全面检验，施工过程应根据各自的频率及材料变化情况及时检验。

用作稳定层的上述材料的基本要求如下：

1. 土：用于水泥稳定土，塑性指数小于 12；用于石灰土，塑性指数宜为 15 ~ 20；用于二灰土，塑性指数为 12 ~ 20。

2. 石灰：应用Ⅲ级以上的石灰，最好用消石灰粉或生石灰粉。

3. 水泥：应用低强度水泥，如 32.5 级，而且尽量选用终凝时间较长的水泥。

4. 粉煤灰：烧失量不大于 20%，二氧化硅、三氧化二铝、三氧化二铁的总量不小于 70%，湿粉煤灰含水量不大于 35%。

5. 碎石：级配应符合要求，最大粒径不大于 40 mm，高速公路、一级公路压碎值不大于 30%，二级及二级以下公路的压碎值做基层时不大于 35%，做底基层时不大于 40%。

沥青混凝土材料要求：

在沥青路面建设过程中，材料起到至关重要的作用。有些新建的高速公路沥青路面出现早期损坏，材料是重要的原因之一。因此，应特别强调要把好材料关，材料的选择应以试验为依据，严格控制质量，防止使用不符合要求的材料以免造成损失。沥青混合料的材料主要由沥青、粗集料、细集料、矿粉和纤维稳定剂等组成。

1. 沥青材料

沥青材料有道路石油沥青、乳化沥青、液体石油沥青、煤沥青、改性沥青、改性乳化沥青等。不同品种沥青有不同的适用范围。

（1）道路石油沥青

①经建设单位同意，沥青的 PI 值、60℃动力黏度、10℃延度可作为选择性指标。

②沥青路面采用的沥青标号，宜按照公路等级、气候条件、交通条件、路面类型及在结构层中的层位、受力特点和施工方法等，结合当地的使用经验，经技术论证后确定。

A. 对高速公路、一级公路，夏季温度高、高温持续时间长，重载交通、山区及丘陵区上坡路段，服务区、停车场等行车速度慢的路段，尤其是汽车荷载剪应力大的层次，宜采用稠度大、60℃黏度大的沥青，也可根据高温气候分区的温度水平选用沥青等级；对冬季寒冷的地区或交通量小的道路、旅游道路，宜选用稠度小、低温延度大的沥青；对温度日温差、年温差大的地区，宜注意选用针入度指数大的沥青。当高温要求与低温要求发生矛盾时，应优先考虑满足高温性能的要求。

B. 当缺乏所需标号的沥青时，可采用不同标号掺配的调和沥青，其掺配比例由试验决定。

③沥青必须按品种标号分开存放。除长期不使用的沥青可放在自然温度下存储外，沥青在储罐中的储存温度不宜低于 130℃，并不得高于 170℃。桶装沥青应直立堆放并加盖苫布。

④道路石油沥青在储运、使用及存放过程中应有良好的防水措施，避免雨水或加热管道蒸汽进入沥青中。

（2）乳化沥青

①乳化沥青适用于沥青表面处治路面、沥青贯入式路面、冷拌沥青混合料路面，修补裂缝，喷洒透层、粘层与封层等。

②在高温条件下宜采用黏度较大的乳化沥青，寒冷条件下宜使用黏度较小的乳化沥青。

③乳化沥青类型根据集料品种及使用条件选择。阳离子乳化沥青可适用于各种集料品种，阴离子乳化沥青适用于碱性石料。乳化沥青的破乳速度、黏度宜根据用途与施工方法选择。

④制备乳化沥青用的基质沥青，对高速公路和一级公路，宜符合道路石油沥青 A、B 级沥青的要求，其他情况可采用 C 级沥青。

⑤乳化沥青宜存放在立式罐中，并保持适当搅拌。储存期以不离析、不冻结、不破乳为度。

（3）液体石油沥青

①液体石油沥青适用于透层、粘层及拌制冷拌沥青混合料。根据使用目的与场所，可选用快凝、中凝、慢凝的液体石油沥青，其质量应符合规范规定。

②液体石油沥青宜采用针入度较大的石油沥青，使用前按先加热沥青后加稀释剂的顺序，掺配煤油或轻柴油，经适当的搅拌稀释制成。掺配比例根据使用要求由试验确定。

③液体石油沥青在制作、储存、使用的全过程中必须通风良好，并有专人负责，确保安全。基质沥青的加热温度严禁超过 140℃，液体沥青的储存温度不得高于 50℃。

（4）煤沥青

①道路用煤沥青的标号根据气候条件、施工温度、使用目的选用，其质量应符合规范规定。

②道路用煤沥青适用于下列情况：

A.各种等级道路的各种基层上的透层，宜采用 T-1 级或 T-2 级，其他等级不符合喷洒要求时可适当稀释使用；

B.三级及三级以下的公路铺筑表面处治或灌入式沥青路面，宜采用 T-5 级、T-6 级或 T-7 级；

C.与道路石油沥青、乳化沥青混合使用，以改善渗透性。

③道路用煤沥青严禁用于热拌热铺的沥青混合料，作其他用途时的储存温度宜为 70 ~ 90℃，且不得长时间储存。

2.粗集料

（1）沥青层用粗集料包括碎石、破碎砾石、筛选砾石、钢渣、矿渣等，但高速公路和一级公路不得使用筛选砾石和矿渣。粗集料必须由具有生产许可证的采石场生产或施工单位自行加工。

（2）粗集料应该洁净、干燥、表面粗糙。当单一规格集料的质量指标达不到表中要求，而按照集料配比计算的质量指标符合要求时，工程上允许使用。对受热易变质的集料，宜采用经拌和机烘干后的集料进行检验。

（3）粗集料的粒径规格应符合规范的规定。

（4）采石场在生产过程中必须彻底清除覆盖层及泥土夹层。生产碎石用的原石不得含有土块、杂物，集料成品不得堆放在泥土地上。

（5）除 SMA、OGFC 路面外，允许在硬质粗集料中掺加部分较小粒径的磨光值达不到要求的粗集料，其最大掺加比例由磨光值试验确定。

（6）当使用不符合要求的粗集料时，宜掺加消石灰、水泥或用饱和石灰水处理后使用，必要时可同时在沥青中掺加耐热、耐水、长期性能好的抗剥落剂，也可采用加入改性沥青的措施，使沥青混合料的水稳定性检验达到要求。掺加外加剂的剂量由沥青混合料的水稳定性检验确定。

（7）破碎砾石应采用粒径大于 50mm、含泥量不大于 1% 的砾石轧制，破碎砾石的破碎面应符合规范的要求。

（8）筛选砾石仅适用于三级及三级以下沥青表面处治路面。

（9）经过破碎且存放期超过 6 个月以上的钢渣可作为粗集料使用。除吸水率允许适当放宽外，各项质量指标应符合规范的要求。钢渣在使用前应进行活性检验，要求钢渣中的游离氧化钙含量不大于 3%，浸水膨胀率不大于 2%。

3. 细集料

（1）沥青路面的细集料包括天然砂、机制砂、石屑。细集料必须由具有生产许可证的采石场、采砂场生产。

（2）细集料应洁净、干燥、无风化、无杂质，并有适当的颗粒级配。细集料的洁净程度，天然砂以小于 0.075 mm：含量的百分数表示，石屑和机制砂以砂当量（适用于 0 ~ 4.75 mm）或亚甲蓝值（适用于 0 ~ 2.36 mm 或 0 ~ 0.15 mm）表示。

（3）天然砂可采用河砂或海砂，通常宜采用粗、中砂，其规格应符合规范的规定，砂的含泥量超过规定时应水洗后使用，海砂中的贝壳类材料必须筛除。开采天然砂必须取得当地政府主管部门的许可，并符合水利及环境保护的要求。热拌密级配沥青混合料中，天然砂的用量通常不宜超过集料总量的 20%，SMA 和 OGFC 混合料不宜使用天然砂。

（4）石屑是采石场破碎石料时通过 4.75mm 或 2.36mm 的筛下部分。采石场在生产石屑的过程中应具备抽吸设备，高速公路和一级公路的沥青混合料宜将 S14 与 S16 组合使用，S15 可在沥青稳定碎石基层或其他等级道路中使用。

（5）机制砂宜采用专用的制砂机制造，并选用优质石料生产，其级配应符合 S16 的要求。

4. 填料

（1）沥青混合料的矿粉必须采用石灰岩或火成岩中的强基性岩石等憎水性石料经磨细得到的矿粉，原石料中的泥土杂质应除净。矿粉应干燥、洁净，能自由地从矿粉仓流出。

（2）拌和机的粉尘可作为矿粉的一部分回收使用。但每盘用量不得超过填料总量的25%，掺有粉尘填料的塑性指数不得大于 4%。

（3）粉煤灰作为填料使用时，用量不得超过填料总量的 50%，粉煤灰的烧失量应小于 12%，与矿粉混合后的塑性指数应小于 4%，其余质量要求与矿粉相同。高速公路、一级公路的沥青面层不宜采用粉煤灰作填料。

5. 纤维稳定剂

（1）纤维应在 250℃ 的干拌温度下不变质、不发脆，使用纤维必须符合环保要求，不危害身体健康。纤维必须在混合料拌和过程中能充分分散均匀。

（2）矿物纤维宜采用玄武岩等矿石制造，易影响环境及造成人体伤害的石棉纤维不宜直接使用。

（3）纤维应存放在室内或有棚盖的地方，松散纤维在运输及使用过程中应避免受潮不结团。

（4）纤维稳定剂的掺加比例以沥青混合料总量的质量百分率计算，通常情况下用于 SMA 路面的木质素纤维不宜低于 0.3%，矿物纤维不宜低于 0.4%，必要时可适当增加纤维用量。纤维掺加量的允许误差宜不超过 ±5%。

三、实验检测方法

（一）含水量试验方法（烘干法）

本方法适用于测定水泥、石灰、粉煤灰及无机结合料稳定材料的含水量。

1. 仪器设备

（1）水泥、粉煤灰、生石灰粉、消石灰和消石灰粉、稳定细粒土

烘箱：量程不小于 110℃，控温精度为 ±12℃。铝盒：直径约 50，高 25 ～ 30 mm。电子天平：量程不小于 150 g，感量 0.01 g。干燥器：直径 200 ～ 250 mm，并用硅胶做干燥剂。

（2）稳定中粒土

烘箱：同前。铝盒：能放样品 500g 以上。电子天平：量程不小于 1000 g，感量 0.1 g。干燥器：同前。

（3）稳定粗粒土

烘箱：同前。大铝盒：能放样品 2000g 以上。电子天平：量程不小于 3000 g，感量 0.1g。干燥器：同前。

2. 试验步骤

（1）水泥、粉煤灰、生石灰粉、消石灰和消石灰粉、稳定细粒土

①取清洁干燥的铝盒，称其质量 m，并精确至 0.01 g；取约 50g 试样（生石灰粉、消石灰和消石灰粉取 100 g），经手工木槌粉碎后松放在铝盒中，应尽快盖上盒盖，尽量避免水分散失，称其质量 m1，并精确至 0.01 g。

②对于水泥稳定材料，将烘箱温度调到 110℃；对于其他材料，将烘箱调到 105℃。待烘箱达到设定的温度后，取下盒盖，并将盛有试样的铝盒放在盒盖上，然后一起放入烘箱中进行烘干，需要的烘干时间随试样种类和试样数量不同而改变。当冷却试样连续两次称量的差（每次间隔 4h）不超过原试样质量的 0.1% 时，即认为样品已烘干。

③烘干后，从烘箱中取出盛有试样的铝盒，并将盒盖盖紧。

④将盛有烘干试样的铝盒放入干燥器内冷却，然后称铝盒和烘干试样的质量 m，并精确至 0.01 g。

（2）稳定中粒土

①取清洁干燥的铝盒，称其质量 m，并精确至 0.1 g，取 500g 试样（至少 300 g）经粉碎后松放在铝盒中，盖上盒盖，称其质量 m，并精确至 0.1 g。

②对于水泥稳定材料，将烘箱温度调到 110℃；对于其他材料，将烘箱调到 105℃，待烘箱达到设定的温度后，取下盒盖，并将盛有试样的铝盒放在盒盖上，然后一起放入烘箱中进行烘干，需要的烘干时间随土类和试样数量不同而改变。当冷却试样连续两次称量的差（每次间隔 4h）不超过原试样质量的 0.1% 时，即认为样品已烘干。

③烘干后，从烘箱中取出盛有试样的铝盒，并将盒盖盖紧，放置冷却。称铝盒和烘干试样的质量 m^2，并精确至 0.1 g。

（3）稳定粗粒土

①取清洁干燥的铝盒，称其质量 m，并精确至 0.1 g，取 2000 g 试样经粉碎后松放在铝盒中，盖上盒盖，称其质量 m，并精确至 0.1 g。

②对于水泥稳定材料，将烘箱温度调到 110℃；对于其他材料，将烘箱调到 105℃。待烘箱达到设定的温度后，取下盒盖，并将盛有试样的铝盒放在盒盖上，然后一起放入烘箱中进行烘干，需要的烘干时间随土类和试样数量不同而改变。当冷却试样连续两次称量的差（每次间隔 4 h）不超过原试样质量的 0.1% 时，即认为样品已烘干。

③烘干后，从烘箱中取出盛有试样的铝盒，并将盒盖盖紧，放置冷却。称铝盒和烘干试样的质量 m^3，并精确至 0.1 g。

（二）水泥或石灰稳定材料中水泥或石灰剂量测定方法（EDTA 滴定法）

本方法适用于在工地快速测定水泥和石灰稳定材料中水泥和石灰的剂量，并可用于检查现场拌和和摊铺的均匀性。也用于在水泥终凝之前的水泥含量测定，现场土样的石灰剂量应在路拌后尽快测试，否则需要用相应龄期的 EDTA 二钠标准溶液消耗量的标准曲线确定。也可以用来测定水泥和石灰综合稳定材料中结合料的剂量。

1. 仪器设备

滴定管（酸式）50 mL，1 支；滴定台 1 个；滴定管夹 1 个；大肚移液管 10 mL、50 mL，10 支；锥形瓶（即三角瓶）200 mL，20 个；烧杯 1000 mL，1 只，300 mL，10 只；容量瓶 1000 mL，1 个；搪瓷杯容量大于 1200 mL，10 只；不锈钢棒（或粗玻璃棒）

10 根；量筒 100mL 和 5 mL 的各 1 只，50 ml 的 2 只；棕色广口瓶 60 mL，1 只（装钙红指示剂）；电子天平量程不小于 1500 g，感量 0.01 g；秒表 1 只；表面皿 φ9 cm，10 个；研钵 φ12 ~ 13 cm，1 个；洗耳球 1 个；精密试纸，pH12 ~ 14；聚乙烯桶 20 L[装蒸馏水和氯化铵及乙二胺四乙酸二钠（EDTA 二钠）标准溶液（简称 EDTA 二钠标准溶液）]，3 个，5 L（装氢氧化钠），1 个，5 L（大口桶），10 个；毛刷、去污粉、吸水管、塑料勺、特种铅笔、厘米纸；洗瓶（塑料）500 mL，1 只。

2. 试剂

0.1 mol/ 平方米时 EDTA 二钠标准溶液：准确称取 EDTA 二钠（分析纯）37.23 g，用 40 ~ 50℃的无二氧化碳蒸馏水溶解，待全部溶解并冷却至室温后，定容至 1000mL。10% 氯化铵（NH4CI）溶液：将 500 g 氯化铵（分析纯或化学纯）放在 10 L 的聚乙烯桶内，加蒸馏水 4500 mL，充分振荡，使氯化铵完全溶解。也可以分批在 1000 mL 的烧杯内配制，然后倒入塑料桶内摇匀。

1.8% 氢氧化钠（内含三乙醇胺）溶液：用电子天平称 18 g 氢氧化钠（NaOH，分析纯），放入洁净干燥的 1000mL 烧杯中，加 1000mL 蒸馏水使其全部溶解，待溶液冷却至室温后，加入 2mL 三乙醇胺（分析纯），搅拌均匀后储于塑料桶中。

钙红指示剂：将 0.2 g 钙试剂羧酸钠（分子式 $C_{21}H_{13}N_2O_7S$，分子量 460.39）与 20g 预先在 105℃烘箱中烘 1h 的硫酸钾混合，一起放入研钵中，研成极细粉末，储于棕色广口瓶中，以防吸潮。

3. 准备标准曲线

取工地用石灰和土，风干后用烘干法测其含水量（如为水泥，可假定含水量为 0）。

（1）混合料组成的计算：

干料质量＝湿料质量 /（1+ 含水量）。

（2）计算步骤：

①干混合料质量＝湿混合料质量 /（1+ 最佳含水量）。

②干土质量＝干混合料质量 /（1+ 石灰或水泥剂量）。

③干石灰或水泥质量—干混合料质量—干土质量。

④湿土质量＝干土质量 ×（1+ 土的风干含水量）。

⑤湿石灰质量＝干石灰质量 ×（1+ 石灰的风干含水量）。

⑥石灰土中应加入的水＝湿混合料质量—湿土质量—湿石灰质量。

（3）准备 5 种试样，每种两个样品（以水泥稳定材料为例），如为水泥稳定中、粗粒土，每个样品取 1000 g 左右（如为细粒土，则可称取 300 g 左右）准备试验。为了减少中、粗粒土的离散，宜按设计级配单份掺配的方式备料。

5 种混合料的水泥剂量应为：水泥剂量为 0，最佳水泥剂量、最佳水泥剂量 ±2% 和 +4%，每种剂量取 2 个试样，共 10 个试样，并分别放在 10 个大口聚乙烯桶（如为稳定细粒土，可用搪瓷杯或 1000 mL 具塞三角瓶；如为粗粒土，可用 5 L 的大口聚乙烯桶）内。土的含水量应等于工地预期达到的最佳含水量，土中所加的水应与工地所用的水相同。

（4）取一个盛有试样的盛样器，在盛样器内加入 2 倍试样质量（湿料质量）体积的 10% 氯化铵溶液（如湿料质量为 300 g，则氯化铵溶液为 600 mL；如湿料质量为 1 000 g，则氯化铵溶液为 2000 mL）。料为 300 g，则搅拌 3 min（每分钟搅 110 ~ 120 次）；料为 1000g，则搅拌 5 min。如用 1000 mL 具塞三角瓶，则手握三角瓶（瓶口向上）用力振荡 3 min，每分钟 120 次 ±15 次，以代替搅拌棒搅拌。放置沉淀 10 min，然后将上部清液转移到 300 mL 烧杯内，搅匀，加盖表面血待测。

（5）用移液管吸取上层（液面上 1 ~ 2 cm）悬浮液 10.0 mL 放入 200 mL 的三角瓶内，用量管量取 1.8% 氢氧化钠（内含三乙醇胺）溶液 50 mL 倒入三角瓶中，此时溶液 pH 值为 12.5 ~ 13.0（可用 pH12 ~ 14 精密试纸检验），然后加入钙红指示剂（质量约为 0.2g），摇匀，溶液呈玫瑰红色。记录滴定管中 EDTA 二钠标准溶液的体积 V_1，然后用 EDTA 二钠标准溶液滴定，边滴定边摇匀，并仔细观察溶液的颜色；在溶液颜色变为紫色时，放慢滴定速度，并摇匀；直到纯蓝色为终点，记录滴定管中 EDTA 二钠标准溶液体积 V_2（以 mL 计，读至 0.1mL）。计算 V1-V2，即为 EDTA 二钠标准溶液的消耗量。

（6）对其他几个盛样器中的试样，用同样的方法进行试验，并记录各自的 EDTA 二钠标准溶液的消耗量。

（7）以同一水泥或石灰剂量稳定材料 EDTA 二钠标准溶液消耗量（mL）的平均值为纵坐标，以水泥或石灰剂量（%）为横坐标制图。两者的关系应是一根顺滑的曲线如素土、水泥或石灰改变，必须重做标准曲线。

4. 试验步骤

（1）选取有代表性的无机结合料稳定材料，对稳定中、粗粒土取试样约 3000 g，对稳定细粒土取试样约 1 000 g。

（2）对水泥或石灰稳定细粒土，称 300 g 放在搪瓷杯中，用搅拌棒将结块搅散，加 10% 氯化铵溶液 600 mL；对水泥或石灰稳定中、粗粒土，可直接称取 1 000 g 左右，放入 10% 氯化铵溶液 2000mL，然后如前述步骤进行试验。

（3）利用所绘制的标准曲线，根据 EDTA 二钠标准溶液消耗量，确定混合料中的水泥或石灰剂量。

本试验应进行两次平行测定，取算术平均值，精确至 0.1 mL。允许重复性误差不得大于均值的 5%，否则，应重新进行试验。

（三）石灰有效氧化钙和氧化镁简易测定方法

本方法适用于氧化镁含量在 5% 以下的低镁石灰。

1. 仪器设备

（1）方孔筛：0.15 mm，1个。

（2）烘箱：50 ~ 250℃，1台。

（3）干燥器：ϕ25 cm，1个。

（4）称量瓶：ϕ30 mm × 50 mm，10个。

（5）瓷研钵：ϕ12 ~ 13 cm，1个。

（6）分析天平：量程不小于50 g，感量0.0001 g，1台。

（7）电子天平：量程不小于500 g，感量0.01 g，1台。

（8）电炉：1500 W，1个。

（9）石棉网：20 cm × 20 cm，1块。

（10）玻璃珠：ϕ3 mm，1袋（0.25 kg）。

（11）具塞三角瓶：250 mL，20个。

（12）漏斗：短颈，3个。

（13）塑料洗瓶：1个。

（14）塑料桶：20 L，1个。

（15）下口蒸馏水瓶：5000 mL，1个。

（16）三角瓶：300 mL，10个。

（17）容量瓶：250 mL、1000 mL，各1个。

（18）量筒：5 mL、50 mL、200 mL、100 mL，各1个。

（19）试剂瓶：250 mL，1000 mL，各5个。

（20）塑料试剂瓶：1 L，1个。

（21）烧杯：50 mL，5个，250 mL（或300 mL），10个。

（22）棕色广口瓶：60 mL，4个，250 mL，5个。

（23）滴瓶：60 mL，3个。

（24）酸滴定管：50 mL，2支。

（25）滴定台及滴定管夹：各1套。

（26）大肚移液管：25 mL、50 mL，各1支。

（27）表面皿：7 cm，10块。

（28）玻璃棒：8 mm × 250 mm，4 mm × 180 mm，各10支。

（29）其他：试剂勺，5个，吸水管8 mm × 150 mm，5支，洗耳球，大、小各1个。

2. 试剂

1 mol/L 盐酸标准溶液：取83 mL（相对密度1.19）浓盐酸以蒸馏水稀释至1 000 mL，按下述方法标定其摩尔浓度后备用。

称取已在180℃烘箱内烘干2 h的碳酸钠（优级纯或基准级纯）1.5 ~ 2.0 g（精确至

0.0001 g），记为 mo，置于 250 mL 三角瓶中，加 100 mL 水使其完全溶解；然后加入 2 ~ 3 滴 0.1% 甲基橙指示剂，记录滴定管中待标定的盐酸标准溶液初始体积 V_1，用待标定的盐酸标准溶液滴定，至碳酸钠溶液由黄色变为橙红色；将溶液加热至微沸，并保持微沸 3min，然后放在冷水中冷却至室温，如此时橙红色变为黄色，再用盐酸标准溶液滴定，至溶液出现稳定橙红色时为止，记录滴定管中盐酸标准溶液体积 V_2。V_1、V_2 的差值即为盐酸标准溶液的消耗量 V。

盐酸标准溶液的摩尔浓度按下式计算。

$$N = m_0 / (V \times 0.053)$$

式中

N——盐酸标准溶液的摩尔浓度，mol/L；

m_0——称取碳酸钠的质量，g；

V——滴定时消耗盐酸标准溶液的体积，mL；

0.053——与 1.00mL 盐酸标准溶液 [C（HCI）=1.000mol/L] 相当的以克表示的无水碳酸钠的质量。

3. 准备试样

（1）生石灰试样：将生石灰样品打碎，使颗粒不大于 1.18 mm。拌和均匀后用四分法缩减至 200g 左右，放入瓷研钵中研细，再经四分法缩减至 20g。研磨所得石灰样品，应通过 0.15 mm（方孔筛）的筛。从此细样中均匀挑取 10 余克，置于称量瓶中在 105℃ 烘箱烘至恒量，储于干燥器中，供试验用。

（2）消石灰试样：将消石灰样品用四分法缩减至 10 余克。如有大颗粒存在，须在瓷研钵中磨细至无不均匀颗粒存在为止。置于称量瓶中在 105℃ 烘箱烘至恒量，储于干燥器中，供试验用。

4. 试验步骤

（1）迅速称取石灰试样 0.8 ~ 1.0g（精确至 0.0001 g）放入 300 mL 三角瓶中，记录试样质量 m。加入 150mL 新煮沸并已冷却的蒸馏水和 10 颗玻璃珠。瓶口上插一短颈漏斗，使用带电阻的电炉加热 5min（调到最高挡），但勿使液体沸腾，放入冷水中迅速冷却。

（2）向三角瓶中滴入酚酞指示剂 2 滴，记录滴定管中盐酸标准溶液体积 V_3，在不断摇动下以盐酸标准溶液滴定，控制速度为 2 ~ 3 滴 /s，至粉红色完全消失，稍停，又出现红色，继续滴入盐酸，如此重复几次，直至 5min 内不出现红色为止，记录滴定管中盐酸标准溶液体积 V_4，V_3、V_4 的差值即为盐酸标准溶液的消耗量 V_5。如滴定过程持续半小时以上，则结果只能做参考。

5. 计算

有效氧化钙和氧化镁含量按下式计算：

$X=V_5 \times N \times 0.028/m \times 100\%$

式中

X——有效氧化钙和氧化镁的含量，%；

V_5——滴定消耗盐酸标准溶液的体积，mL；

N——盐酸标准溶液的摩尔浓度，mol/L；

m——样品质量，g；

0.028—氧化钙的毫克当量，因氧化镁含量甚少，并且两者之毫克当量相差不大，故有效氧化钙和氧化镁的毫克当量都以氧化钙的毫克当量计算。

结果读数精确至 0.1mL，对同一石灰样品至少应做两个试样和进行两次测定，并取两次测定结果的平均值代表最终结果。

（四）粉煤灰细度试验方法

本方法适用于粉煤灰细度的检验。本方法利用气流作为筛分的动力和介质，通过旋转的喷嘴喷出的气流作用使筛网里的待测粉状物料呈流态化，并在整个系统负压的作用下，将细颗粒通过筛网抽走，从而达到筛分的目的。

1. 仪器设备

负压筛析仪：主要由 0.075mm 方孔筛、0.3mm 方孔筛、筛座、真空源和收尘器等组成。电子天平：量程不小于 50g，感量 0.01 g。

2. 试验步骤

（1）将测试用粉煤灰样品置于 105 ～ 110℃烘箱内烘干至恒量，取出放在干燥器中冷却至室温。

（2）称取试样约 10 g，精确至 0.01 g，记录试样质量 m，倒在 0.075 mm 方孔筛网上，将筛子置于筛座上，盖上筛盖。

（3）接通电源，将定时开关固定在 3min，开始筛析。

（4）开始工作后，观察负压表，使负压稳定在 4000 ～ 6000 Pa。若负压小于4000 Pa，则应停机，清理收尘器中的积灰后再进行筛析。

（5）在筛析过程中，可用轻质木棒或硬橡胶棒轻轻敲打筛盖，以防吸附。

（6）3min 后筛析自动停止，停机后观察筛余物，如出现颗粒成球、黏筛或有细顺粒沉积在筛框边缘，用毛刷将细颗粒轻轻刷开，将定时开关固定在手动位置，再筛析 1 ～ 3min直至筛分彻底为止。收集筛网内的筛余物并称量，精确至 0.01g，记录筛余物质量 m1。

（7）称取试样约 100 g，准确至 0.01 g，记录试样质量 m，倒入 0.3 mm 方孔筛网上，使粉煤灰在筛面上同时有水平方向及上下方向的不停顿的运动，使小于筛孔的粉煤灰通过筛孔，直至 1min 内通过筛孔的质量小于筛上残余量的 0.1% 为止。记录筛子上面粉煤灰的质量为 m。

（五）无机结合料稳定材料无侧限抗压强度试验方法

本方法适用于测定无机结合料稳定材料（包括稳定细粒土、中粒土和粗粒土）试件的无侧限抗压强度。

1. 仪器设备

标准养护室。水槽：深度应大于试件高度50mm。压力机或万能试验机（也可用路面强度试验仪和测力计）：压力机应符合现行《液压式万能试验机》（GB/T3159）及《试验机通用技术要求》（GB/T 2611）中的要求，其测量精度为 ±1%，同时应具有加载速率指示装置或加载速率控制装置，上下压板平整并有足够刚度，可以均匀地连续加载卸载，可以保持固定荷载，开机停机均灵活自如，能够满足试件吨位要求，且压力机加载速率可以有效控制在1 mm/min。电子天平：量程15 kg，感量0.1 g；量程4000g，感量0.01g。量筒、拌和工具、大小铝盒、烘箱等。球形支座。机油：若干。

2. 试件制备和养护

细粒土，试模的直径 × 高 =50 mm × 50 mm；中粒土，试模的直径 × 高 =100 mm × 100mm；粗粒土，试模的直径 × 高 =150 mm × 150 mm。

成型径高比为1 ：1的圆柱形试件，采用标准养生方法进行7 d的标准养生，将试件两顶面用刮刀刮平，必要时可用快凝水泥砂浆抹平试件顶面。

为保证试验结果的可靠性和准确性，每组试件的数目要求为：小试件不少于6个；中试件不少于9个；大试件不少于13个。

3. 试验步骤

（1）根据试验材料的类型和一般的工程经验，选择合适量程的测力计和压力机，试件破坏荷载应大于测力量程的20%且小于测力量程的80%。球形支座和上下顶板涂上机油，使球形支座能够灵活转动。

（2）将已浸水一昼夜的试件从水中取出，用软布吸去试件表面的水分，并称试件的质量 ms。

（3）用游标卡尺测量试件的高度 h，精确至0.1 mm。

（4）将试件放在路面材料强度试验仪或压力机上，并在升降台上先放一扁球座，进行抗压试验。试验过程中，应保持加载速率为1 mm/min。记录试件破坏时的最大压力P(N)。

（5）从试件内部取有代表性的样品（经过打破），按照《公路工程无机结合料稳定材料试验规程》（JTG E51-2009）中 T0801-2009方法，测定其含水量。

（六）沥青针入度试验

本方法适用于测定道路石油沥青、聚合物改性沥青针入度以及液体石油沥青蒸馏或乳化沥青蒸发后残留物的针入度，以0.1 mm 计。其标准试验条件为25℃，荷重100 g，贯入，时间 5s。

针入度指数 PI 用以描述沥青的温度敏感性，宜在 15℃、25℃、30℃等 3 个或 3 个以上温度条件下测定针入度后按规定方法计算得到，若 30℃时的针入度值过大，可采用 5℃代替。当量软化点 T800 是相当于沥青针入度为 8000 时的温度，用以评价沥青的高温稳定性。当量脆点 T1.2 是相当于沥青针入度为 1.2 时的温度，用以评价沥青的低温抗裂性能。

1. 仪具与材料技术要求

（1）针入度仪：为提高测试精度，针入度试验宜采用能够自动计时的针入度仪进行测定，要求针和针连杆必须在无明显摩擦下垂直运动，针地灌入深度必须准确至 0.1 mm。针和针连杆组合件总质量为 50g ± 0.05g，另附 50g ± 0.05g 砝码一只，试验时总质量为 100g ± 0.05 仪器应有放置平底玻璃保温皿的平台，并有调节水平的装置，针连杆应与平台相垂直。应有针连杆制动按钮，使针连杆可自由下落。针连杆应易于装拆，以便检查其质量。仪器还设有可自由转动与调节距离的悬臂，其端部有一面小镜或聚光灯泡，借以观察针尖与试样表面接触情况，且应对自动装置的准确性经常校验。当采用其他试验条件时，应在试验结果中注明。

（2）标准针：由硬化回火的不锈钢制成，洛氏硬度 HRC54 ~ 60，表面粗糙度 Ra0.2 ~ 0.3μm，针及针杆总质量 2.5g ± 0.05g，针杆上应打印有号码标志。针应设有固定用装置盒（筒），以免碰撞针尖，每根针必须附有计量部门的检验单，并定期进行检验。

（3）盛样皿：金属制，圆柱形平底。小盛样皿的内径 55mm，深 35mm（适用于针入度小于 200 的试样）；大盛样皿内径 70 mm，深 45 mm（适用于针入度为 200 ~ 350 的试样）；对针入度大于 350 的试样需使用特殊盛样 m，其深度不小于 60mm，试样体积不小于 125mL。

（4）恒温水槽：容量不小于 10 L，控温的准确度为 0.1℃水槽中应设有一带孔的搁架，位于水面下不少于 100 mm，距水槽底不少于 50 mm 处。

（5）平底玻璃 m：容量不小于 1 L，深度不小于 80 mm。内设有一不锈钢三脚支架，能使盛样皿稳定。

（6）温度计或温度传感器：精度为 0.1℃。

（7）计时器：精度为 0.1 s。

（8）位移计或位移传感器：精度为 0.1 mm。

（9）盛样皿盖：平板玻璃，直径不小于盛样皿开口尺寸。

（10）溶剂：三氯乙烯等。

（11）电炉或沙浴、石棉网、金属锅或瓷把坩埚等。

2. 方法与步骤

（1）准备工作

①按规程 JTGE20-2011 中 T0602 的方法准备试样。

②按试验要求将恒温水槽调节到要求的试验温度 25℃，或 15℃、30℃（5℃），保持稳定。

③将试样注入盛样皿中，试样高度应超过预计针入度值 10mm，并盖上盛样皿，以防落入灰尘。盛有试样的盛样皿在 15 ～ 30℃室温中冷却不少于 1.5 h（小盛样皿）、2 h（大盛样皿）或 3h（特殊盛样皿）后，应移入保持规定试验温度 ±0.1℃的恒温水槽中，并应保温不少于 1.5h（小盛样皿）、2h（大试样皿）或 2.5h（特殊盛样皿）。

④调整针入度仪使之水平。检查针连杆和导轨，以确认无水和其他外来物，无明显摩擦，用三氯乙烯或其他溶剂清洗标准针并擦干。将标准针插入针连杆，用螺钉固紧。按试验条件加上附加砝码。

（2）试验步骤

①取出达到恒温的盛样皿，并移入水温控制在试验温度 ±0.1℃（可用恒温水槽中的水）的平底玻璃皿中的三脚支架上，试样表面以上的水层深度不小于 10mm。

②将盛有试样的平底玻璃皿置于针入度仪的平台上。慢慢放下针连杆，用适当位置的反光镜或灯光反射观察，使针尖恰好与试样表面接触，将位移计或刻度盘指针复位为零。

③开始试验，按下释放键，这时计时，与标准针落下贯入试样同时开始，至 5s 时自动停止。

④读取位移计或刻度盘指针的读数，准确至 0.1 mm。

⑤同一试样平行试验至少 3 次，各测试点之间及与盛样皿边缘的距离不应小于 10mm。每次试验后应将盛有盛样皿的平底玻璃皿放入恒温水槽，使平底玻璃皿中水温保持试验温度。每次试验应换一根干净标准针或将标准针取下用蘸有三氯乙烯溶剂的棉花或布擦净，再用干棉花或布擦干。

⑥测定针入度大于 200 的沥青试样时，至少用 3 支标准针，每次试验后将针留在试样中，直至 3 次平行试验完成后，才能将标准针取出。

⑦测定针入度指数 PI 时，按同样的方法在 15℃、25℃、30℃（或 5℃）3 个或 3 个以上（必要时增加 10℃、20℃等）温度条件下分别测定沥青的针入度，但用于仲裁试验的温度条件应为 5 个。

（七）沥青延度试验

本方法适用于测定道路石油沥青、聚合物改性沥青、液体石油沥青蒸馏残留物和乳化沥青蒸发残留物等材料的延度。

沥青延度的试验温度与拉伸速率可根据要求采用，通常采用的试验温度为 25℃、15℃、10℃ 或 5℃，拉伸速度为 5 cm/min ± 0.25 cm/min，当低温采用 1 cm/min ± 0.5cm/min 拉伸速度时，应在报告中注明。

1. 仪具与材料技术要求

（1）延度仪：延度仪的测量长度不宜大于 150 cm，仪器应有自动控温、控速系统。

应满足试件浸没于水中，能保持规定的试验温度及规定的拉伸速度拉伸试件，且试验时应无明显振动。

（2）试模：黄铜制，由两个端模和两个侧模组成，试模内侧表面粗糙度 Ra0.2μm。

（3）试模底板：玻璃板或磨光的铜板、不锈钢板（表面粗糙度 Ra0.2μm）。

（4）恒温水槽：容量不小于 10 L，控制温度的准确度为 0.1℃。水槽中应设有带孔搁架，搁架距水槽底不得小于 50 mm，试件浸入水中深度不小于 100 mm。

（5）温度计：量程 0 ~ 50℃，分度值 0.1℃。

（6）沙浴或其他加热炉具。

（7）甘油滑石粉隔离剂（甘油与滑石粉的质量比 2：1）。

（8）其他：平刮刀、石棉网、酒精、食盐等。

2. 方法与步骤

（1）准备工作

①将隔离剂拌和均匀，涂于清洁干燥的试模底板和两个侧模的内侧表面，并将试模在试模底板上装妥。

②按《公路工程沥青及沥青混合料试验规程》（JTGE20-2011）T0602 规定的方法准备试样，然后将试样仔细自试模的一端至另一端往返数次缓缓注入模中，最后略高出试模。灌模时不得使气泡混入。

③试件在室温中冷却不少于 1.5h，然后用热刮刀刮除高出试模的沥青，使沥青面与试模面齐平。沥青的刮法应自试模的中间刮向两端，且表面应刮得平滑。将试模连同底板再放入规定试验温度的水槽中保温 1.5 h。

④检查延度仪延伸速度是否符合规定要求，然后移动滑板使其指针正对标尺的零点。将延度仪注水，并保温达到试验温度 ±0.1℃。

（2）试验步骤

①将保温后的试件连同底板移入延度仪的水槽中，然后将盛有试样的试模自玻璃板或不锈钢板上取下，将试模两端的孔分别套在滑板及槽端固定板的金属柱上，并取下侧模。水面距试件表面应不小于 25 mm。

②开动延度仪，并注意观察试样的延伸情况。此时应注意，在试验过程中，水温应始终保持在试验温度规定范围内，且仪器不得有振动，水面不得有晃动，当水槽采用循环水时，应暂时中断循环，停止水流。在试验中，当发现沥青细丝浮于水面或沉入槽底时，应在水中加入酒精或食盐，调整水的密度至与试样相近后，重新试验。

③试件拉断时，读取指针所指标尺上的读数，以 cm 计。在正常情况下，试件延伸时应成锥尖状，拉断时实际断面接近于零。如不能得到这种结果，则应在报告中注明。

3. 报告

同一样品，每次平行试验不少于 3 个。如 3 个测定结果均大于 100 cm，试验结果记作"＞

100 cm"；特殊需要也可分别记录实测值。3 个测定结果中，当有 1 个以上的测定值小于 100 cm 时，若最大值或最小值与平均值之差满足重复性试验要求，则取 3 个测定结果的平均值的整数作为延度试验结果，若平均值大于 100cm，记作"＞100cm"；若最大值或最小值与平均值之差不符合重复性试验要求时，试验应重新进行。

当试验结果小于 100cm 时，重复性试验的允许误差为平均值的 20%，再现性试验的允许误差为平均值的 30%。

第三节　路基路面现场检测

一、基本要求

路基路面现场检测是指路基路面的原位测试，为在施工过程中进行质量管理与检查，施工竣交工验收以及道路使用期的路况评定提供可靠数据。

（一）路基路面现场测试随机选点方法

1. 目的与适用范围

随机取样选点是按照数理统计原理，在路基路面现场测定时决定测定区间、测定断面、测点位置的方法。本方法适用于公路路基路面各个层次及各种现场测定时，为采取代表性试验数据而决定测定区间、测定断面、测定位置时使用。

2. 仪具及材料

随机选点法需要的材料有：量尺（钢尺、皮尺等）、硬纸片（编号从 1 ~ 28 共 28 张，每块大小为 2.5 cm × 2.5 cm 并编号放入布袋里）、骰子 2 个、毛刷、粉笔等。

（二）现场检测取样方法

1. 目的和适用范围

本方法适用于路面取芯钻机或路面切割机在现场钻取或切割路面的代表性试样。本方法适用于对水泥混凝土面层、沥青混合料面层或水泥、石灰、粉煤灰等无机结合料稳定基层取样，以测定其密度或其他物理力学性质。本方法钻孔采取芯样的直径不宜小于最大集料粒径的 3 倍。

2. 仪具与材料

（1）路面取芯钻机：牵引式（可用手推）或车载式，钻机由发动机或电力驱动。钻头直径根据需要决定，选用直径 φ100mm 或 φ150mm 钻头，均有淋水冷却装置。

（2）路面切制机：手推式或牵引式，由发动机或电力驱动，也可利用汽车动力由液压泵驱动，附金刚石锯片，有淋水冷却装置。

（3）台秤。

（4）盛样器（袋）或铁盘等。

（5）干冰（固体 CO_2）。

（6）其他：试样标签、镐、铁锹、量尺（绳）、毛刷、硬纸、棉纱等。

3.方法与步骤

（1）准备工作

①确定路段。可以是一个作业段，一天完成的路段，或按相关规范的规定选取一定长度的检查路段。

②按《公路路基路面现场测试规程》（JTGE60-2008）的方法确定取样的位置。

③将取样位置清扫干净。

（2）采样步骤

①在选取采样地点的路面上，先用粉笔对钻孔位置做出标记或画出切割路面的大致面积，切制路面的面积根据目的和需要确定。

②用钻机在取样地点垂直对准路面放下钻头，牢固安放钻机，使其在运转过程中不得移动。

③开放冷却水，启动电动机，徐徐压下钻杆，钻取芯样，但不得使劲下压钻头。待钻透全厚后，上抬钻杆，拔出钻头，停止转动，不使芯样损坏，取出芯样。沥青混合料芯样及水泥混凝土芯样可用清水漂洗干净备用。由于试验需要不能用水冷却时，应采用干钻孔，此时为保护钻头，可先用干冰约 3 kg 放在取样位置上，冷却路面约 1 h，钻孔时通以低温 CO_2 等冷却气体以代替冷却水。

④有切割机切割时，将锯片对准切割位置，开放冷却水，启动电动机，徐徐压下锯片到要求深度（厚度），仔细向前推进，到需要长度后抬起锯片，四面全部锯毕后，用镐或铁锹仔细取出试样。取得的路面试样块应保持边角完整，颗粒不得散失。

⑤路面混合料试样应整层取样，试样不得破碎。

⑥将钻取的芯样或切割的试块，妥善盛放于盛样器中，必要时用塑料袋封装。

⑦填写样品标签，一式两份，一份粘贴在试样上，另一份作为记录备查。

⑧对取样的钻孔或被切割的路面坑洞，应采用同类型材料填补压实，但取样时留下的水分应用棉纱等吸走，待干燥后再补坑。

二、检测项目

路基现场检测项目：

路基现场检测项目主要如表4-5所列。

表4-5　路基现场检测项目

实验项目		实验目的	实验仪器和方法
压实度 /%	填前基底	每1000m至少取2个点，土样变化时，增加点数	密度法、核子法、无核法
	各填筑层	每1000m²，至少检测2点，不是1000m²至少检测2点	密度法、核子法、无核法
	路床顶层	每双车道每200m测4处	密度法
松铺土原始含水量		每个作业段每层至少3个断面9个点	酒精燃烧法、炒干法、微波炉法
松铺土层厚度		每200m检测4处	直尺、钢钎
分层压实厚度		每200m检测4处	挖验、水准仪测量、估算

路基现场检测项目主要如表4-6所列。

表4-6　路面现场检测项

试验项目		检测频率	实验仪器和方法
平整度		平整度仪；全线每车道连续按每100m计算IRI或σ；3m直尺；每200m测2处×10尺	平整度仪或3m直尺
压实度		每200m测一处	灌砂法
弯沉值 /0.01mm		每一双车道评定路段（不超过1km）检查80～100个点，多车道公路必须按车道数与双车道之比，相应增加测点	贝克曼梁、自动弯沉仪或落锤弯沉仪
渗水系数		每200m测一处	渗水试验仪
抗滑	摩擦因数	全线连续检测	横向力系数测定车
	构造深度	每200m测一处	摆试仪
厚度		双车道每200m测一处	挖验或钻取芯样
中线平面偏位		每200m测4点	经纬仪
纵断高程		每200m测4断面	水准仪
宽度		每200m测4断面	尺量
横坡		每200m检测4处	水准仪

三、检测方法

（一）路基路面几何尺寸

1. 目的与适用范围

本方法适用于路基路面各部分的宽度、纵断面高程、横坡及中线偏位等几何尺寸的检测，以供道路施工过程、路面交竣工验收及旧路调查使用。

2. 仪具与材料技术要求

（1）长度量具：钢卷尺；

（2）经纬仪、精密水准仪、塔尺或全站仪；

（3）其他：粉笔等。

3. 方法与步骤

（1）准备工作

①在路基或路面上准确恢复桩号。

②根据有关施工规范或《公路工程质量检验评定标准第一册土建工程》（JTGF80/1-2004）的要求，按该标准的方法，在一个检测路段内选取测定的断面位置及里程桩号，在测定断面做上标记。通常将路面宽度、横坡、高程及中线平面偏位选取在同一断面位置，且宜在整数桩号上测定。

③根据道路设计的要求，确定路基路面各部分的设计宽度的边界位置，在测定位置上用粉笔做上记号。

④根据道路设计的要求，确定设计高程的纵断面位置。在测定位置上用粉笔做上记号。

⑤根据道路设计的要求，在与中线垂直的横断面上确定成型后路面的实际中心线位置。

⑥根据道路设计的路拱形状，确定曲线与直线部分的交界位置及路面与路肩（或硬路肩）的交界处，作为横坡检验的基准；当有路缘石或中央分隔带时，以两侧路缘石边缘为横坡测定的基准点，用粉笔做上记号。

（2）路基路面各部分的宽度及总宽度测试步骤

用钢尺沿中心线垂直方向水平量取路基路面各部分的宽度，以 m 表示，对高速公路及一级公路，准确至 0.005 m；对其他等级公路，准确至 0.01 m。测量时钢尺应保持水平，不得将尺紧贴路面量取，也不得使用皮尺。

（3）纵断面高程测试步骤

将精密水平仪架设在路面平顺处调平，将塔尺竖立在中线的测定位置上，以路线附近的水准点高程作为基准。测记测定点的高程读数，以 m 表示，准确至 0.001 m。连续测定全部测点，并与水准点闭合。

（4）路面横坡测试步骤

①设有中央分隔带的路面：将精密水准仪架设在路面平顺处调平，将塔尺分别竖立在路面与中央分隔带分界的路缘带边缘 d_1 处及路面与路肩交界位置（或外侧路缘石边缘）d_2 处，d_1 与 d_2 两测点必须在同一横断面上，测量 d_1 与 d_2 处的高程，记录高程读数，以 m 表示，准确至 0.001 m。

②无中央分隔带的路面：将精密水准仪架设在路面平顺处调平，将塔尺分别竖立在路拱曲线与直线部分的交界位置 d_1 及路面与路肩（或硬路肩）的交界位置 d_2 处，d_1 与 d_2 两测点必须在同一横断面上，测量 d_1 与 d_2 处的高程，记录高程读数，以 m 表示，准确至 0.001 m。

③用钢尺测量两测点的水平距离，以 m 表示，对高速公路及一级公路，准确至 0.005m；对其他等级公路，准确至 0.01 m。

（5）中线偏位测试步骤

①有中线坐标的道路：首先从设计资料中查出待测点 P 的设计坐标，用经纬仪对该设计坐标进行放样，并在放样点 P' 做好标记，量取 PP' 的长度，即为中线平面偏位 ΔCL，以 mm 表示。对高速公路及一级公路，准确至 5 mm；对其他等级公路，准确至 10 mm。

②无中线坐标的低等级道路：应首先恢复交点或转点，实测偏角和距离，然后采用链距法、切线支距法或偏角法等传统方法敷设道路中线的设计位置，量取设计位置与施工位置之间的距离，即为中线平面偏位 ΔCL，以 mm 表示，准确至 10 mm。

（二）路基压实厚度

压实厚度一般采用挖验法、水准法和估算法进行。挖验法，此法一般配合灌砂法一起使用；水准法，通过测定填筑前后固定桩位的高程，可以较准确地掌握压实厚度；估算法，通过填筑层的上料总量和松铺系数，可以相对准确估算压实厚度。这三种方法可以联合使用。

（三）路面厚度

目前路基路面厚度检测方法有挖坑及钻芯法、短脉冲雷达测定法。

1.挖坑及路面钻芯法检测路面厚度

（1）目的与适用范围；

本方法适用于路面各层施工过程中的厚度检验及工程交工验收检查使用。

（2）仪具与材料技术要求

①挖坑用镐、铲、凿子、锤子、小铲、毛刷。

②路面取芯样钻机及钻头、冷却水。钻头的标准直径为 100 mm；如芯样仅供测量厚度，不做其他试验时，对沥青面层与水泥混凝土板也可用直径 50 mm 的钻头，对基层材料有可能损坏试件时，也可用直径 150 mm 的钻头；但钻孔深度均必须达到层厚。

③量尺：钢板尺、钢卷尺、卡尺。

④补坑材料：与检查层位的材料相同。

⑤补坑用具：夯、热夯、水等。

⑥其他：搪瓷盘、棉纱等。

（3）方法与步骤

①基层或砂石路面的厚度可用挖坑法测定，沥青面层及水泥混凝土路面板的厚度应用钻孔法测定。

②挖坑法厚度测试步骤：

A. 根据现行规范的要求，按《公路路基路面现场测试规程》（JTGE60-2008）的方法，随机取样决定挖坑检查的位置，如为旧路，该点有坑洞等显著缺陷或接缝时，可在其旁边检测。

B. 在选择的试验地点选一块约 40 cm×40 cm 的平坦表面，用毛刷将其清扫干净。

C. 根据材料坚硬程度，选择镐、铲、凿子等适当的工具，开挖这一层材料，直至层位底面。在便于开挖的前提下，开挖面积应尽量缩小，坑洞大体呈圆形，边开挖边将材料铲出，置搪瓷盘中。

D. 用毛刷清扫坑底，确认为下一层的顶面。

E. 将钢板尺平放横跨于坑的两边，用另一把钢尺或卡尺等量具在坑的中部位置垂直伸至坑底，测量坑底至钢板尺的距离，即为检查层的厚度，以 mm 计，准确至 1 mm。

③钻孔取芯样法厚度测试步骤：

A. 根据现行规范的要求，按《公路路基路面现场测试规程》（JTGE60-2008）的方法，随机取样决定钻孔检查的位置，如为旧路，该点有坑洞等显著缺陷或接缝时，可在其旁边检测。

B. 按《公路路基路面现场测试规程》（JTGE60-2008）T0901 的方法用路面取芯钻机钻孔，芯样的直径应符合本方法第二条的要求，钻孔深度必须达到层厚。

C. 仔细取出芯样，清除底面灰土，找出与下层的分界面。

D. 用钢板尺或卡尺沿圆周对称的十字方向四处量取表面至上下层界面的高度，取其平均值，即为该层的厚度，准确至 1 mm。

④在沥青路面施工过程中，当沥青混合料尚未冷却时，可根据需要随机选择测点，用大螺丝刀插入至沥青层底面深度后用尺读数，量取沥青层的厚度，以 mm 计，准确至 1 mm。

⑤按下列步骤用与取样层相同的材料填补挖坑或钻孔：

A. 适当清理坑中残留物，钻孔时留下的积水应用棉纱吸干。

B. 对无机结合料稳定层及水泥混凝土路面板，应按相同配合比用新拌的材料分层填补并用小锤压实，水泥混凝土中宜掺加少量快凝早强剂。

C. 对无结合料粒料基层，可用挖坑时取出的材料，适当加水拌合后分层填补，并用小锤压实。

D. 对正在施工的沥青路面，用相同级配的热拌沥青混合料分层填补并用加热的铁锤或热夯压实，旧路钻孔也可用乳化沥青混合料修补。

E. 所有补坑结束时，宜比原面层略鼓出少许，用重锤或压路机压实平整。补坑工序如有疏忽、遗留或补的不好，易成为隐患而导致开裂，所有挖坑、钻孔均应仔细做好。

2. 短脉冲雷达测定路面厚度

传统的钻孔取芯法对面层具有一定的破坏性，因而其检查频度受到严格限制。模拟试验表明，根据现行质量检测标准规定的钻孔取芯频率所做的面层厚度评价具有很大的随机性，很难保证施工质量，为了客观评价面层厚度，必须引入一种可靠的、能够密集采样的无损检测手段，地质雷达恰恰属于这种先进的新技术，此外，地质雷达在面层厚度微观评价以及施工管理中的特殊作用，是常规钻孔取芯法根本无法提供的，因此，在公路质量检测领域使用地质雷达检测技术是符合快速无损检测技术发展要求的。

（1）基本原理

地质雷达（Ground Penetrating Radar，简称GPR）检测公路面层厚度属于反射波探测法，是近年来一种新兴的地下探测与混凝土构筑物无损检测的新技术，它是利用宽频带高频电磁波信号探测介质结构分布的非破坏性的探测仪器，通过雷达天线对隐蔽目标体进行全断面扫描的方式获得断面的扫描图像。

工作原理：当雷达系统利用天线向地下发射宽频带高频电磁波，电磁波信号在介质内部传播时遇到介电差异较大的介质界面时，就会反射、透射和折射，两种介质的介电常数差异越大，反射的电磁波能量也越大。反射回的电磁波被与发射天线同步移动的接收天线接收后，由雷达主机精确记录下反射回的电磁波的运动特征，再通过信号技术处理，形成全断面的扫描图，工程技术人员通过对雷达图像的判读，判断出地下目标物的实际结构情况。电磁波的传播取决于介质的电性，介质的电性主要有电导率 μ 和介电常数 ε，前者主要影响电磁波的穿透（探测）深度，在电导率适中的情况下，后者决定电磁波在该物体中的传播速度，因此，所谓电性界面也就是电磁波传播的速度界面。不同的地质体（物体）具有不同的电性，因此，在不同电性的地质体的分界面上，都会产生回波。

（2）目的与适用范围

本方法适用于采用短脉冲雷达无损检查路面面层厚度。本方法的数据采集、传输、记录和数据处理分别由专用软件自动控制进行。

本方法适用于新建、改建路面工程质量验收和旧路加铺路面设计的厚度调查。雷达发射的电磁波在路面层传播过程中会逐渐削弱、消散、层面反射。雷达最大探测深度是由雷达系统的参数以及路面材料的电磁属性决定的。对于材料过度潮湿或饱和以及有高含铁量矿渣集料的路面不适用本方法测试。

（3）仪具与材料技术要求

雷达测试系统由承载车、天线、雷达发射接收器和控制系统组成。

（4）方法与步骤

①准备工作

A. 距离标定：承载车行驶超过 20000 km，更换轮胎，或使用超过 1 年的情形下需要进行距离标定。距离标定方法根据厂商提供的使用说明进行。

B. 安装雷达天线：将雷达天线按照厂商提供的安装方法牢固安装好，并将天线与主机的连线连接好。

C. 检查连接线安装无误后开机预热，预热时间不得少于厂商规定的时间。

D.将金属板放置在天线正下方，启动控制软件的标定程序，获取相应参数。

E.打开控制软件的参数设置界面，根据不同的检测目的，设置采样间隔、时间窗、增益等参数。

②测试步骤

A.将承载车停在起点，开启安全警示灯，启动软件测试程序，令驾驶员缓慢加速车辆到正常检测速度。

B.检测过程中，操作人员应记录测试线路所遇到的桥梁、涵洞、隧道等构造物的起终点。

C.当测试车辆到达测试终点后，操作人员停止采集程序。

D.芯样标定：为了准确反算出路面厚度，必须知道路面材料的介电常数，通常采用在路面上钻芯取样方法以获取路面材料的介电常数。做法是首先令雷达天线在需要标定芯样点的上方采样，然后钻芯，最后将芯样的真实厚度数据输入到计算程序中，反算出路面材料的介电常数或者雷达波在材料中的传播速度；路面材料的介电常数会随集料类型、沥青产地、密度、湿度等不同而不同。测试过程中应根据实际情况增加芯样钻取数量，以保证测试厚度的准确性。

E.操作人员检查数据文件，文件应完整，内容应正常，否则应重新测试。

（四）路基含水量

每一层填上铺松土后，首先应检查含水量是否接近最佳含水量，当松铺土目的含水量接近最佳含水量（±2%）时，可直接整平并检查记录松铺厚度后，进行碾压。若含水量超过最佳含水量（一般大于3%以上），就得进行翻松、晾晒，直至含水量接近最佳含水量（±2%）时，方可进行碾压。

检测方法：一般用酒精燃烧法，也可用炒干法、微波炉法等，施工过程中也有采用经验法（但需要积累）。

（五）路基压实度

路基压实度是指工地上实际达到的干密度与室内标准击实试验所得最大干密度的比值，它是路基路面施工质量检测的关键指标之一，表征现场压实后的密度状况，压实度越高，密度越大，材料整体性能越好。

1. 土方路基

对土方路基，压实度的检测方法很多，主要有灌砂法、环刀法、灌水法、核子密度仪法、无核密度仪法和路用雷达法。其中前三种是规范中规定的标准方法，都属于有损检测，精度较高且稳定，但效率相对较低；后三种方法属于无损检测，检测效率高，但都需要用前三种方法进行标定。

（1）灌砂（水）法

灌砂（水）法适用于在现场细粒土、砂类土和砾石土路基压实度检测，但不适用于填石路堤等有大孔洞或大孔隙材料的压实度检测。

用灌砂法和水袋（灌水）法检测压实度时，取土样的底面位置为每一压实层底部；用环刀法试验时，环刀中部处于压实层厚的 1/2 深度；其他方法应按其使用说明书的要求执行。

施工过程中，每一压实层均应检测压实度，检测频率为每 1000 平方米至少检验 2 点，不足 1000 平方米至少检测 2 点，必要时可根据需要增加检验点。

路堤填筑至设计标高并修整完成后，检测频率为每双车道每 200 m 检 4 点；交工验收时，检测频率为每公路不少于 1 处，每处 1 点。

当集料的最大粒径小于 15 mm，测定层的厚度不超过 150 mm 时，宜采用 φ100 mm 的小型灌砂筒测试；当集料的最大粒径等于或大于 15 mm 但不大于 40 mm，测定层的厚度超过 150mm 但不超过 200mm 时，应用 φ150mm 的大型灌砂筒测试。

使用灌砂法前必须进行锥体内砂质量和标准砂密度的标定。当新工程开工前、更换罐砂筒和更换标准砂时必须进行重新标定。

（2）核子密度仪法

该方法用核子密度湿度仪以散射法或直接透射法测定路基或路面材料的密度和含水量，并计算施工压实度。目前核子密湿度仪法有反射和透射两种检测方法，包括常规、沟槽、薄层三种检测模式。核子仪的优点是使用方便、检测速度快，作为非破损的检测方法，在同一位置可重复检查，对沥青路面监测不同的碾压功和施工工艺对压实度造成的变化；缺点是由于受测定层温度及多种环境因素的影响，其测定值的波动性较大，因属于放射性检测方法，检测时必须经常对设备进行标定。

检测设备主要有：

①浅层核子仪：指测量深度 30cm 的核子密度测试仪，如 MC-3C 和 MC-4C 型。

②中层核子仪（双杆核子仪）：指测量深度 60 ~ 90 cm 的核子密度测试仪，如 MC-S-24 和 MC-S-36 型。

③深层核子仪：最大检测深度没有限制，具体检测深度取决于检测电缆长度和制备的检测孔深度，如 CPN-501DR 型。

本方法注意事项：

①核子仪的标定：因每台仪器的放射源的活度和探测效率不一样，每台设备需建立标定关系，多台设备不能共用，核子仪使用 12 个月必须找专业机构用标定块标定 1 次。

②检测结果的干扰；表面接触间有空隙、材料的影响、放射源的影响。

③检测数据处理：对沥青路面检测时，每次测定以 13 个测点的平均值作为 1 个数据。

④该方法适用于施工质量的现场快速评定，不宜用作仲裁试验或评定验收的依据。使用时需要用灌砂法进行标定。

（3）无核密度仪法

适用范围：本方法适用于现场用无核密度仪快速测定沥青路面各层沥青混合料的密度，并计算施工压实度，但测定结果不宜用于评定验收和仲裁。

仪器设备：无核密度仪是相对于核子密度仪来说的多种不使用同位素放射源检测土工材料密度的各种检测仪器的统称，在过去的 30 多年中，先后有数十种无核密度和湿度检测技术形成商品，比如前几年的 EDG，PT 和 PQI 等等，每一种产品问世时都被叫作无核密度仪，所以无核密度仪这个概念在不同的时期代表不同的内容，最新的两种被称作无核密度仪的产品是利用电磁法原理发射的电磁波在材料中的能量吸收和损耗来检测材料的密度，但到目前，任何一项无核技术都距离取代核子仪还相差遥远。

注意事项：

①土工材料中各种组成成分的介电常数大约位于 1 ~ 6 之间，水的介电常数为 80 左右，所以即使材料中存在极少量的水分，也会对电磁波的传播产生很大的影响，所以，土壤等常规的材料中含有的水分使电磁密度仪的检测结果没有任何意义，除了部分热沥青混合料以外，无核电磁密度仪完全不能用于检测其他土工材料，目前美国、日本等国家推出了土壤无核密度仪，其效果如何还有待使用验证。

②使用无核密度仪时需严格标定和试验比对。

2. 填石路基

填石路堤压实效果一般采用孔隙率控制，必须挖大试坑采用水袋法进行检测，用于施工过程控制较难。因此填石路堤压实质量常用孔隙率和沉降差相结合的检测方法进行控制。

实际施工中，一般在试验段修筑时采用孔隙率进行检验，确定相应的施工工艺参数与压实沉降差作为路堤施工时的压实质量检测控制指标。正常施工过程中每一压实层的质量检测要求以快速、方便为主，而沉降差与工艺参数相结合的双控检测方法是合理、准确的施工质量检测方法。同时配合外观检查，对填石路堤的压实质量控制就能达到预定的质量要求。

施工中建议采用 18 t 以上的重型振动压路机，并按照规定的碾压参数（强振、4 km/h 以下速度）碾压后确定。

3. 土石路基

目前土石路堤压实质量常用压实度和沉降差相结合的检测方法进行控制。

土石路堤填料压实质量控制，应根据实际填料的来源配制不同含石量（20% ~ 70%）的试样进行室内大筒重型击实试验，通过试验确定不同含石量的最大干密度和最佳含水量。采用硬质石料的土石混合填料，需进行修正；采用中等强度以下石料的土石混合填料则不用修正。因为土石路堤采用压实干密度控制，是一种常规的检测方法，也是大家都接受的可信方法。由于该方法必须挖大试坑（上路堤 600 mm × 600 mm，下路堤 800 mm × 800 mm）采用水袋法进行检测，不能满足大规模施工控制的要求。因此，实际施工中，一般只用在试验段检验，确定相应的施工工艺参数与压实沉降差作为路堤施工时的压实质量检测控制指标，同时配合外观检查，对土石路堤的压实质量控制就能达到预定的质量要求。

土石混填路基也可以采用沉降差法进行检测。

4. 压实度的评定

路基的压实度以重型击实标准为准，沥青层压实度以《公路沥青路面施工技术规范》（JTG F40-2004）的规定为准。对于特殊干旱、潮湿地区或过湿土，以《公路路基设计施工技术规范》（JTG F10-2006）规定的压实度标准进行评定。

标准密度应做平行试验，求其平均值作为现场检验的标准值。对于均匀性差的路基土质和路面结构层材料，应根据实际情况增补标准密度试验，求得相应的标准值，以控制和检验施工质量。

路基、路面压实度以 1 ~ 3 km 长的路段为检验评定单元，按《公路工程质量检验评定标准第一册土建工程》（JTG F80/1-2004）要求的检测频率进行现场压实度抽样检查，求算每一测点的压实度。细粒土现场压实度检查可以采用灌砂法或环刀法；粗粒土及路面结构层压实度检查可以采用灌砂法、水袋法或钻孔取样蜡封法。应用核子密度仪时，须经对比试验检验，确认其可靠性。

（六）沥青面层压实度

1. 目的与范围

沥青混合料面层的压实度是按施工规范规定的方法测定的混合料试样的毛体积密度与标准密度之比值，以百分率表示。本方法适用于检验从压实的沥青路面上钻取的沥青混合料芯样试件的密度，以评定沥青面层的施工压实度。

2. 仪具与材料技术要求

本方法需要下列仪具与材料：路面取芯钻机；天平，感量不大于 0.1 g；水槽；吊篮；石蜡；卡尺、毛刷、小勺、取样袋（容器）、电风扇。

3. 方法与步骤

（1）钻取芯样

按《公路路基路面现场测试规程》（JTGE60-2008）T0901 取样方法钻取路面芯样，芯样直径不宜小于 100 mm。当一次钻孔取得的芯样包含有不同层位的沥青混合料时，应根据结构组合情况用切割机将芯样沿各层结合面锯开分层进行测定。

（2）测定试件密度

①将钻取的试件在水中用毛刷轻轻刷净黏附的粉尘。如试件边角有浮松颗粒，应仔细清除。

②将试件晾干或用电风扇吹干不少于 24 h，直至恒重。

③按现行《公路工程沥青及沥青混合料试验规程》（JTG E20-2011）的沥青混合料试件密度试验方法测定试件密度 ρ。通常情况下采用表干法测定试件的毛体积相对密度；

对吸水率大于 2% 的试件，宜采用蜡封法测定试件的毛体积相对密度；对吸水率小于 0.5% 特别致密的沥青混合料，在施工质量检验时，允许采用水中重法测定表观相对密度。根据《公路沥青路面施工技术规范》（JTG F40-2004）附录的规定，确定计算压实度的标准密度。

（七）平整度

平整度的测试设备一般分为断面类及反应类两大类，断面类实际测定的是路基路面表面的凹凸情况，而反应类利用路面凹凸引起的车辆的振动颠簸，测得驾驶员和乘客直接感受的平整度指标。目前平整度检测方法常用的有三米直尺法、连续式平整度仪法（八轮仪法）、车载式颠簸累积仪法、车载式激光平整度仪法四种。

1. 三米直尺法

三米直尺检测平整度属于断面类的检测设备，以三米直尺基准面距离路表面的最大间隙表示路基路面的平整度，以 mm 表示。

断面类检测设备实际测定路基路面表面凹凸状况，还可以用水准仪精确测定路面高程得到，国际平整度指数（IRI 值）就是根据路面纵断面高程依据模型采用标准程序计算得到的。

三米直尺与三米连续式平整度仪法测试原理相同，测定结果有较好的相关性。

（1）目的和适用范围

本方法规定用三米直尺测定路表面的平整度，定义三米直尺基准面距离路表面的最大间隙表示路基路面的平整度，以 mm 计。本方法适用于测定压实成型的路面各层表面的平整度，以评定路面的施工质量，也可用于路基表面成型后的施工平整度检测。

（2）仪具与材料技术要求

①三米直尺：测量基准面长度为 3 m 长，基准面应平直，用硬木或铝合金钢等材料制成。

②最大间隙测量器具：

A. 楔形塞尺：硬木或金属制的三角形塞尺，有手柄。塞尺的长度与高度之比不小于 10，宽度不大于 15 mm，边部有高度标记，刻度读数分辨率小于或等于 0.2 mm。

B. 深度尺：金属制的深度测量尺，有手柄。深度尺测量杆端头直径不小于 10 mm，刻度读数分辨率小于或等于 0.2 mm。

③其他：皮尺或钢尺、粉笔等。

（3）方法与步骤

①准备工作

A. 按有关规范规定选择测试路段。

B. 测试路段的测试地点选择：当为沥青路面施工过程中的质量检测时，测试地点应选在接缝处，以单杆测定评定；除高速公路以外，可用于其他等级公路路基路面工程质量检查验收或进行路况评定，每 200 m 测 2 处，每处连续测量 10 尺。除特殊需要者外，应以行车道一侧车轮轨迹（距车道线 0.8 ~ 1.0 m）作为连续测定的标准位置。对旧路已形成车辙的路面，应取车辙中间位置为测定位置，用粉笔在路面上做好标记。

C. 清扫路面测定位置处的污物。

②测试步骤

A. 施工过程中检测时，根据需要确定的方向，将三米直尺摆在测试地点的路面上。

B. 目测三米直尺底面与路面之间的间隙情况，确定最大间隙的位置。

C. 用有高度标线的塞尺塞进间隙处，量测其最大间隙的高度（mm）；或者用深度尺在最大间隙位置量测直尺上顶面距地面的深度，该深度减去尺高即为测试点的最大间隙的高度，准确至 0.2 mm。

（4）计算

单杆检测路面的平整度计算，以三米直尺与路面的最大间隙为测定结果。连续测定 10 尺时，判断每个测定值是否合格，根据要求，计算合格百分率，并计算 10 个最大间隙的平均值。

2. **连续式平整度仪法（八轮仪法）**

连续式平整度仪检测平整度属于断面类的检测设备，以测量路面的不平整度的标准差。表示路面的平整度，以 mm 表示。

本方法适用于测定路表的平整度，评定路面的施工质量和使用质量，但不适用于在较多坑槽、破损严重的路面上检测。

国内外连续式平整度仪种类很多，长度和结构各不相同，如长度同样为 3 m 的平整度仪，有 4 轮、8 轮、16 轮等多种，我国使用连续式平整度仪标准规定的三米八轮平整度仪。

注意事项：

（1）因国际上平整度以国际平整度指数 IRI 值表示，连续式平整度仪测定的平整度以标准差 σ 表示，两者之间近似 0.6 倍关系，但由于不同时期我国修建高速公路的技术水平、施工设备、施工工艺等的差别，特别是随着路面施工大型设备的引进、施工工艺的提高，施工质量越来越好，所以出现了不同时期的回归方程。

（2）平整度计算值以标准差表示，所以与计算区间的长度有很大关系，计算区间越长，标准差越小。日本规定计算区间长度为 100 ～ 300 m，我国根据习惯和参照国内外经验规定计算区间为 100 m。

3. **车载式激光平整度仪测定平整度**

（1）目的与适用范围

本方法适用于各类车载式激光平整度仪在新建、改建路面工程质量验收和无严重坑槽、车辙等病害及无积水、积雪、泥浆的正常通车条件下连续采集路段平整度数据。本方法的数据采集、传输、记录和处理分别由专用软件自动控制进行。

（2）仪具与材料技术要求

①测试系统：测试系统由承载车辆、距离传感器、纵断面高程传感器和主控制系统组

成。主控制系统对测试装置的操作实施控制，完成数据采集传输、存储与计算过程。

②设备承载车要求：根据设备供应商的要求选择测试系统承载车辆。

（3）方法与步骤

①准备工作

A.设备安装到承载车上以后应按本方法中的规定进行相关性试验。

B.根据设备操作手册的要求对测试系统各传感器进行校准。

C.检查测试车轮胎气压，应达到车辆轮胎规定的标准气压，车胎应清洁，不得黏附杂物。

D.距离测量装置需要现场安装的，根据设备操作手册说明进行安装，确保机械紧固装置安装牢固。

E.检查测试系统各部分应符合测试要求，不应有明显的可视性破损。

F.打开系统电源，启动控制程序，检查各部分的工作状态。

②测试步骤

A.测试开始之前应让测试车以测试速度行驶 5 ~ 10 km，按照设备使用说明规定的预热时间对测试系统进行预热。

B.测试车停在测试起点前 50 ~ 100 m 处，启动平整度测试系统程序，按照设备操作手册的规定和测试路段的现场技术要求设置完毕所需的测试状态。

C.驾驶员应按照设备操作手册要求的测试速度范围驾驶测试车，宜在 50 ~ 80 km/h 之间，避免急加速和急减速，急弯路段应放慢车速，沿正常行车轨迹驶入测试路段。

D.进入测试路段后，测试人员启动系统的采集和记录程序，在测试过程中必须及时准

确地将测试路段的起终点和其他需要特殊标记的位置输入测试数据记录中。

E.当测试车辆驶出测试路段后，测试人员停止数据采集和记录，并恢复仪器各部分至初始状态。

F.检查测试数据文件，文件应完整，内容应正常，否则需要重新测试。

（4）计算

激光平整度仪采集的数据是路面相对高程值，应以 100 m 为计算区间长度用 IRI 的标准计算程序计算 IRI 值，以 m/km 计。

（5）激光平整度仪测值与国际平整度指数 IRI 相关关系对比试验

①试验条件

A.按照每段 IRI 值变化幅度不小于 1.0 的范围选择不少于 4 段不同平整度水平且有足够加速或减速长度的路段。根据实际测试道路 IRI 的分布情况，可以适当增加某些范围内的标定路段。

B.每路段长度不小于 300 m。

C.每一段内的平整度应均匀，包括路段前 50 m 的引道

D.选择坡度变化较小的直线路段，路段交通量小，便于疏导

E. 有多个激光测头的系统需要分别标定。

F. 标定宜选择在车道的正常行驶轨迹上进行，明确画出轨迹带测线和起终点位置。

②试验步骤

A. 距离标定。

依据设备供应商建议的长度，选择坡度变化较小的平坦直线路段，标出起终点和行驶轨迹。

标定开始之前应让测试车以测试速度行驶 5 ~ 10 km，按照设备操作手册规定的预热时间对测试系统进行预热。

将测试车的前轮对准起点线，启动距离校准程序，然后令车辆沿着路段轨迹直线行驶，避免突然加速或减速，接近终点时，看指挥人员手势减速停车，确保测试车的前轮对准终点线，结束距离校准程序。重复此过程，确保距离传感器测试结果的准确性，应在允许误差范围之内。

B. 参照前述试验步骤，令所标定的纵断面高程传感器对准测线重复测试 5 次，取其 IRI 计算值的平均值作为该路段的测试值。

C.IRI 值的确定。

以精密水准仪作为标准仪具，测量标定路段上测线的纵断高程，要求采样间隔为 250 mm，高程测试精度为 0.5 mm；然后用 IRI 标准计算程序对纵断面测量值进行模型计算，得到标定线路的 IRI 值。

其他符合世界银行一类平整度测试标准的纵断面测试仪具也可以作为确定标定路段 IRI 值的仪具。

③试验数据处理

用数理统计的方法将各标定路段的 IRI 值和相应的平整度仪测值进行回归分析，建立相关关系方程式，相关系数 R 不得小于 0.99。

四、路面使用性能评价

（一）概述

公路技术状况用公路技术状况指数 MQI（Maintenance Quality Indicator）和相应分项指标表示，MQ1 和相应分项指标的值域为 0 ~ 100。公路技术状况分为优、良、中、次、差五个等级。其中路面包括沥青路面、水泥混凝土路面和砂石路面。

沥青路面损坏分龟裂、块状裂缝、纵向裂缝、横向裂缝、坑槽、松散、沉陷、车辙、波浪雍包、泛油、修补共 11 类 21 项。

水泥混凝土路面损坏分破碎板，裂缝、板角断裂、错台、唧泥、边角剥落、接缝料损坏、坑、洞、拱起露骨、修补共 11 类 20 项。

砂石路面损坏分路拱不适、沉陷、波浪搓板、车辙、坑槽、露骨共 6 类。

（二）检测项目及方法

路面技术状况评定检测项目主要包括：路面损坏（PCI）、路面平整度（RQI）、路面车辙（RD）、路面抗滑性能（SRI）和路面结构强度（PSSI）。

1.路面损坏状况检测

路面损坏状况检测宜采用自动化的快速检测方法，条件不具备时，可人工检测。采用快速检测设备检测路面损坏时，应纵向连续检测，横向检测宽度不得小于车道宽度的70%。检测设备应能够分辨 1mm 以上的路面裂缝，检测结果宜采用计算机自动识别，识别准确率应达到 90% 以上。采用人工方法调查时，调查范围应包含所有行车道，按规范规定的损坏型实地调查。

有条件的地区，可借助便携式路况数据采集仪进行现场调查、汇总、计算与评定。紧急停车带按路肩处理。路面损坏检测数据应以上 100 m（人工检测）或 10 m（快速检测）为单位长期保存。

2.路面平整度检测

路面平整度检测宜采用快速检测设备，可结合路面损坏和车辙一并检测。单独检测路面平整度时，宜采用高精度的断面类检测设备。路面平整度检测设备必须定期标定，每年至少标定一次，标定的相关系数应大于 0.95。

路面平整度检测数据应以 100 m（人工检测）或 20 m（快速检测）为单位长期保存。

3.路面车辙检测

路面车辙宜采用快速检测设备，可结合路面损坏和路面平整度一并检查。路面平整度检测设备必须定期标定，每年至少标定一次。根据断面数据计算路面车辙深度（RD），计算结果应以 10 m 为单位长期保存。

4.路面抗滑性能检测

路面抗滑性能检测宜采用基于横向力系数的路面抗滑性能检测设备或其他具有可靠数据标定关系的自动化检测设备。检测设备必须定期标定，每年至少标定一次。路面抗滑性能检测数据（横向力系数）应以 20 m 为单位长期保存。

5.路面结构强度检测

路面结构强度检测宜采用自动检测设备检测。

自动检测时，宜采用具有可靠数据标定关系的自动化检测设备，检测结果应能换算成我国相关技术规范规定的回弹弯沉值。自动检测设备必须定期标定，每年至少标定一次，标定的相关系数不得小于 0.95。弯沉检测数据应以 20 m 为单位长期保存。

（三）检测内容及频率

1. 路面损坏（PCI）

针对沥青路面损坏的检测内容包含龟裂、块状裂缝纵向裂缝、横向裂缝、坑槽、松散、沉陷、车辙、波浪壅包、泛油、修补等共计 11 类，检测频率分上行方向（桩号递增方向）和下行方向（桩号递减方向）分别检测，每个检测方向检测一个主要行车道。

2. 路面平整度（RQI）

检测沥青路面平整度并计算国际平整度指数 IRI 值，检测频率分上行方向（桩号递增方向）和下行方向（桩号递减方向）分别检测，每个检测方向检测一个主要行车道。

3. 路面车辙（RDI）

检测沥青路面车辙并计算路面车辙深度指数 RDI，检测频率分上行方向（桩号递增方向）和下行方向（桩号递减方向）分别检测，每个检测方向检测一个主要行车道。

4. 路面抗滑性能（SRI）

检测沥青路面横向力系数并计算路面抗滑性能指数 SRI，检测频率分上行方向（桩号递增方向）和下行方向（桩号递减方向）分别检测，每个检测方向检测一个主要行车道。

5. 路面结构强度（PSSI）

检测沥青路面的弯沉，并计算路面结构强度指数 PSSI，检测频率分上行方向（桩号递增方向）和下行方向（桩号递减方向）分别检测，每个检测方向检测一个主要行车道，每车道 50 m 检测一处。

第五章 桥梁检查与评定

第一节 桥梁经常检查

一、桥梁经常检查的手段及目的

桥梁经常检查以直接目测为主，配合简单工具量测。经常检查的目的是检查从外表可见到的病害和缺陷等，按照桥梁养护管理"预防为主、安全至上"的工作方针，对桥梁各部分及附属工程进行预防性保养，修补其轻微损坏部分，预防结构病害的发生，使桥梁经常保持完好状态，保证结构能得到及时的养护和保养或紧急处理，对需要检修和一些重大问题做出报告，旨在确保结构功能正常。

根据《交通运输部关于进一步加强公路桥梁养护管理的若干意见》的规定，经常检查每月至少一次。在诸如大风雨、暴雨和洪水等特殊自然现象发生之后，对暴露性建筑物还应进行更大规模的经常检查。经常检查中发现桥梁重要部件存在明显缺损时，应及时向上级提交专项报告。经常检查的成果，填写"经常性检查记录表"。

二、桥梁经常检查的内容

桥梁经常检查主要包括以下内容：

1. 外观是否整洁，有无杂草堆积、杂草蔓生。构件表面的涂装层是否完好，有无损坏、老化变色、开裂、起皮、剥落、锈迹。

2. 桥面铺装是否完整，有无裂缝、局部坑槽、积水、沉陷、波浪、碎边；混凝土桥面是否有剥离、渗漏，钢筋是否露筋、锈蚀，缝料是否老化、损坏，桥头有无跳车。

3. 排水设施是否良好、桥面泄水管是否堵塞和破损。

4. 伸缩缝是否堵塞卡死，连接部件有无松动、脱落、局部破损。

5. 人行道、缘石、扶手、护栏有无撞坏、断裂松动、错位、断件、剥落、锈蚀等。

6. 观察桥梁结构有无异常变形，异常的竖向振动、横向摆动等情况，然后检查各部件的技术状况，明确异常原因。

7. 支座是否有明显缺陷，活动支座是否灵活，位移量是否正常。支座的经常检查一般可以每季度一次。

8. 桥位区段河床冲淤变化情况。

9. 基础是否受到冲刷破坏、外漏、悬空、下沉，墩台及基础是否受到生物腐蚀。

10. 墩台是否受到船只或漂浮物撞击而受损示。

11. 翼墙有无开裂、倾斜、滑移、沉降、风化剥落和异常变形。

12. 锥坡、护坡、调治构造物有无塌陷，铺砌面有无缺损、勾缝脱落、灌木杂草丛生。

13. 交通信号、标志、标线、照明设施以及桥梁其他附属设施是否完好。

14. 其他显而易见的损坏或病害。

经常检查尤其需要注意的问题还包括：

1. 桥梁支撑结构损坏或失稳。

2. 车船的意外碰撞损坏。

3. 桥梁墩台基础冲刷损坏。

4. 桥面交通安全设施的损坏。

5. 立交桥梁是否有危险掉下物。

第二节 桥梁定期检查

一、定期检查的概念及目的

定期检查是指按照规定的周期，对桥梁主体结构及其附属构造物的技术状况进行定期跟踪的全面检查、评定桥梁的技术状况等级。通过定期检查可以对结构的损坏做出评估，评定结构构件和整体结构的技术状况，从而确定特殊检查的需求与结构维修、加固或更换的优先排序。

二、定期检查的依据

桥梁定期检查主要依据现行《公路桥梁技术状况评定标准》（JTG/T H21-2011）、《公路桥涵养护规范》（JTGH11-2004）和《交通运输部关于进一步加强公路桥梁养护管理的若干意见》等进行。定期检查参考的资料还包括竣工图纸和以往的检测资料等。

三、定期检查的间隔

定期检查的时间间隔应符合下列规定：

1.定期检查周期根据桥梁技术状况确定，应不少于三年一次，在经常检查中发现重要部（构）件的缺损明显达到三、四、五类技术状况时，应立即安排一次定期检查。重要部（构）件主要包括梁式桥上部承重结构、拱桥主拱圈、桥梁墩台等。

2.特大桥、特殊结构和特别重要桥梁应每年进行一次定期检查。

3.新建桥梁交付使用一年后，进行第一次全面的定期检查。临时桥梁每年检查不少于一次。

四、定期检查的任务

定期检查的主要任务和工作有：

1.现场校核桥梁基本数据，填写、补充完善桥梁基本状况卡片，跨线桥桥下若有沙土堆积等导致净空明显变化的情况，应复核桥梁净空并及时上报。

2.当场填写"桥梁定期检查记录表"，记录各部件缺损状况并做出技术状况评分。

3.实地判断缺损原因，确定维修范围及方式。

4.对于建造年代较远、日常养护管理不到位或重要部（构）件有一处或多处明显结构性病害的桥梁，应按照《公路桥梁技术状况评定标准》（JTC/T H21-2011）进行定期检查及技术状况评定，使用专门仪器对混凝土强度、钢筋锈蚀、混凝土保护层厚度等专项检查项目予以量化检查，外观检查项目也宜量化检查，评分时综合考虑定性指标与量化指标；对于建造年代较近、技术状况良好且桥梁日常养护工作开展到位的桥梁，也可按照《公路桥涵养护规范》（JTGH11-2004）的要求及技术评定方法进行定期检查。

5.对难以判断损坏原因和程度的部件，提出特殊检查（专门检查）的要求。

6.对损坏严重、危及安全运行的危桥，提出限制交通或改建的建议。

7.根据桥梁的技术状况，确定下次检查时间。

五、定期检查的内容

定期检查包括经常检查的内容主要有：

1.桥面系构造的检查

（1）桥面铺装层纵、横坡是否合适，有无严重的裂缝（龟裂、纵横裂缝）、坑槽、波浪、桥头跳车、防水层漏水。

（2）伸缩缝是否有异常变形破损、脱落、漏水，是否造成明显的跳车。

（3）人行道构件、栏杆、护栏有无撞坏、断裂、错位、缺件、剥落、锈蚀等。

（4）桥面排水是否顺畅，泄水管是否完好、畅通，桥头排水沟功能是否完好，锥坡有无冲蚀、塌陷。

（5）桥上交通信号、标志、标线、照明设施是否损坏、老化、失效，是否需要更换。

（6）桥上避雷装置是否完善，避雷系统性能是否良好。

（7）桥上航空灯、航道灯是否完好，能否保证正常照明。结构物内供养护检修的照明系统是否完好。

（8）桥上的路用通信、供电线路及设备是否完好。

2. 钢筋混凝土和预应力混凝土梁桥的检查

（1）梁端头底面是否损坏，箱形梁内是否有积水，通风是否良好。

（2）混凝土有无裂缝、渗水、表面风化、剥落、露筋和钢筋锈蚀，有无碱集料反应引起的整体龟裂现象。混凝土表面有无严重碳化。

（3）预应力钢束锚固区段混凝土有无开裂，沿预应力筋的混凝土表面有无纵向裂缝。

（4）梁（板）式结构的跨中、支点及变截面处，悬臂端牛腿或中间铰部位，刚构的固结处和桁架节点部位，混凝土是否开裂、缺损和出现钢筋锈蚀。

（5）装配式梁桥应注意检查联结部位的缺损状况。

①组合梁的桥面板与梁的结合部位及预制桥面板之间的接头处混凝土有无开裂、渗水。

②横向联结构件是否开裂，连接钢板的焊缝有无锈蚀、断裂，边梁有无横移或向外倾斜。

3. 拱桥的检查

（1）主拱圈的拱板或拱肋是否开裂。钢筋混凝土拱有无露筋、钢筋锈蚀。圬工拱桥砌块有无压碎、局部掉块，砌缝有无脱离或脱落渗水，表面有无苔藓、草木滋生，拱铰工作是否正常。空腹拱的小拱有无较大的变形开裂、错位，立墙或立柱有无倾斜、开裂。

（2）拱上立柱（或立墙）上下端、盖梁和横系梁的混凝土有无开裂、剥落、露筋和锈蚀。中、下承式拱桥的吊杆上下锚固区的混凝土有无开裂、渗水，吊杆锚头附近有无锈蚀现象，外罩是否有裂纹，锚头夹片、楔块是否发生滑移，吊杆钢索有无断丝。采用型钢或钢管混凝土芯的劲性骨架拱桥，混凝土是否沿骨架出现纵向或横向裂缝。

（3）拱的侧墙与主拱圈间有无脱落，侧墙有无鼓凸变形、开裂，实腹拱拱上填料有无沉陷。肋拱桥的肋间横向联结是否开裂、表面剥落、钢筋外露、锈蚀等。

（4）双曲拱桥拱肋间横向联结拉杆是否松动或断裂，拱波与拱肋结合处是否开裂、脱开，拱波之间砂浆有无松散脱落，拱波峰是否开裂、渗水等。

（5）薄壳拱桥壳体纵、横向及斜向是否出现裂缝及系杆是否开裂。

（6）系杆拱的系杆是否开裂，无混凝土包裹的系杆是否有锈蚀。

（7）钢管混凝土拱桥裸露部分的钢管及构件检查参见钢桥检查有关内容，同时还应检查管内混凝土是否填充密实。

4. 钢桥的检查

（1）构件（特别是受压构件）是否扭曲变形局部损伤。

（2）铆钉和螺栓有无松动、脱落或断裂，节点是否滑动、错裂。

（3）焊缝边缘（热影响区）有无裂纹或脱开。

（4）油漆层有无裂纹、起皮、脱落，构件有无锈蚀。

（5）钢箱梁封闭环境中的湿度是否符合要求，除湿设施是否工作正常。

5. 通道、跨线桥与高架桥的检查

通道、跨线桥与高架桥的结构检查同其他一般公路桥梁。通道还应检查通道内有无积水，机械排水的泵站是否完好，排水系统是否畅通。跨线桥、高架桥还应检查防抛网、隔音墙是否完好；通道跨线桥与高架桥下的道面是否完好，有无非法占用情况等。

6. 悬索桥和斜拉桥的检查

（1）检查索塔高程、塔柱倾斜度、桥面高程及梁体纵向位移，注意是否有异常变位。

（2）检测索体振动频率、索力有无异常变化，索体振动频率观测应在多种典型气候下进行。每观测周期不超过6年。

（3）主梁或加劲梁的检查，按预应力混凝土及钢结构的相应要求进行。

（4）悬索桥的锚碇及锚杆有无异常的拨动，锚头、散索鞍有无锈蚀破损，锚室（锚洞）有无开裂、变形、积水，温湿度是否符合要求。

（5）主缆、吊杆及斜拉索的表面封闭、防护是否完好，有无破损、老化。

（6）悬索桥的索鞍是否有异常的错位、卡死、辊轴歪斜，构件是否有锈蚀、破损，主缆索跨过索鞍部分是否有挤扁现象。

（7）悬索桥吊杆上端与主缆索的索夹是否有松动、移位和破损，下端与梁连接的螺栓有无松动。

（8）逐束检测索体是否开裂、鼓胀及变形，必要时可剥开护套检查索内干湿情况和钢索的锈蚀情况。检查后应做好保护套剥开处的防护处理。

（9）逐个检查锚具及周围混凝土的情况，锚具是否渗水、锈蚀，是否有锈水流出的痕迹，周围混凝土是否开裂。必要时可打开锚具后盖抽查锚杯内是否积水、潮湿，防锈油是否结块、乳化失效，锚杯是否锈蚀。

（10）逐个检查索端出索处钢护筒、钢管与索套管连接处的外观情况。检查钢护筒是否松动脱落、锈蚀、渗水，抽查连接处钢护筒内防水垫圈是否老化失效，筒内是否潮湿积水。

（11）索塔的爬梯、检查门、工作电梯是否可靠安全，塔内的照明系统是否完好。

7. 支座的检查

（1）支座组件是否完好、清洁，有无断裂、错位、脱空。

（2）活动支座是否灵活，实际位移量是否正常，固定支座的锚销是否完好。

（3）支承垫石是否有裂缝。

（4）简易支座的油毡是否老化、破裂或失效。

（5）橡胶支座是否老化、开裂，有无过大的剪切变形或压缩变形，各夹层钢板之间的橡胶层外凸是否均匀。

（6）四氟滑板支座是否脏污、老化，四氟乙烯板是否完好，橡胶块是否滑出钢板。

（7）盆式橡胶支座的固定螺栓是否剪断，螺母是否松动，钢盆外露部分是否锈蚀，防尘罩是否完好。

（8）组合式钢支座是否干涩、锈蚀，固定支座的锚栓是否紧固，销板或销钉是否完好。

（9）摆柱支座各组件相对位置是否准确，受力是否均匀。

（10）辊轴支座的辊轴是否出现不允许的爬动、歪斜。

（11）摇轴支座是否倾斜。

（12）钢筋混凝土摆柱支座的柱体有无混凝土脱皮开裂、露筋，钢筋及钢板有无锈蚀。

8. 墩台与基础的检查

（1）墩台及基础有无滑动、倾斜、下沉或冻拔。

（2）台背填土有无沉降或挤压隆起。

（3）混凝土墩台及帽梁有无冻胀、风化、开裂、剥落、露筋等。

（4）石砌墩台有无砌块断裂、通缝脱开、变形，砌体泄水孔是否堵塞，防水层是否损坏。

（5）墩台顶面是否清洁，伸缩缝处是否漏水。

（6）基础是否发生不许可的冲刷或淘空现象，扩大基础的地基有无侵蚀。桩基顶段在水位涨落、干湿交替变化处有无冲刷磨损、颈缩、露筋，有无环状冻裂，是否受到污水、咸水或生物的腐蚀。必要时对大桥、特大桥的深水基础应派潜水员潜水检查。

9. 调治构造物的检查

调治构造物是否完好，功能是否适用，桥位段河床是否有明显的冲淤或漂浮物堵塞现象。

10. 检查结果记录

桥梁检查中发现的各种缺损均应在现场用油漆等将其范围及日期标记清楚。三类以上桥梁及有严重缺损和难以判明损坏原因和程度的桥梁，应作影像记录，并附病害状况说明。

第三节　桥梁特殊检查

特殊检查包括应急检查和专门检查，主要根据桥梁破损状况和性质，采用适当的仪器设备，以及现场勘探、试验等特殊手段和科学分析方法，查明桥梁病害原因、破损程度和承载能力，依据桥梁技术状况评定标准确定桥梁的技术状况，以便采取相应的加固、改善措施。

当桥梁遭受洪水、流冰、漂流物、船舶撞击、滑坡、地震、风灾和超重车辆自行通过等自然灾害或事故后，应立即对结构作详细检查（应急检查）。查明破损状况，采取应急措施，尽快恢复交通。其旨在查明缺损状况，以便采用应急措施，尽快恢复交通，通常由地（市）级公路管理机构的桥梁工程师主持。应急检查可认为是一种扩大的日常检查，主要以视觉检查加经验判别。专门检查是对需要进一步判明损坏原因、缺损程度或使用能力的桥梁，要求针对病害进行专门的现场试验检测、检算与分析等鉴定工作，以便进行有效的养护。专门检查通常由省级公路管理机构的总工程师或授权的桥梁检查工程师主持，委托公路桥梁检测机构或具有这种能力的科研设计单位、工程咨询单位，签订专门检查合同后实施。承担专门检验的单位及负责检查的工程师应按合同规定的内容及时间，完成检查任务，并做出检查报告。

一、特殊检查的一般要求

1. 特殊检查的概念及目的

桥梁特殊检查是查清桥梁的病害原因、破坏程度、承载能力、抗灾能力，确定桥梁技术状况的工作，并针对病害进行专门的现场试验检测、验算和分析等鉴定工作，提出结构部件和总体的维修、加固或改建的建议方案。

2. 特殊检查的对象

（1）定期检查中难以判明损坏原因及程度的桥梁。

（2）桥梁技术状况为四、五类者。

（3）拟通过加固手段提高荷载等级的桥梁。

（4）需通过特殊重型车辆荷载的桥梁。

（5）条件许可时，特殊重要的桥梁在正常使用期间可周期性进行的专门检查。

（6）桥梁遭受洪水、流冰滑坡、地震、风灾、漂流物或船舶撞击，因超重车辆通过或其他异常情况影响造成损害时，应进行应急检查。

3. 特殊检查的任务

（1）桥梁结构材料缺损状况。包括对材料物理、化学性能退化程度及原因的测试鉴定；结构或构件开裂状态的检测及评定。

（2）桥梁结构承载能力。包括对结构强度、稳定性和刚度的检算、试验和鉴定。

（3）桥梁防灾能力。包括桥梁抵抗洪水、流冰、风、地震及其他地质灾害等能力的检测鉴定。

4. 特殊检查的依据

桥梁特殊检查主要依据现行《公路桥涵养护规范》（JTG H11-2004）、《公路桥梁承载能力检测评定规程》（JTG/T J21-2011）及《公路桥梁技术状况评定标准》（JTG/T H21-2011）等各种专项检测评定规程进行。

5. 特殊检查的内容

特殊检查主要包括专门检查和应急检查两部分。

（1）专门检查：根据经常检查和定期检查的结果，对需要进一步判明损坏原因、缺损程度或使用能力的桥梁，针对病害进行专门的现场试验检测验算和分析等鉴定工作。

主要包括：混凝土裂缝测量、混凝土强度测试、混凝土碳化深度测试、钢筋锈蚀状况测试、混凝土中氯离子含量测试、混凝土电阻率测试、混凝土保护层厚度桥梁墩台与基础变位情况调查、交通量调查、耐久性综合评定、桥梁几何形态测试桥梁结构恒载变异状况测试等。

（2）应急检查：当桥梁受到灾害性损伤后，为了查明破损状况，采取应急措施，组织恢复交通，对结构进行的详细检查和鉴定工作。主要包括：火灾损伤检测、车船撞伤损伤情况检测、震后损伤检测等。

6. 特殊检查的方法手段

（1）实施专门检查前，承担单位负责检查的工程师应充分收集资料，包括设计资料（设计文件、计算所用的程序、方法及计算结果）、竣工图、材料试验报告、施工记录、历次桥梁定期检查和特殊检查报告，以及历次维修资料等。原资料如有不全或疑问时，可现场测绘构造尺寸，测试构件组成及性能，勘察水文地质情况等。

（2）特殊检查应根据桥梁的破损状况和性质，采用仪器设备进行现场测试及其他辅助试验，针对桥梁现状进行检算分析，形成鉴定结论。

7. 应提交的检查结果

（1）概述检查的一般情况。包括桥梁的基本情况、检查的组织、时间、背景和工作过。

（2）描述目前的桥梁技术状况。包括现场调查、检测与试验的项目及方法。

（3）详细叙述检查部位的损坏程度及原因。

（4）桥梁结构及材料缺损状况评定，承载能力评定或抗灾害能力评定结果和桥梁技术状况评定等级。

（5）提出结构部件和总体的维修、加固或改建的建议方案。

二、应急检查与专门检查

应急检查的目的在于查明缺损状况，以便采用应急措施，尽快恢复交通。专门检查的目的在于找出缺损的明确原因、程度和范围，分析缺损所造成的后果以及潜在缺陷可能给结构带来的危险，为进一步评定桥梁的耐久性和承载能力以及确定加固维修工作的实施提供依据。

专门检查是由专家依据一定的物理、化学或无破损检测手段对桥梁一个或多个组成部分进行的全面查看、测强、测伤或测缺。

桥梁特殊检查可分为现场检查与实验室测试分析两部分。现场检查可分一般检查和详细检查两个阶段。一般检查像定期检查那样对结构及其附属设施的所有构件或部位进行彻底和系统的检查，记录所有缺损的部位、范围和程度。一般检查的结果是是否进行详细检查的依据。详细检查主要是对一些重点部位或典型桥孔采用一些专门技术和检测设备进行深入而细致的检测。

专门检查的前期工作—实施专门检查之前，承担单位负责检查的工程师应充分收集资料，包括计算资料（计算所用的程序、方法及计算结果）、竣工图、材料试验报告、施工记录、历次桥梁定期检查和特殊检查报告，以及历次维修资料等。地（市）级公路管理机构的桥梁检查工程师应予以必要协助。原资料如有不全或疑问时可现场测绘构造尺寸，测试构件材料组成及性能，勘察水文地质情况。专门检查工作，由地（市）级公路管理机构的桥梁检查工程师负责协调监督。省公路管理机构的总工程师或授权的桥梁检查工程师负责组织有关技术人员对检查报告进行审定。

专门检查的内容大致上可分为如下两个方面：

1.结构材料缺损状况诊断：材料损坏程度检测，材料物理、化学、力学性能测试，缺损原因的分析判断等。

2.结构整体性能、功能状况鉴定：结构承载能力（强度、刚度和稳定性等）鉴定，桥梁抗洪能力的鉴定等。

材料缺损诊断可根据缺损的类型、位置和检测的要求，选择表面测量、无破损检测技术和半破损检测技术（如局部取试样等）等。从结构上钻取或截取的试样宜在有代表性构件的次要部位获取。检测与评定依照相应的试验标准进行。采用没有标准依据的检测技术，应事先通过模拟试验，制定适用的检测细则，保证检测结果具有一定的可靠性。

桥梁特殊检查报告应包括下列主要内容：

1.概述检查的一般情况，包括桥梁的基本情况、检查的组织、时间、背景和工作过程等。

2.目前桥梁技术状况的描述，包括现场调查、试验与检测项目及方法、检测数据与分析结果和桥梁技术状况评价等。

3.详细阐述检查部位的损坏程度及原因，并提出结构部件和总体的修理、加固或改善的建议方案。

第四节 桥梁典型病害及成因分析

一、引发桥梁病害及缺陷的一般分析

在每座具体桥梁上，病害产生的原因并不会完全相同，但是归纳、总结众多桥梁检查资料，仍可得出产生桥梁病害和缺陷的一般原因，而了解这些一般原因可以帮助桥梁养护工程师对具体桥梁产生病害成因进行初步判断。桥梁病害原因归纳起来有以下几方面：

1. 设计的问题

桥梁设计上的问题主要是在设计细节上考虑不周或不合理，导致桥梁产生结构病害。由于设计问题而使桥梁结构产生的病害，一般都与结构受力有关系，且会随时间而发展严重。

2. 施工的问题

施工问题是引起桥梁缺陷和病害的主要原因，特别是在钢筋混凝土和预应力混凝土结构中，缺陷和病害多数是由于其施工质量不良和施工工期不合理而引起的。由于施工的问题，而使桥梁结构的某些缺陷和病害外露明显，但也有一些隐蔽性的施工缺陷直至桥梁营运后才逐渐显露出来，甚至可能成为病害。

施工中存在的问题具体表现在以下方面：

（1）追求速度，牺牲质量

我国以往工程建设存在的一个突出问题就是往往缺乏必要的前期预研、勘察与论证。一旦决定建设就追求施工进度，压缩施工工期，但桥梁工程的三个目标：速度、质量和经济，相互制约，而且三个目标只能追求两个，而不能同时实现。这样的施工方式常带来安全隐患，受害最深的则是桥梁结构的耐久性及使用寿命。

我国现在面临的耐久性问题是发达国家在二三十年以前曾经遇到过的，如果说存在差异，则在于这些问题对我们来说要更为严峻。如果再不采取措施，则今天建成的工程经历二三十年甚至在更短的时间内又将被翻修或拆除重建，这样我们就会陷入永无休止的大建、大修、大拆与重建的怪圈之中。直到现在，耐久性问题尚未引起我国政府部门和广大设计施工人员的足够重视。国外工程合同文件中，常有提前完成施工要受到处罚的明确规定因为缩短工期意味着偷工减料的可能，而这样的文件在我国鲜有报道。

（2）施工和管理水平的制约

大量桥梁在远没有达到预期使用寿命时出现病害与劣化，特别是一些桥梁在只使用了几年，甚至刚建成不久就出现严重的耐久性不足问题，这与施工质量低下有重要关系。

目前，我国土建工程施工典型的问题有钢筋保护层不足及目前广泛存在于施工现场的严重的构件开裂问题（主要原因包括：水泥选用、混凝土配合比、振捣、养护不当及预应力施加不合理等）。

施工缺陷虽然短期内不会对桥梁的正常使用产生明显影响，但却会对结构的长期耐久性产生非常不利的危害，导致了我国已建工程的早期劣化比国外更加严重。

近年来，世界各国都以改善混凝土的耐久性为主要目标，而我国在这方面却起步较晚。项海帆院士认为，我国将持续处于大规模建设高潮中的混凝土材料高消耗期。而另一方面，由于土建工程的耐久性设计标准过低，施工质量又较差，就在目前大规模新建高潮中，也已面临已建工程出现过早劣化的巨大压力。为了保证混凝土的耐久性，有必要对过快的混凝土施工进度加以适当控制，政府有关部门从国家的长远利益出发，需进行一定的干预，更不能带头提倡和指使盲目抢工。

人为差错是引起安全事故的一个重要方面。我国土建工程一线施工工人的素质，他们大多没有经过专业的安全培训，施工管理水平低下也是一个突出问题，因此难以及时发现和有效消除人为差错。

3. 现有规范不够健全

（1）规范缺失

例如，对于九江大桥非通航孔桥墩按横向撞击力 40 t 设计是否科学合理，范立础院士认为这也凸显出我国规范中防船撞条文的不完善，因为现有规范没有细则规定。此外，我国规范几乎是多年不改，而美国的规范每 3 ～ 4 年修订一次。

（2）规范适用范围不明确

我国规范没有区分不同跨径，不同特点的桥，主要针对一定跨径以下的桥梁，超过这个跨径的桥如何处理无规可查。应该编写指南文件、特殊规定等。

有时甚至需要专门为一座桥，为一群桥，为一个城市的大于某种跨径的桥来编写指南文件。比如，这个城市的风特别大、雨特别多，或者地震比较频繁，都应该做出相关规定，其目的在于付出最少的代价，获得最大限度的安全。

（3）设计标准偏低，不能满足大流量交通、高密度车辆通行的需求

桥梁使用寿命短首先源于设计规范对耐久性的低标准要求，我国结构设计规范在安全设置上的低水准，与过去长时期内一直处于物资短缺的计划经济年代有关。时至今日，我国的结构设计规范还是片面地依靠过去的统计数据来规范土建设施工程，而未考虑结构建成后的使用需求的变化。

4. 设计理论和结构构造体系不够完善

结构设计的首要任务是选择经济合理的结构方案，其次是结构分析与构件和连接的设计，并取用规范规定的安全系数或可靠性指标以保证结构的安全性。项海帆院士认为，我国桥梁设计人员的专业水准不低，也相当敬业，但创新意识薄弱，整个设计界长期重计算、轻方案，过分依赖规范，不善于根据工程的具体特点去解决问题，这样也会导致差错并造成事故。比如，许多设计人员往往只满足于规范对结构强度计算上的安全度需要，而忽视从结构体系、结构构造、结构材料、结构维护、结构耐久性以及从设计、施工到使用全过程中经常出现的人为错误等方面去加强和保证结构的安全性。

不同的环境和使用条件、不同的设计对象都会对结构体系提出不同的布局和构造等方面的要求。规范再详细也不能包罗本应由设计人员解决的各种问题、规范更新得再快也适应不了新认识、新技术、新材料快速发展对结构提出的各种新的要求。

合理可靠的结构设计除了满足规范的要求外，还要求设计人员具有对结构本性的正确认识、丰富的经验和准确的判断，设计时要从构造材料等角度采取措施加强结构耐久性。

5. 设计转包加重安全隐患

现今我国的设计体制也不是很健全，个别国家级、省级的设计院，设计工作非常繁重，结果导致重视了大工程，忽略了小工程，小型工程甚至委托给私人设计公司，就更加难以保证设计质量。私人设计公司往往挂靠在某设计院名下，也能做一些工作，但负不了责任。这种不透明的设计分包，往往比施工分包造成更大的隐患。

6. 建筑材料质量问题不容忽视

我国材料市场中存在着假冒伪劣、以次充好的问题，水泥钢材、预应力器材、模板以及基础工程中的材料都或多或少地存在着质量问题，必须加强施工监理和质量监督。

7. 重建轻养，隐患增多

桥梁结构在设计寿命周期内各个组成部件具有不同的耐久性极限，需要定期检测、评价、鉴定、养护、修理，甚至更换或加固，才能保证结构在设计寿命期内的服务功能。

重建轻养的直接结果包括：随着交通量的与日俱增，车辆载重的不断提升，很多桥梁处于带病超负荷运营状态，损坏速度不断加快。以长江上已建的 46 座和在建的 19 座跨江大桥为例，长江航道局对这些桥梁进行了全面的安全隐患排查工作。检查发现，有些桥梁的安全责任主体不明确，特别是部分公路铁路两用桥，涉及多个管理单位，其建设单位主体不明确，桥梁安全管理责任不清晰，无法落实安全维护措施。长江上的桥梁中有 8 座没有委托航道部门设置桥区水上航标，有 7 座桥梁的管理单位不愿承担桥区航标维护费用，有 15 座桥梁没有制定相应的水上安全防范应急预案。

8. 环境影响的问题

外界环境因素对桥梁产生的病害主要是对结构材料的物理化学作用，特别是桥梁处于恶劣的环境中，例如海水飞溅区域，干湿交替的地方及既热又干燥的气候条件下，非常容易产生病害，且随时间推移而发展程度严重。在公路桥梁上使用除冰盐会形成一个局部人为的侵蚀环境，由于雨水冲刷桥面上的除冰盐，使桥梁的下部混凝土结构出现病害。

9. 其他原因

（1）灾害与事故

自然灾害会使桥梁产生相应病害，例如地震、洪水、泥石流和火灾等，会造成桥梁不同部位病害并会引起中断交通。

事故也是使桥梁产生相应病害的原因，例如船舶撞桥、车辆撞桥、车载重物由车辆下坠落至桥面等。

（2）重载交通

即为超载车作用。中小跨径桥梁的上部结构会由此产生较大的结构病害；而对大跨径桥梁，会引起桥面铺装病害。

二、桥梁病害与缺陷的类型及其分析

由于以上设计、施工、养护等原因造成的桥梁病害和缺陷类型繁多，按照桥型及病害缺陷特征可大致分为以下几种类型：

1. 梁体混凝土表观缺陷与病害

（1）蜂窝

梁体混凝土表面局部酥松，水泥浆少，集料之间存在空隙而没有有效地填满水泥浆，形成蜂窝状的孔洞。

在钢筋混凝土与预应力混凝土梁板体表面蜂窝往往还伴随着钢筋外露。

出现蜂窝现象表明梁体混凝土局部不密实且强度低，空气中的水汽及二氧化碳等易通过其进入混凝土内部，促使混凝土碳化及钢筋锈蚀，加速构件混凝土劣化，影响梁体混凝土耐久性，当有露筋现象时情况更严重。

（2）麻面

梁体混凝土表面局部缺水泥浆且仅有细集料、粗集料的粗糙面，或者表面有许多麻点小凹坑。一般情况下，钢筋未外露。

混凝土麻面为混凝土表面的缺陷，对结构受力影响不大，但局部混凝土内缺水泥浆，影响其耐久性和混凝土梁体外观。

（3）空洞

混凝土空洞是指深度超过钢筋的混凝土保护层且没有集料和水泥浆的内部空穴。

深度较浅的空洞可能会出现外壳混凝土剥落，使钢筋和空洞外露。混凝土空洞的存在削弱了结构的有效截面，对结构受力有影响。

（4）露筋

在钢筋混凝土梁体中主要是其受力主筋或箍筋没有被混凝土包裹而外露出表面。

在预应力混凝土梁体中，一般会是其非预应力钢筋外露出表面。

极易产生钢筋锈蚀，并引起钢筋锈蚀裂缝和混凝土剥离。

（5）缝隙夹层

混凝土内存在的，并在构件表面呈现水平方向或垂直方向的松散混凝土夹层。

常出现在整体现浇构件的施工缝、悬臂施工节段箱梁接缝等位置，外观可见混凝土结合不好，常有缝隙或夹有杂物。成为结构或构件混凝土开裂的薄弱环节。

（6）剥落

剥落是指构件混凝土表面水泥砂浆层流失而造成集料外露的现象，对构件混凝土耐久性有较大影响。

剥落按水泥砂浆流失程度可分为轻度剥落（水泥砂浆流失深度小于 6 mm，已可见到集料）、中度剥落（水泥砂浆流失深度达到 6 ~ 12 mm，集料间水泥砂浆已流失）、重度剥落（水泥砂浆流失深度达 12 ~ 15 mm，集料完全暴露）和严重剥落（水泥砂浆与集料均流失，且深度达到 25 mm 以上，钢筋已完全暴露）。

（7）预制板间企口缝混凝土剥落

预制板间企口缝混凝土剥落包括预制装配式钢筋混凝土和预应力混凝土空心板板缝混凝土脱落。

企口缝是空心板横向传力的重要构造。企口缝混凝土的脱落表明实际强度不够、质量差，因而造成空心板横向连接薄弱，很容易造成空心板的单板受力过大，破坏空心板梁桥上部结构横向整体受力性能，同时，使桥面铺装层产生沿企口缝（纵桥向）的裂缝，甚至破坏。而桥面水易由桥面铺装上的裂缝进入企口缝混凝土，进一步损坏企口缝内混凝土，往往可以在空心板底面观察到企口缝混凝土渗出的游离石灰。

2. 梁体裂缝

（1）先张法预应力混凝土板端部区段裂缝

先张法预应力混凝土板端部区段裂缝主要形态有：

①先张法预应力混凝土空心板端部混凝土表面上由空心板顶面向下延伸的竖向细小裂缝。

②在空心板截面重心轴下方附近的水平裂缝，起始于板端面，近似水平状向板跨中方向延伸，一般有 1 ~ 2 条，裂缝最大宽度在 0.1 mm 左右。

③在空心板底面预应力钢束附近的针脚状分布短裂缝。

先张法预应力混凝土空心板端部区段裂缝，尽管宽度不大，但是与伸缩缝装置距离很近，因而极易受到因伸缩缝密封不严而形成漏水的影响，进而影响预应力混凝土空心板的耐久性。空心板端部底面的针脚状分布裂缝是先张法钢束的锚固区域裂缝，易产生突然的破坏。

（2）后张法预应力混凝土梁端部区段裂缝

后张法预应力混凝土梁端部区段裂缝基本与预应力钢束方向一致，但位于预应力钢束附近的混凝土裂缝，裂缝比较细，最大宽度一般小于 0.1 mm。

后张法预应力混凝土 T 梁端部区段裂缝属于锚固区段的抗裂性不足，对梁的混凝土耐久性有一定影响。

（3）先张法预应力混凝土空心板底面纵向裂缝

在空心板的底面，一般是空心板截面的两腹板之间底面出现 1 ~ 2 条沿板跨径方向的纵向裂缝，裂缝呈断续或连续状，比较长。裂缝呈断续或连续状。裂缝处往往伴随有渗水痕迹或白化现象。

先张法预应力混凝土空心板底面纵向裂缝一般是底板的贯穿性裂缝，使空心板由原来的完整闭口截面变成了相应开口截面。对抗弯承载力有一定的影响，对截面抗扭性能亦有较大影响。同时空心板挖空部分的积聚水作用会造成钢筋锈蚀，因而影响空心板的混凝土耐久性。

（4）箱梁腹板斜裂缝

一类斜裂缝往往出现在边跨梁端附近区段、中跨梁在墩支座中心线与反弯点之间的区域。斜裂缝往往由箱梁下边缘向上斜向延伸，倾角在 15° ~ 45° 范围内。在中跨梁体上，腹板斜裂缝在跨间两边往往对称发生。

根据桥梁设计理论，预应力混凝土连续梁桥箱梁腹板不允许出现斜裂缝。腹板出现混凝土斜裂缝后，通过斜裂缝的预应力钢束和箍筋承受变幅的作用应力，可能使钢筋与混凝土之间的黏结进一步损坏而造成钢束（筋）的疲劳破坏。在极限情况下，钢筋可能屈服，并可能导致通常肉眼看不到而用仪器可以观测到的梁底错位。

（5）箱梁腹板弯曲裂缝

在钢筋混凝土连续箱梁的跨中区段和墩顶部位区段分别出现由箱梁底边缘向上延伸和由箱梁顶边缘向下延伸的竖向弯曲裂缝，其中较常见的是在跨中区段由梁底边缘向上延伸的弯曲竖向裂缝。

对节段施工的预应力混凝土箱梁，一般易在箱梁节段的接缝内或接缝附近出现弯曲竖向裂缝。

箱梁腹板弯曲裂缝往往还伴随箱梁底板（或顶板）的混凝土横向裂缝。

钢筋混凝土连续箱梁腹板弯曲裂缝最大宽度在限制值之内是正常的受力裂缝。

预应力混凝土 A 类构件和全预应力混凝土构件设计的预应力混凝土连续箱梁，不允许出现腹板弯曲裂缝。出现腹板弯曲竖向裂缝后，将引起箱梁的内力重分布。

（6）箱梁腹板竖向裂缝

在支架上现浇混凝土施工的钢筋混凝土和预应力混凝土连续箱梁的腹板上出现的垂直于梁轴线方向的竖向裂缝。竖向裂缝沿箱梁跨径方向分布，在箱梁跨中部位往往间距较小，而在其他部位间距较大。

一类箱梁腹板竖向裂缝是与箱梁底板横向裂缝相连，即腹板竖向裂缝下端达到箱梁截面下边缘。

另一类箱梁腹板竖向裂缝是在顶板下梗腋（箱外）和底板之间腹板的半高处，而裂缝呈中间宽度较大两端头细小的枣核形裂缝。

箱梁腹板竖向裂缝是在箱梁施工中由于措施不当引起的，其裂缝宽度会随一年四季的大气温度变化而变化，裂缝宽度一般较大。这种裂缝对箱梁的结构使用性能影响不大，但可能会影响箱梁的耐久性。

（7）箱梁底板纵向裂缝

在混凝土箱梁的底板下表面出现沿梁长方向的纵向裂缝，长短不一。一般多出现在混凝土箱梁的正弯矩作用区段（合龙区段较常见），也会出现在箱梁底板齿块附近。

出现在预应力混凝土箱梁底板上的纵向裂缝对箱梁受力特性有一定的影响，主要是混凝土箱梁在横向的抗弯刚度与抗扭刚度下降。

（8）箱梁顶板纵向裂缝

箱梁顶板纵向裂缝是指混凝土箱梁顶板下表面沿箱梁跨径方向的纵向裂缝。

一种是纵向裂缝延伸较长，往往在箱梁的跨中区段和接近支座部位箱梁区段。

3. 钢筋锈蚀与钢筋锈蚀裂缝

钢筋混凝土和预应力混凝土构件是将钢筋置于混凝土中，利用混凝土具有的高碱性在钢筋表面形成保护膜，避免钢筋生锈，但是已建桥梁中，由于某些因素影响，仍然存在钢筋锈蚀情况。

4. 混凝土碱 - 集料反应及裂缝

混凝土碱 - 集料反应是混凝土中某些活性矿物集料与混凝土孔隙中的碱性溶液之间发生的反应。

混凝土碱 - 集料反应是对混凝土桥梁危害很大的一种病害，随着时间推移而呈现混凝土表面开裂、混凝土剥离和混凝土破坏现象。

碱 - 集料反应破坏最重要的现场特征之一是混凝土表面开裂。如果混凝土没有施加预应力，则混凝土碱 - 集料反应产生的表面裂缝呈网状，每条裂缝长数厘米。刚开始时，裂纹从网节点呈三条放射状裂纹，夹角约120°，起因是混凝土表面下的反应集料颗粒周围的凝胶或集料内部产物的吸水膨胀。当其他集料颗粒发生反应时，便产生更多的裂纹，最终这些裂纹相互连通，形成网状裂缝。

预应力混凝土构件遭受严重的碱 - 集料反应破坏时，其膨胀力将垂直于约束力的方向，在预应力作用的区域裂缝将主要沿预应力方向发展，形成平行于预应力钢筋的裂缝，在非预应力作用的区域或预应力作用较小的区域混凝土表面出现网状开裂。

在工程现场检查时，应注意区别碱 - 集料反应裂缝与混凝土收缩裂缝。混凝土结构的收缩裂缝也会出现网状裂缝，但出现时间较早，多在混凝土施工期内，而碱 - 集料反应裂缝出现较晚，多在施工后数年甚至十几年以后；所处大气环境越干燥，混凝土收缩裂缝就越大，而碱 - 集料反应裂缝则是随着大气环境湿度增大而发展；在受约束的条件下，碱 - 集料反应膨胀裂缝平行于约束的方向，而混凝土收缩裂缝则垂直于约束方向。

混凝土碱 - 集料反应引起混凝土开裂的同时有时引起混凝土局部膨胀，以致混凝土表面一条裂缝的两个边缘不在一个平面（混凝土表面）上，这是混凝土碱—集料反应裂缝所特有的现象。

5. 混凝土冻融破坏

桥梁处于 Ⅱ 类环境条件（严寒地区的大气环境、使用除冰盐环境）下，潮湿或饱和的混凝土结构在冰融循环的反复作用下产生的混凝土冻害，称为混凝土冻融破坏。

6. 混凝土集料膨胀反应

混凝土集料膨胀反应是由于混凝土集料的膨胀而造成构件混凝土开裂、表层剥离等的一种病害。

膨胀集料位于构件离表面不深的混凝土内时，早期出现混凝土表面的放射性或网状的裂缝。

放射性或网状裂缝的中心大致在膨胀集料所在位置。进一步发展后会造成相应裂缝区域的混凝土剥离，剥离开头大致呈圆形。直径为 150 ~ 300 mm，在圆形剥离区最深处有似粗集料圆孔，里面即为膨胀集料，剥离后混凝土的粗集料和钢筋外露。

当混凝土的膨胀集料位于钢筋后，集料及水有膨胀后会顶弯钢筋造成顺钢筋向的裂缝和成片混凝土剥离。

桥梁伸缩装置是为使车辆平稳通过桥面，为满足上部结构和桥面变形的需要，在桥面伸缩缝处设置的各种装置的总称。

7. 橡胶条伸缩装置

橡胶条伸缩装置属于对接式伸缩装置，一般适用于伸缩量在 80 mm 以下的桥梁上部结构。桥梁上使用的橡胶条伸缩装置有两种，一种是矩形橡胶条伸缩装置，为填塞对接类型，在任何技术状态下都处于压缩受力状态；一种是不同形状的橡胶条被嵌固在伸缩装置的钢构件上，为嵌固对接类型，以橡胶条的拉压变形来适应桥梁上部结构的变位。

三、公路桥梁结构常见裂缝病害分析

桥梁结构在施工和营运使用过程中，常会出现各种不同形式的裂缝。对于砖、石、混凝土结构物来说，产生裂缝几乎是不可避免的；在钢筋混凝土部分预应力桥梁中允许出现裂缝；在全预应力桥梁中也有出现裂缝的可能。裂缝检查首先应判断裂缝的类型，其次再判断是否在允许范围内，是否需要维修或加固。

1. 从安全性分类

（1）正常的工作裂缝：在设计控制范围内的裂缝。

（2）非正常裂缝：超出规定范围的裂缝。

2. 从客观成因分类

（1）先天裂缝：由于设计不当，不可避免地在结构中产生的裂缝。

（2）原生裂缝：由于施工工艺不当，造成的结构中原本可以避免的裂缝。

（3）后天裂缝：正常使用荷载造成的累积损伤裂缝，及非正常荷载造成的突损伤裂缝。

3. 从力学机理来分类

从受力来看，裂缝可有弯曲裂缝、剪切裂缝、局部承压及伴随的劈裂和崩裂、拼接缝的分离和扩展、差动裂缝（由于外部约束或内部变形反应滞后而造成的一种混凝土裂缝）。差动是一种常见而又常常被忽略的裂缝成因。

4. 从产生因素来分类

从外因来看，裂缝产生的外界因素包括：荷载和变位；成桥内力；温度变化；材料时效（如收缩、徐变）；先天和后天的截面削弱；化学、物理作用（钢筋锈蚀；预应力筋锚头锈蚀；混凝土老化；酸碱腐蚀等）。

5. 从产生的时序来分类

从时间来看，裂缝有早期裂缝、强度成长期裂缝和使用期裂缝。早期裂缝（在终凝之前产生的裂缝）一般在浇筑后第二天才能发现，主要有沉降缝（塑性混凝土沉降引起）、早期伸缩缝、模壳变形缝、振动和荷载缝等。

第六章 梁桥上部结构加固与改造

第一节 梁桥加固基本原理

一、梁桥基本力学图示

在竖向荷载作用下，梁结构（图 6-1）是一种同时受到弯矩与剪力的结构；荷载在结构上既产生弯矩又引起剪力。梁上不同的截面上弯矩与剪力的量值有差，材料力学给出了弹性状态下正应力的计算公式：

$$\sigma = \frac{M}{W}$$

式中：

σ——在荷载作用下，主梁产生的正应力；

M——荷载对主梁产生的弯矩；

W——主梁截面的几何抗弯弹性模量。

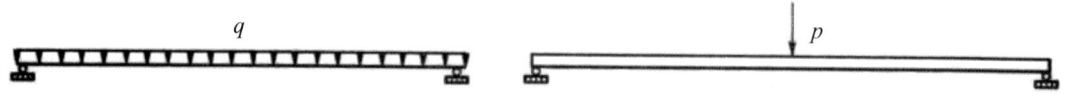

图 6-1 梁桥基本力学图式

由此可见，梁式桥的主梁受力状况由三个要素决定，即：荷载（恒载、活载）作用产生的内力（弯矩）、主梁截面面积决定的截面几何特性（惯性矩、几何抗弯弹性模量）以及主梁材料的自身强度。

当外界条件改变，如车辆荷载增加、超限、超重等，对桥梁引起的内力增大，超过主梁结构和材料强度的允许范围时，势必造成主梁受拉部位开裂、破损、承载力下降，成为危桥；随着运营年限的增加，各种外界因素导致材料性能恶化、强度降低，也将造成原桥承载力下降、开裂、破损，最终成为旧危桥。

二、加固基本原理

目前梁式桥加固，提高承载力的方法和技术种类繁多，但基本原理却是相同的。归纳起来都是遵循力学的基本原理，从桥梁结构的外界因素和内在状况改变的角度进行加固补强，提高承载力。

1. 从外因角度通过结构性能改变，提高主梁的承载力

（1）增大截面

采用喷射混凝土、现浇混凝土外包混凝土加大主梁截面尺寸等加固方法，都是属于增加截面的加固方法和技术。从公式可知，采用增大主梁截面的方法加固，目的是增加主梁截面抗弯惯矩或几何抗弯模量。当荷载产生的内力（弯矩）不变或荷载等级提高时，通过改变截面几何特性的途径，减少主梁截面承受的拉应力（通常压应力不控制设计），使其不超过主梁材料性能承受范围即 $\sigma < [\sigma]$，从而达到加固主梁、提高承载力的目的。

（2）增加主梁的强度

对主梁采用环氧砂浆（胶浆）粘贴钢板（筋）、环氧玻璃钢、碳纤维布、芳纶纤维布等高强材料，增加主梁的强度，都是属于此类加固方法和技术。从公式可知，增加主梁强度的方法，在不改变原主梁截面的前提下，当荷载等级不变或荷载等级增加时，增加了主梁的受拉区的材料强度，使荷载在主梁上产生的拉应力小于补强材料的强度，即 $\sigma < [\sigma]$，从而达到加固主梁、提高主梁的承载力的目的。

2. 从内因角度通过调整内力，提高主梁的承载力

改变原桥结构体系，将简支梁体系改变为连续梁体系、加八字支撑改变桥梁的跨径，或施加预应力将主梁结构由弯剪结构变为压弯剪结构，通过改变结构内力或应力分布，以达到提高承载能力的目的。

综上所述，无论采取何种加固方法和加固技术，无论采取外部条件改变主梁的结构性能，还是通过结构体系的改变调整主梁的内力的加固方法，其基本原理都是为了减少主梁承受的拉应力或增强主梁承受拉应力的能力，满足结构受力的需要，提高原桥梁的承载能力。

第二节 增大截面加固方法

目前，国内有相当一部分桥梁，在修建时荷载等级仅适应当年的要求，面对当今交通事业的发展，有的已表现出荷载等级偏低、承载力不足的缺陷，有的病害逐渐产生、发展

甚至成为危桥。其主要原因是：原桥钢筋和截面尺寸偏小，不能满足当前荷载等级和安全通行的要求。对于这部分桥梁，可以采用增大构件截面的方法进行加固。

一、加固基本原理及特点

增大截面加固法，是增大构件截面和配筋，用以提高构件的强度、刚度、稳定性和抗裂性，适用于钢筋混凝土和预应力混凝土受弯构件、钢筋混凝土受压构件的加固。

1.受弯构件加固受力特征

该法属于被动加固法，根据被加固构件的受力特点和加固目的要求，构件部位与尺寸、施工方便等可设计为单侧、双侧或三侧加固，以及四周外包加固。根据不同的加固目的和要求，又可分为以增大截面为主的加固，和以加配钢筋为主的加固，或者两者同时采用的加固。以增大截面为主的加固，为了保证补加的混凝土正常工作，亦需适当配置构造钢筋。加配钢筋为主的加固，为了保证配筋的正常工作，需按钢筋的间距和保护层等构造要求决定适当增大截面尺寸。

钢筋混凝土和预应力混凝土受弯构件采用增大截面法加固设计，主要有：增加受力主筋截面、增大混凝土截面两种方法。增大混凝土截面是增设现浇混凝土层来增大正截面高度，进而提高正截面抗弯承载力和刚度。而增加受力钢筋主筋截面是在受拉区截面外增设纵向钢筋，为了保证加固纵向钢筋的正常工作，需要按构造要求浇筑混凝土保护层，进而增大截面尺寸。因此，旧桥受弯构件的加固设计，应根据现场结构的实际情况，分别采用受压区或受拉区两种不同的加固形式。

2.加固构造规定

（1）新浇混凝土应符合下列要求：

①新浇混凝土强度级别宜比原构件混凝：土强度提高一级，并不低于C25。

②新浇混凝土层的最小厚度，对板不宜小于100 mm；对梁和受压构件不宜小于150 mm。

③当新浇混凝土层厚度小于100 mm时，可采用小石子混凝土或喷射高性能抗拉复合砂浆。在结构尺寸复杂和新浇混凝土施工条件差的情况下，可采用微膨胀或自密实混凝土。

（2）加固用的受力钢筋直径不小于12 mm，不宜大于25 mm，构造钢筋直径不小于10 mm，箍筋直径不宜小于8 mm。

（3）新增钢筋应符合下列要求：

①当新增纵向钢筋与原构件受力钢筋采用短筋焊接时，短筋的直径不宜小于12 mm，各短筋的中距不应大于500 mm。

②当用单侧或双侧加固时，应设置U形箍筋或封闭式箍筋。

（4）在受拉区增设混凝土加固的受弯构件，新增纵向钢筋需截断时，应从计算截断点至少再延长锚固长度。受压构件新增纵向受力钢筋应伸入与之相连的原结构中并满足锚固要求。

（5）新老混凝土接合面处，原构件的表面应凿成凹凸差不小于 6 mm 的粗糙面。

二、增焊主筋加固法

当梁内所配置的主要受力钢筋截面面积不足，无法满足抗弯承载力的要求，而桥下净空又受到限制不允许过多的增加主梁高度，此时采用增加纵向主梁钢筋的方法进行设计加固。增焊主筋加固法主要施工步骤如下：

1. 增焊主筋

凿开梁肋下缘混凝土保护层，露出主筋，将原箍筋切断并拉直，再把新增钢筋焊在原主筋上，新增受力钢筋与原受力钢筋净间距在 20 mm 以上，采用短筋或箍筋与厚钢筋焊接，增焊钢筋断头宜设在弯矩较小的截面。为减少焊接时温度应力的影响，施焊时应采用断续双面施焊，并从跨中向两支点方向依次施焊。

2. 增设箍筋

如果原桥梁的箍筋不足或腹板出现剪切裂缝，则加固过程中，在增焊主筋的同时还应在梁的侧面增加 U 形箍筋或封闭式箍筋，并与原构件牢固连接。具体做法是：在梁腹上埋入销钉，把补充的箍筋固定起来，并把箍筋上端埋入桥面板中。

3. 卸除部分恒载

加固时，为了减少原结构的截面应力，使新增加的钢筋充分发挥作用，有条件时应采取多点顶起等措施，将梁顶起或凿除部分桥面铺装，然后再进行加固（起顶位置和吨位由计算来确定）。

4. 恢复保护层

钢筋焊接好并接卡箍筋后，重新做好混凝土保护层。

此外，在现有桥梁中有一部分属于 T 形梁桥。这类桥因原截面高度不够或尺寸过小，导致承载力不足。对于这部分桥梁，可在梁肋下缘扩大截面面积，而在靠近支座的梁端部分仍保持原截面（即仅在跨中某区段将梁肋下缘截面加大），在截面扩大部分与保持原截面之间作一斜面过渡。在新增混凝土截面中增设受力主筋，通过加固层和原结构紧密结合在一起，共同承受外荷载作用。

为了保证新旧混凝土之间有良好的黏结，须在浇筑混凝土前，先将结合部位的旧混凝土表面凿毛，露出骨料，清洗干净。同时每隔一定距离（一般为 1 m 左右）凿露出主筋。以便通过锚固钢筋将新增加的主筋与原结构中的主筋相连接，新增加的混凝土一般采用悬挂模板现场浇筑。当采用加大混凝土截面法进行补强加固设计时，必须考虑结构分阶段受力这一特点，并进行详细的分析计算。这种加固方法只有在因补强加固所增加的恒载仍在原结构下缘受拉区强度许可的限度内方可采用，也就是说原结构截面必须能承受原有恒载和补强加固增加的恒载，而活载则由最后的组合截面承受。

三、增大混凝土截面加固法

受压区增大截面加固方法，一般用于跨径较小的 T 形梁桥或板梁桥。当原桥上部结构构件的承载力不足，截面面积过小，而墩台及基础较好，承载力较大，为了方便施工，可将原有桥面铺装层拆除，对桥面板表面进行处理后，再浇筑一层新的钢筋混凝土补强层，用以提高梁（板）的抗弯能力。

为了使新旧混凝土有良好的结合，应把原桥面板表面凿毛洗净，每隔一定的距离都要设置齿形剪力槽或埋设桩状（钢筋柱）剪力键，或用环氧树脂作为胶结层。同时，在桥面板，上铺设钢筋网，以增强桥面板的整体性和抗压能力，防止新浇筑的混凝土补强层开裂。钢筋网的钢筋直径与间距可根据补强层参与桥面板共同受力来确定。加固后重新铺设桥面的铺装层。

对于有三角垫层的桥面板，可将原作为传力结构的三角垫层凿去，代之以与原桥面板结合为整体；共同受力的钢筋混凝土补强层，或用钢筋混凝土补强层取代桥面铺装层。这样在不增加桥梁自重的情况下进行加固补强，效果更为明显。

这种方法施工简便，不需搭设支架，但施工时桥上行车受阻。因此，对于不允许中断交通的重要干线桥梁，这种加固方法受到一定的限制。此外，由于加厚部分使桥梁自重和恒载弯矩增加较多，并且仍然是原结构下缘受拉钢筋应力控制设计，故此加固方法一般只适用于跨径较小的 T 形梁桥或板梁桥，而且在加固前应对梁（板）的受力状况进行详细的分析，在梁（板）下翼缘强度容许的限度内确定桥面的加厚高度。

第三节　粘贴钢板加固方法

一、钢板粘贴补强法概念

钢板粘贴补强法采用环氧树脂系列黏结剂，将钢板直接粘贴在被加固的钢筋混凝土结构物的受拉区或抗剪薄弱部位，使之与结构物形成整体，用以代替需增设的补强钢筋，通过钢板与补强结构的共同作用，提高其刚度，限制裂缝开展，改善钢筋及混凝土的应力状态，提高梁的承载能力，以达到补强效果。

1. 特点

用粘贴钢板来加固桥梁，在国外已得到广泛的应用，国内也有不少实例。这是因为这种加固法具有以下特点：

（1）不损伤原有结构物。

（2）施工工艺简单，施工质量易于控制。

（3）施工工期短，经济性较好。

（4）钢板所占空间小，加固工程几乎不增大原结构物的尺寸，不影响桥下净空。桥梁自重增加很小。

（5）可在不影响或少影响交通的情况下施工。尽管工程质量要求很高，但施工时并不要求高级的专门技术人员操作。

（6）几乎可以不改变具有历史价值建筑的原有艺术特点。

（7）黏结剂的质量及耐久性是影响加固效果的主要因素。

（8）加固钢板容易锈蚀，必须进行严格的防锈处理。

2. 适用范围

本方法适用于对钢筋混凝土受弯、大偏心受压和受拉构件的加固。加固时，一般将钢板粘贴在被加固结构受力部位的表面既能充分发挥粘贴钢板的作用，又封闭粘贴部位的裂缝和缺陷，从而有效提高构件的强度刚度和抗裂性。设计时，可根据需要，在不同的部位粘贴钢板，有效地发挥钢板的抗弯、抗剪、抗压性能。

（1）为了提高桥梁结构的抗弯能力，在构件的受拉边缘表面粘贴钢板使其与结构形成整体受力。设计钢板长度时应将钢板的梁端延伸到低应力区，以减少钢板锚固端的黏结集中应力，防止黏结部位构件出现裂缝或粘贴钢板被拉脱的现象发生。

（2）如果桥梁结构的主拉应力区斜筋不足，为了增加结构的抗剪切强度，可将钢板粘贴在结构的侧面，并垂直于剪切裂缝的方向斜向粘贴（斜度一般为45°～60°），以承受主拉应力。也可以竖向粘贴成条状或用 U 形和 L 形箍板，两种形式都需要钢板压条。

当局部受力比较集中部位（悬臂梁牛腿处或挂梁端部）出现裂缝时，通过粘贴钢板可增强构件抗剪强度。

（3）粘贴钢板法也可提高桥梁刚度。

二、钢板粘贴补强法的设计

许多试验结果表明，粘贴后钢板与原有结构能够共同作用。因此，加固设计时钢板可作为钢筋的断面来考虑，将钢板换算成钢筋，原有构件承受恒载与活载，增加的钢板承受部分活载，钢板仅承受轴向应力作用。

粘贴钢板外表面，应进行防护处理，表面防护材料对钢板及胶黏剂应无害。如果原结构混凝土强度过低，它与钢板的黏结强度也必然很低，极易发生呈脆性的剥离破坏。因此，本方法不适用于素混凝土构件的加固，被加固混凝土受弯构件混凝土强度不应低于C20，受压构件不应低于C15，预应力混凝土构件不应低于C30。

1. 抗弯加固

国内外的试验研究表明，在受弯构件的受拉面和受压面粘贴钢板进行受弯加固时，其截面应变分布仍可采用平截面假定。

当用来提高构件的抗弯能力时，应把钢板粘贴在梁（板）受拉翼缘的表面上，使钢板与混凝土作为整体受力，以钢板与混凝土接缝处混凝土局部剪切强度控制设计。用于粘贴的钢板尺寸应尽可能薄而宽。薄钢板由于具有较好的柔性和弹性而易于与混凝土构件表面结合较为紧密。允许使用较厚的钢板，但为了防止钢板与混凝土黏结的劈裂破坏，要求其端部与梁柱节点的连接构造符合外黏型钢焊接及注胶方法的规定。合理的设计应控制在钢板发生屈服变形前，混凝土不出现剪切破坏。为避免钢板在自由端脱落，端部可用夹紧螺栓固定，或在钢板上按一定的距离用螺栓固定，效果更有保证。

钢筋混凝土结构构件加固后，其正截面受弯承载力的提高幅度不超过40%，其目的是控制加固后构件的裂缝宽度和变形，并且验算其受剪承载力，避免受弯承载力提高后而导致构件受剪破坏先于受弯破坏（强剪弱弯）。

2. 抗剪加固

当粘贴钢板用以加固和增加梁的剪切强度时，钢板应粘贴在梁的侧面，跨缝粘贴。用于粘贴的钢板可以是块状的，也可以是带状的，长度方向与主拉应力方向一致，垂直于裂缝。带状钢板沿垂直于裂缝的方向粘贴，斜度一般为45°～60°。梁的上下端应设水平锚固板，以提高端部的锚固强度，钢板厚度依设计而定。当采用钢板对受弯构件的斜截面承载力进行加固时，应粘贴成斜向钢板、U形箍或L形箍。斜向钢板和U形箍L形箍的上端应粘贴成纵向钢板压条予以锚固。

根据实际经验，对受弯构件斜截面加固的钢箍板粘贴方式作统一的规定，并且在构造上，只允许采用垂直于构件轴线方向的加锚封闭箍和其他三种有效的U形箍，不允许仅在侧面粘贴钢条受剪，因为试验表明，这种粘贴方式受力不可靠。

3. 锚固措施

（1）对受弯构件正弯矩区的正截面加固时，当粘贴的钢板延伸至支座边缘仍不满足延伸长度的要求时，采取下列锚固措施：

①梁应在延伸长度范围内均匀设置U形箍，且应在延伸长度的端部设置一道加强箍，U形箍应伸至梁翼缘板底面。U形箍的宽度，对端箍不应小于200 mm，对中间箍不应小于受弯加固钢板宽度的1/2，且不应小于100 mm。U形箍的厚度不应小于受弯加固钢板厚度的1/2。U形箍的上端应设置纵向钢压条，压条下面的空隙应加胶粘钢垫块填平。

②板应在延伸长度范围内通长设置垂直于受力钢板方向的压条。压条应在延伸长度范

围内均匀布置，且应在延伸长度的端部设置一道。钢压条的宽度不应小于受弯加固钢板宽度的 3/5，钢压条的厚度不应小于受弯加固钢板厚度的 1/2。

（2）直接涂胶粘贴钢板时也应使用锚固螺栓，锚固深度不应小于 6.5 倍螺栓直径。螺栓布置的间距应满足下列要求：

①螺栓中心最大间距为 24 倍钢板厚度，最小间距为 3 倍螺栓孔径。

②螺栓中心距钢板边缘最大距离为 8 倍钢板厚度或 120mm 中的较小者，最小距离为 2 倍螺栓孔径。

如果螺栓只用于钢板定位或粘贴加压时，则不受上述限制。

三、钢板粘贴补强法的施工工艺

钢板粘贴依据采用黏结剂的不同，其施工工艺也有所不同。若黏结剂为液状时，用灌注法；若黏结剂为胶状时，用涂抹法。前者在钢板安装后用注入法加入，后者是在钢板粘贴前用涂刷法事先涂好。当钢板厚度 ≤ 5 mm 或宽度 ≤ 300 mm 时，采用涂抹法粘贴钢板；当钢板厚度 > 5 mm 或宽度 > 300 mm 时，采用灌注法粘贴钢板。

1. 灌注法

先将加固钢板固定在混凝土上，将钢板与混凝土边缘密封后再向钢板与混凝土的间隙中压注流体状结构胶。因此，施工略复杂，但加固钢板厚度可较大（可超过 5 mm，允许达到 10 mm，但应采取类似外黏型钢节点的加强锚固措施），且单块加固钢板面积可较大，施工基本不受胶液可操作时间限制。

2. 涂抹法

在加固钢板及混凝土表面涂刮膏状建筑结构胶，在结构胶凝胶硬化前将钢板和混凝土黏合固定。因此施工较简单，但粘贴钢板厚度不能太厚（不超过 5 mm，最好 2 ~ 3 mm），且单块钢板面积较小，配胶、涂胶、固定等施工操作要求在胶的可操作时间（约为 40 min）内全部完成。

3. 粘贴钢板法施工步骤

（1）混凝土表面处理

混凝土表面应凿除粉饰层，清除油垢、污物，然后用角磨机打磨除去 1 ~ 2 mm 厚表层，较大凹陷处用找平胶修补平整，打磨完毕用压缩空气吹净浮尘，最后用棉布沾丙酮拭净表面，待粘贴面完全干燥后备用。

（2）钢板表面处理

钢板粘贴面应用角磨机进行粗糙、除锈处理，直至打磨出现光泽，使用前若洁净仅用干布擦拭即可。否则可用棉布沾丙酮拭净表面，待完全干燥后备用。

该工序所用主要物资：护目镜、防尘口罩、冲击电锤及扁铲、手锤、角磨机、金刚石磨片、砂轮片、空压机、棉布、丙酮。

（3）加压固定及卸荷系统准备

加压固定宜采用千斤顶、垫板、顶杆所组成的系统，该系统不仅能产生较大压力，而且加压固定的同时卸去了部分加固构件承担的荷载，能更好地使后粘钢板与原构件协同受力，加固效果最好，施工效率较高。

加压固定也可采用膨胀螺栓、角钢、垫板所组成的系统，该系统需要在加固构件上合适位置钻孔固定膨胀螺栓，仅能产生较小压力，不能产生卸荷效果，适合侧面钢板的粘贴。

（4）胶黏剂配制

建筑结构胶常为多组分，取洁净容器（塑料或金属盆，不得有油污、水和杂质）和称重衡器按说明书配合比混合，并用搅拌器搅拌至色泽均匀为止。搅拌时最好沿同一方向搅拌，尽量避免混入空气形成气泡，配置场所宜通风良好。

该工序所用主要物资：搅拌器容器、衡器、腻刀、手套。

（5）涂胶和粘贴

胶黏剂配制完成后，用腻刀涂抹在已处理好钢板面上（或混凝土表面），胶断面宜成三角形，中间厚 3 mm 左右，边缘厚 1 mm 左右，然后将钢板粘贴在混凝土表面，用准备好的固定加压系统固定，适当加压，以胶液刚从钢板边缝挤出为度。

钢板粘贴应选择干燥环境下进行。将配好的胶黏剂均匀地涂抹在清洁的混凝土和钢板条黏结面上。立面涂胶应自上而下地进行。钢板条黏结面上的抹胶可中间厚两边薄，板的中央涂抹胶的厚度为 3 ~ 5 mm。将钢板平稳对准螺栓孔并迅速拧紧螺帽，使钢板与混凝土紧密黏合，清除挤出的多余胶黏剂。钢板加压的顺序应由中间向两边对称进行。钢板厚度大于 5 mm 时，采用压力注胶黏结，先用封边胶将钢板周围封闭，留出排气孔，在钢板低端粘贴注浆嘴并通气试漏后，以不小于 0.1 MPa 的压力压入胶黏剂，当排气孔出现浆液后停止加压，并用封边胶封堵，再以较低压力维持 10 min 以上。

该工序所用主要物资：加压固定及卸荷系统，腻刀、手套。

（6）检验

检验时可用小锤轻击粘贴钢板，从音响判断粘贴效果，也可采用超声仪检测。若锚固区有效黏结面积少于 90%，非锚固区有效黏结面积少于 70%，应剥离钢板，重新粘贴。锚栓的植入深度应符合设计要求，钻孔深度偏差不应大于 5 mm。目测钢板边缘的溢胶色泽应均匀，胶体应固化。钢板的有效黏结面积应不小于 95%，可采用以下三种方法检查：敲击检测法、超声波检测法和红外线检测法。

（7）维护

加固后钢板宜采用 20 mm 厚 M15 水泥砂浆抹面保护，也可采用涂防锈漆保护，以避免钢材的腐蚀。

第四节　粘贴碳纤维复合材料加固方法

现代复合材料以 20 世纪 40 年代碳纤维增强复合材料 CFRP（玻璃钢）的出现为标志。目前已研发出了具有各种优异性能的聚合物基复合材料，包括玻璃纤维、碳纤维、芳纶纤维等增强复合材料。在航空航天领域、现代国防工业中 FRP（纤维增强复合材料）首先得到发展、应用。在民用工业如机械工业、交通运输、建筑工业以及生物医学、体育等领域，FRP 由于其优异性能而得到广泛应用。应用于钓鱼竿、高尔夫球棒、网球拍、羽毛球拍、赛车、赛艇、火箭壳体、卫星用结构材料、飞机刹车片等。

一、碳纤维复合材料加固机理

碳纤维布加固机理：工程材料的进步及新材料的出现，历来是土木结构工程发展的先驱和动力。碳纤维材料的出现和成功应用于土木工程的加固与补强上，使土木工程加固技术研究更上一个台阶。碳纤维是一种新型建材，因其质轻、耐腐蚀、片材很薄，抗拉强度高而被广泛应用。碳纤维布（片）加固法亦被视为梁式桥加固补强、提高承载能力，尤其是当高度受限制时的首选加固方法，其施工工艺也很简单。其适用于钢筋混凝土受压柱，以提高延性、耐久性的加固；亦可用于梁、板的加固。

与传统的其他加固方法相比，将抗拉性能优良的碳纤维布用粘贴材料粘贴到梁体底面或箱梁内壁上，使其与原结构一起受力，即碳纤维布可以与原结构内布置的钢筋一道共同承受拉力，以调高旧桥的承载能力。沿桥梁的主拉力方向（或与裂缝正交方向）粘贴碳纤维布，两端分别设置锚固端，据此可约束混凝土表面裂缝、防止裂缝再扩展，从而达到提高构件抗弯刚度、减少构件挠度、改善梁体受力状态的目的。

粘贴碳纤维复合材料加固法适用于梁、板的加固，可提高梁、板的承载力，对刚度的提高效果相对较差；亦可用于加固钢筋混凝土受压柱，以提高其承载力、延性、耐久性等。

碳纤维片材可采用下列方式对混凝土结构构件进行加固：

在梁、板构件的受拉区粘贴碳纤维片材进行受弯加固，纤维方向与加固处的受拉方向一致。

采用封闭式粘贴、U 形粘贴或侧面粘贴对梁、柱构件进行受剪加固，纤维方向宜与构件轴向垂直。

采用封闭式粘贴对柱进行抗震加固，纤维方向与柱轴向垂直。

二、碳纤维材料与要求

采用粘贴碳纤维片材对混凝土结构加固时，应使用碳纤维片材、配套树脂类黏结材料和表面防护材料。

1. 碳纤维片材

碳纤维布的抗拉强度应按纤维的净截面面积计算，净截面面积取碳纤维布的计算厚度乘以宽度。碳纤维布的计算厚度应取碳纤维布的单位面积质量除以碳纤维密度。

碳纤维板的性能指标应按板的截面（含树脂）面积计算，截面（含树脂）面积取实测厚度乘以宽度。

2. 配套树脂类黏结材料

采用碳纤维片材对混凝土结构加固时，应采用与碳纤维片材配套的底层树脂、找平树脂、浸渍树脂或黏结树脂。

3. 表面防护材料

对已加固完的结构表面应进行防护处理。表面防护材料应与浸渍树脂或黏结树脂可靠黏结。选用的防火材料及其处理方法，应使加固后的建筑物达到要求的防火等级。当被加固的结构处于特殊环境时，应根据具体情况选用有效的防护材料。

三、碳纤维复合材料加固设计及要点

1. 一般规定

（1）采用碳纤维复合材料加固受压柱时，原构件混凝土强度不得低于 C25。

（2）纤维复合材料宜粘贴呈条带状，非围束时板材不宜超过 2 层，布材不宜超过 3 层。

（3）对钢筋混凝土柱进行粘贴纤维复合材料加固时，条带应粘贴成环形箍，且纤维方向应与柱的纵轴线垂直。

加固大偏心受压构件，可将纤维复合材料粘贴于构件受拉区边缘混凝土表面，纤维方向应与柱的纵轴线方向一致。

加固受拉构件，纤维方向应与构件受拉方向一致。

梁的受拉区两侧粘贴纤维复合材料进行抗弯加固时，粘贴高度不宜高于 1/4 梁高。

采用封闭式粘贴或 U 形粘贴对梁、柱构件进行斜截面加固，纤维方向宜与构件轴线垂直或与其主拉应力方向平行。

（4）纤维复合材料沿纤维受力方向的搭接长度不应小于 100 mm，当采用多条或多层纤维复合材料加固时，其搭接位置应相互错开。

（5）当纤维复合材料绕过构件（截面）的外倒角时，构件的截面棱角应在粘贴前打磨成圆弧面，圆弧半径不应小于 20 mm，柱不应小于 25 mm。对于主要受力纤维复合材料不宜绕过内倒角。

（6）粘贴多层纤维复合材料加固时，宜将纤维复合材料逐层截断，并在每层截断处最外侧加压条，其粘贴形式采用内短外长式。

2. 梁和板的加固

对梁、板进行抗弯加固时，可在纤维复合材料两端设置 U 形箍或横向压条。其切断位置距其充分利用截面的距离不应小于按下式计算得出的黏结长度 l_d。

$$l_d = \frac{E_f \varepsilon_f A_f}{\tau_f b_f} + 200$$

式中：

l_d——纤维复合材料从强度充分利用截面向外延伸所需的黏结长度（mm）；

E_f——纤维复合材料的弹性模量；

ε_f——充分利用截面处纤维复合材料的拉应变；

A_f——受拉面上粘贴的纤维复合材料的截面面积；

τ_f——纤维复合材料与混凝土间的黏结强度设计值（MPa），一般取 0.5MPa；

b_f——受拉面上粘贴的纤维复合材料的宽度（mm）。

当纤维复合材料延伸至支座边缘仍不满足黏结长度 ls 的规定时，应采取以下锚固措施：

（1）对于梁，在纤维复合材料延伸长度范围内至少应设置两道纤维复合材料 U 形箍锚固。U 形箍宜在延伸长度范围内均匀布置，且在延伸长度端部必须设置一道。U 形箍的粘贴高度宜伸至顶板底面。每道 U 形箍的宽度不宜小于受弯加固纤维复合材料宽度的 1/2，U 形箍的厚度不宜小于受弯加固纤维复合材料厚度的 1/2。

（2）对于板，在纤维复合材料延伸长度范围内至少设置两道垂直于受力纤维方向的压条。压条宜在延伸锚固长度范围内均匀布置，且在延伸长度端部必须设置一道。每道压条的宽度不宜小于受弯加固纤维复合材料条带宽度的 1/2，压条的厚度不宜小于受弯加固纤维复合材料厚度的 1/2。

（3）当纤维复合材料的黏结长度小于按公式计算所得长度的 1/2 时，应采取可靠的附加机械锚固措施。

对梁、板负弯矩区进行受弯加固时，碳纤维片材的截断位置距支座边缘的延伸长度应根据负弯矩分布确定，且对板不小于 1/4 跨度，对梁不小于 1/3 跨度。

当采用碳纤维片材对框架梁负弯矩区进行受弯加固时，应采取可靠锚固措施与支座连接。

当碳纤维片材需绕过柱时，宜在梁侧 4 h_f' 范围内粘贴；当有可靠依据和经验时，此限制可适当放宽。板受弯加固时，碳纤维片材宜采用多条密布方案。当沿柱轴向粘贴碳纤维片材对柱的正截面承载力进行加固时，碳纤维片材应有可靠的锚固措施。

四、施工工序

1. 施工准备

首先认真阅读设计施工图。然后根据施工现场和被加固构件混凝土的实际情况，拟订施工方案和施工计划。最后对所使用的碳纤维片材、配套树脂、机具等做好施工前的准备工作。

2. 表面处理

清除被加固构件表面的剥落、疏松、蜂窝、腐蚀等劣化混凝土，露出混凝土结构层，并用修复材料将表面修复平整。然后按设计要求对裂缝进行灌缝或封闭处理。把被粘贴的混凝土表面打磨平整，除去表层浮浆、油污等杂质，直至完全露出混凝土结构新面。转角粘贴处应进行导角处理并打磨成圆弧状，圆弧半径不应小于 20 mm。混凝土表面应清理干净并保持干燥。

3. 涂刷底层树脂

该工序用于渗透入混凝土表面，促进黏结并形成长期持久界面的基础；油灰，用于填充整个表面空隙并形成平整表面以便使用碳纤维片材；浸渍树脂或黏结树脂，前者用于碳纤维布粘贴，后者用于碳纤维板粘贴。按产品生产厂提供的工艺规定配制底层树脂。采用滚筒刷将底层树脂均匀涂抹于混凝土表面。可以在底层树脂表面指触干燥后，尽快进行下一工序的施工。

4. 找平处理

按产品生产厂提供的工艺规定配制找平材料。对混凝土表面凹陷部位用找平材料填补平整，不应有棱角。转角处应采用找平材料修理成为光滑的圆弧，半径不应小于 20 mm。可以在找平材料表面指触干燥后，尽快进行下一工序的施工。

5. 粘贴碳纤维片材

（1）粘贴碳纤维布

按设计要求的尺寸裁剪碳纤维布；按产品生产厂提供的工艺规定配制浸渍树脂，并均匀涂抹于粘贴部位；将碳纤维布用手轻压贴于需粘贴的位置，采用专用的滚筒顺纤维方向多次滚压，挤除气泡，使浸渍树脂充分浸透碳纤维布，滚压时不得损伤碳纤维布；多层粘贴时重复上述步骤，并宜在纤维表面的浸渍树脂指触干燥后尽快进行下一层粘贴；在最后一层碳纤维布的表面均匀涂抹浸渍树脂。

（2）粘贴碳纤维板

按设计要求的尺寸裁剪碳纤维板，并按产品生产厂提供的工艺规定配制黏结树脂；

将碳纤维板表面擦拭干净至无粉尘。当需粘贴两层时，底层碳纤维板的两面均应擦拭干净；擦拭干净的碳纤维板应立即涂刷黏结树脂，树脂层应呈突起状，平均厚度不应小于2 mm；将涂有黏结树脂的碳纤维板用手轻压贴于需粘贴的位置。用橡皮滚筒顺纤维方向均匀平稳压实，使树脂从两边挤出，保证密实无空洞。当平行粘贴多条碳纤维板时，两条板带之间的空隙不应小于5 mm；需粘贴两层碳纤维板时，应连续粘贴。当不能立即粘贴时，再开始粘贴前应对底层碳纤维板重新进行清理。

6. 表面防护

防紫外线辐照、防火和保证防护材料与碳纤维片材之间有可靠的黏结。施工宜在5℃以上环境温度条件下进行，环境温度低于5℃时，应使用适用于低温环境的配套树脂或采用升温处理措施。在表面处理和粘贴碳纤维片材前，应按加固设计部位放线定位。

第五节　体外预应力加固方法

一、体外预应力加固法基本概念

体外预应力加固是指运用预应力原理，通过增设体外预应力索（包括钢绞线、高强钢丝束和精轧螺纹钢筋）对既有混凝土梁体主动施加外力，以改善原结构的受力状况的加固方法。对于钢筋混凝土或预应力混凝土梁板，采用对受拉区施以预加压力的加固方法，可以抵消部分自重应力，起到卸载作用，从而能较大幅度地提高梁的承载能力。体外预应力加固法，既可作为桥梁通过重车的临时加固手段，又可作为永久性提高桥梁荷载等级的措施。

体外预应力加固体系主要由预应力钢筋（束）、锚固系统转向块或滑块、水平束减振装置和梁体组成，可用于混凝土简支梁、连续梁及连续刚构桥等的加固。用预应力方法加固桥梁结构时，应考虑的主要问题有：施加预应力方式方法，预应力损失的估计和减少预应力损失的措施以及预应力加固的计算等。

工程实践表明，桥梁体外束加固技术具有如下优点：

施工工艺简单，体外束不需要设置结构内部管道，在原有结构上固定预应力束方便、快捷，加固块件的制作质量容易控制，安装张拉方便，所需设备简单、人力投入少、工期短、干扰交通少、经济效益明显；附加重量小，能够较大幅度地提高旧桥承载能力。加固后所能达到的等级与原桥设计标准及安全储备有关，一般情况下可将原桥承载力提高30% ~ 40%。利于结构的轻便和美观；对原结构损伤小，可以做到不影响桥下净空、不增加路面高程；体外预应力束线形简单，预应力损失小，材料使用效率高；在加固过程中，可以实现不中断交通或短时限制交通。便于检测、检查及维护；体外预应力加固需要可靠的防腐设计，要限制自由长度以控制振动，防止火灾。

1. 施加预应力常用方法

用预应力法加固钢筋混凝土或预应力混凝土梁板，其加固件一般采用钢杆、粗钢筋或钢丝索等钢材，施加预应力的方法有纵向张拉法、横向张拉法和张拉钢丝束等。纵向张拉法在施加的预应力数值较小时可采用螺栓、丝杆、花篮螺钉等简易拉紧器进行张拉。在施加的预应力较大时，可采用手拉葫芦、千斤顶张拉或电热法张拉。横向张拉法基本原理是在钢拉杆中部施加较小的横向外力，从而可在钢拉杆内获得较大的纵向内力。由于横向张拉外力一般并不很大，采用螺栓、丝杆、花篮螺钉等简易工具即可。钢丝束通常通过锚具用千斤顶进行张拉，如果张拉要求不高，可以采用撬棍等工具绞紧钢丝绳束，亦可产生预拉应力。

2. 预应力损失估计和减少预应力损失的措施

预应力损失是影响到预应力加固的适用范围和加固后工作状态的重要问题。预应力损失，由加固件本身和承受加固件作用的结构两方面的变形而产生，主要的具体因素有：

（1）基础徐变和地基沉降。

（2）被加固构件收缩和其他变形。

（3）加固件本身徐变。

（4）加固件节点和传力构造变形。

（5）温度应变。

在预应力加固件使用过程中，由于基础沉降、温度应变、新浇混凝土徐变等具体原因将产生较大预应力损失，这时，为减少预应力损失以保证加固效果，必须在加固过程中，预留构造措施，以便在使用过程中及时调整加固件的工作应力数值。

3. 预应力加固设计特点

体外预应力加固的技术特点如下：

（1）在自重很小的情况下，能较大幅度地改善和调整原结构的受力情况，提高承重结构的刚度、抗裂性；体外预应力筋布置在构件截面以外，其锈蚀状况便于检查，可以修补或更换；由于体外预应力筋的变形与混凝土截面不协调，力筋的应力沿长度方向分布均匀，变化幅度小，能够有效控制原结构的裂缝和挠度，使裂缝部分或全部闭合；能够控制和调校体外束的应力。

（2）体外预应力筋无混凝土保护，易遭火灾破坏，并要限制自由长度以控制振动；转向和锚固装置因承受着巨大的纵、横向力，比较笨重；对于体外预应力结构，锚固失效意味着预应力的丧失，所以锚具防腐要求高；承载极限状态下体外预应力结构的抗弯能力小于有黏结和无黏结预应力结构；体外预应力结构在极限状态下可能因延性不足而产生没有预兆的失效。

4. 适用范围

（1）正截面抗弯承载力不足或正截面受拉区钢筋锈蚀。

（2）梁抗弯刚度不足导致原梁挠度超过规范规定或由于刚度太小导致梁的受拉区裂缝宽度超过规范规定。

（3）梁斜截面抗弯承载力不足。

二、预应力拉杆加固钢筋混凝土梁板

钢筋混凝土梁板预应力补强加固一般采用预应力拉杆，常用的拉杆体系有三种：水平预应力补强拉杆、下撑式预应力补强拉杆以及组合式预应力补强拉杆。各种拉杆体系的结构和加固原理分述如下：

1. 水平预应力补强拉杆加固法

对于钢筋混凝土或预应力混凝土的 T 梁或工字梁桥，可采用在梁断面的受拉力，即在梁底下加设预应力水平拉杆的简易补强方法进行加固。当拉杆安装并通过紧俏钢栓实施横向拉力后，钢拉杆内将产生较大纵向拉力，于是，梁受拉区就受到拉杆顶压应力的作用，梁中受拉应力也就相应减少。从加固原理上看，这种补强加固法可提高梁构件正截面抗弯承载能力，但不能提高支座附近斜截面抗剪承载能力。

2. 下撑式预应力补强拉杆加固法

下撑式预应力补强拉杆的加固方法，是将水平补强拉杆在接近支座处向上弯起，锚固于梁板支座的上部，弯起点处增设传力构造，再施加预拉应力。这种加固法的预应力补强拉杆用钢材做成，拉杆弯起点设立柱，立柱用钢筋混凝土或混凝土做成；立柱一般设在 1/4 跨径的地方，以使预应力加固的斜拉杆与水平线的角度为 30° ~ 45°。

预应力加固件的斜拉杆，装在被加固的 T 梁腹板左右两侧支座上方的两端。在钢筋混凝土梁上凿开一个安装垫座的位置，割去一部分梁的钢筋箍和竖钢箍，将用角钢或槽钢做成的支承垫座安放在凿好的洞内，并与斜拉杆成垂直角。斜拉杆的一端插入支承垫座内用螺帽扣紧，另一端在立柱下面用一对节点板和水平拉杆结合。装好之后，用花篮螺丝把加劲的水平拉杆拧紧。为减少对桥下净空的影响，预应力补强拉杆也可布置在主梁腹部的两侧（中性轴以下）。由于下撑式预应力补强拉杆布置较为合理，拉杆中施加预应力后，通过拉杆弯起点的支托构件传力，与梁结构产生作用力，起到卸载的作用。这种加固方法的优点是可对受弯构件垂直截面上的抗弯强度和斜截面上的抗剪强度同时起到补强作用。此法加固效果显著，可将原结构的承载能力增大 1 倍。

3. 组合式预应力补强拉杆加固法

既布置水平补强拉杆，又布置下撑式补强拉杆，这种加固方式称为组合式预应力加固方法。组合式预应力补强拉杆的加固方法，既具有下撑式预应力补强拉杆，同时提高抗弯、抗剪强度的优点，又可在必要时将通常安设的两根拉杆增加到四根（两根水平拉杆），从而可大幅度地提高承载能力。

上述三种预应力补强拉杆加固法的采用，可根据具体情况进行选择。从补强的内力种类来看，当梁板跨中受弯强度不足，而斜截面上抗剪强度足够时，可采用水平预应力拉杆及其他两种拉杆。当梁板支座附近斜截面抗剪强度不足时，则采用下撑式和组合式预应力拉杆。从要求补强加固后承载能力提高较大时，宜采用组合式补强拉杆。此外，三种拉杆的选择均须考虑施工的方便与可能。

三、体外预应力索加固大跨径连续梁桥、连续刚构桥

1. 体外预应力的布设原则

（1）预应力筋的外形和位置应尽可能与弯矩图一致，合理的预应力筋的布置形状应该是使张拉预应力筋所产生的等效荷载与外部荷载的分布形式上基本一致。

（2）为了获得较大的截面抵抗弯矩，控制截面处的预应力筋应尽量靠近受拉边缘布置，以提高其抗裂能力及承载能力。

（3）尽可能减少预应力筋的摩擦损失和锚固损失，增大有效预应力值，以提高施加预应力的效益和构件的抗裂性。

2. 布束形式

体外预应力筋（束）布置方式须考虑桥梁结构的内力分布状况。体外预应力筋（束）可根据原结构的构造及断面形式布置在梁体的外侧或内侧。对箱梁宜将体外预应力筋（束）布置在箱（室）的内侧。体外预应力筋（束）沿桥梁纵向长线布置，横桥向应对称。

对于截面变高度桥梁的情况完全不同。当每跨内有两个转向内横梁时，由于截面高度的变化，内横梁必须尽量靠近跨中弯矩较大的区域，以提供必需的偏心距，但此时体外束提供的预剪力却很小。当跨中截面与墩顶截面的高度相差较大时，体外束仅有很小的偏转角度，对结构的抗剪不利，此时应该增加转向内横梁的数目以改善结构的抗剪性能。由于墩顶附近截面高度变化较快，没有必要在此处引入较大的预剪力，因此在跨内其他部分增大体外索的偏转角度是合适的。最好的解决方法是对主梁高度的变化曲线进行修正，将梁底曲线改为三段；左右两段为抛物线变化，其总长为跨径的40%～50%，中间为等高度的直线段，这种曲线明显好于整个跨内均为抛物线形式。

为减少墩顶横梁上锚固点的数目，体外束也可以在两跨之间通常布置即体外索在两跨的中间墩顶横梁通过而不锚固，这样，有利于锚固点的空间布置，改善了横梁的受力条件。同时可以降低工程造价，因为锚具的费用很高，尤其是可更换的体外索的锚具。

四、施工工艺

体外预应力体系有四个基本组成部分，即体外预应力束、体外束锚固系统、体外束转向装置和体外束防腐系统。体外预应力混凝土结构是一种采用体外预应力体系的混凝土结构，根据其是否同时配置体内预应力筋，可区分为体内、体外混合预应力混凝土结构和全体外预应力混凝土结构。

1. 预应力筋加工与运输

（1）预应力所用的粗钢筋、钢绞线等预应力材料在下料安装之前要密封包裹，防止锈蚀。

（2）运输过程中要防止钢材之间相互碰撞而变形损坏。预应力材料必须保持清洁，在存放和搬运过程中应避免机械损伤和锈蚀。如材料进场后需长时间存放，必须安排人员定期进行外观检查。仓储保管时，仓库应干燥、防潮、通风良好、无腐蚀性气体和介质；室外保管时，时间不宜超过 6 个月，不得直接堆放在地面上，必须采取下面垫以枕木并在其上用防雨布覆盖等有效措施，防止雨露和各种腐蚀性气体、介质的影响。

（3）钢绞线、精轧螺纹钢筋应采用切断机或砂轮锯切断，不得采用电弧切割。预应力筋的下料长度应通过计算确定，计算时应考虑张拉设备所需的工作长度、冷拉伸长值弹性回缩值、张拉伸长值和外露长度等因素。

2. 安装及张拉

（1）简支梁桥体外预应力加固

按设计要求凿出锚固槽口，在槽口内按设计要求的角度钻孔，并粘贴锚固钢板。按设计要求安装转向装置。对称、均衡张拉至设计吨位，拉杆的松紧度应调整一致。张拉方法按现行《公路桥涵施工技术规范》（JTG/T F50-2011）执行。

（2）箱梁体外预应力加固

按设计要求增设横隔板或齿板，安装锚具，在横梁、转向块位置的混凝土上粘贴钢板，待结构胶完全达到强度后才能进行张拉。为了使预应力钢绞线在锚固点附近成喇叭口状分布在锚具上，锚固端 400mm 范围内应将孔道逐渐扩宽满足锚具安装要求。

各体外束的张拉应按设计要求进行。当设计未做具体要求时，施加张拉力次序为：$0 \rightarrow 15\% \rightarrow 0 \rightarrow 50\% \rightarrow 80\% \rightarrow 100\%$。

3. 施工监控

在控制张拉力和伸长量的同时，应对旧桥主要断面的应变及整体挠度进行监控。

4. 齿板、转向块（板）及滑块

（1）齿板

按照设计图纸进行放样，确定齿板纵向位置。探测出底板原预应力筋位置如果与新增齿板位置有冲突时，可经设计同意后调整齿板横向位置。然后凿除底板混凝土保护层，露出新鲜混凝土面，将混凝土碎渣清理干净，使底板纵向和横向钢筋外露，并用钢刷除去钢筋上的锈迹。按照设计要求在底板植筋。等到植筋胶固化后，绑扎齿板钢筋，调整锚具位置及角度，并将齿板钢筋和原底板钢筋焊接成整体。立模浇筑齿板混凝土，等到齿板混凝土强度达到设计强度后才能张拉预应力束。

（2）转向块

新浇混凝土转向块与梁体间接缝处必须人工凿毛处理，需要植筋时可参照《公路桥涵施工技术规范》（JTG/T F50-2011）的要求。为减少体外索水平筋（束）在活载作用下发生振动，应沿其纵向设置水平筋（束）减振装置。

（3）滑块

滑块可用钢材或混凝土浇筑成型，对于后者需预留孔道以穿入水平预应力钢筋。水平滑块的钢垫板需粘贴在梁的底面。当在水平滑块上设置聚四氟乙烯滑板时，可将其预先粘贴在钢垫板上或滑块的顶面上。水平预应力钢筋的定位座可粘贴在跨中梁底位置上。

5.防腐与防护

体外预应力筋张拉结束后应按设计要求进行防腐处理。当体外预应力筋采用成品索，自身带有防腐功能时，可不采取防腐措施。

第六节　增加辅助构件加固方法

一、增设纵梁加固法

在墩台地基安全性能好，并具有足够承载能力的情况下，可采用增设承载能力高和刚度大的新纵梁，这些新梁与旧梁相连接，共同受力。由于荷载在新增主梁后的桥梁结构中重新分布，使原有梁中所受荷载得以减少，由此使加固后的桥梁承载能力和刚度得到提高。当增设的纵梁位于主梁的一侧或两侧时，则兼有加宽的作用。

旧桥梁中间增设纵梁时，可拆除个别主梁或两相邻主梁之间的翼板，从而形成空位，然后再在空位上安装承载能力和刚度都比原有主梁大的新纵梁。

为保证新旧主梁能够共同工作，关键在于使新旧混凝土之间形成可靠的联结。因此，必须注意做好新旧梁之间的横向联结。横向联结的做法很多，有企口铰接、键槽联结、焊接和钢板铰接等。对装配式板梁，可采用企口铰接、键槽联结的形式，而常用的是梁跨中部分采用企口铰接，而在较薄弱的梁端需采用数道键槽联结。

原桥为装配式T梁时，可采用沿梁跨设置数道键槽的方法，使新纵梁与原有主梁的翼板联结成一体。这种键槽联结能承受接头处的剪切应力和局部承压力。为实现这种键槽联结，施工时必须在原梁翼板上每隔一小段距离凿一个正方形或圆形孔洞，安装后正好互相吻合对齐，键槽的构造或刚性型钢。在设置好锚固钢筋和防收缩钢筋网之后，在对齐的孔洞中和装配式钢筋混凝土梁的接缝中浇筑细石水泥混凝土使之成为整体。

采用这种加固方法加固的桥梁，对其做静动试验的情况表明，加固后桥梁整体刚度增大，荷载横向分布性能改善，各梁受力均匀，实测挠度很小，达到提高通行能力的要求。

二、增设横隔梁

对于因横向整体性差而降低承载能力的桥梁上部结构，可以采用增加横隔梁的方法，增加各主梁之间的横向联结。此时可在新增横隔梁部位的主梁梁肋上钻孔，设置贯通全桥宽的横向连接钢筋，此钢筋的梁端用螺帽锚固在两侧主梁梁肋外侧。新筑新增横隔梁混凝土之前应将与主梁结合处的混凝土表面先凿毛洗净，然后悬挂模板浇筑横隔梁混凝土。

三、梁式桥上部结构拓宽与改建

为了提高桥梁的通行能力，适应线路拓宽改建要求，必须把宽度较窄的桥梁加以拓宽改建。梁式桥梁上部结构拓宽改建，有单边拓宽改建和双边对称拓宽改建两种形式。

1. 单边拓宽改建法

当原有公路路线是以单边拓宽进行改建时，相应地对旧桥也可采用单边拓宽的形式予以改建。单边拓宽的做法是，平行于原桥另建一座新的桥跨结构。

2. 双边对称拓宽改建法

为了与旧有路线双边对称拓宽的方案相适应，许多旧桥也应采用双边对称拓宽的改建方案。双边拓宽的形式，主要有增设独立边梁作为人行道，以及增设大边梁来拓宽旧桥桥面和提高旧桥承载能力等。施工步骤如下：

（1）掀开桥面铺装，凿除旧梁翼板，切断横隔梁。

（2）利用原桥搭设脚手架，支立模板，安装钢筋骨架，安装支座。

（3）浇筑混凝土，强度达到 75% 后拆除模板。

（4）焊接新旧横隔梁联结部位的钢板，浇筑接缝处的混凝土。

（5）焊接上翼板处和桥面的钢筋，并浇筑混凝土。

第七节　改变结构体系加固方法

一、改变结构体系加固概念及原理

改变结构体系加固，实际就是通过改变桥梁结构体系以调整结构上内力的分布，例如：在简支梁下增设支架或桥墩，或把简支梁与简支梁加以连接从而变为连续梁，或者在梁下增设钢桁架等的加劲梁或叠合梁，或者改小桥为涵洞等。改变结构体系的根本目的在于，提高桥梁的承载能力。

改变结构体系的方法很多，但往往皆要在桥下操作，或设置永久设施，因而影响桥下净空。因此，要在不影响通航及桥梁泄洪能力的情况下使用。

该法加固效果较好，也是一种解决临时通行超重车辆常见的加固措施。重车通过后临时支墩可以拆除，故对通航、排洪影响不大。

改变桥梁原结构受力体系会使某些控制截面内力降下来，但也会使某些截面内力增大，或者支承反力发生变化。因此，使用该法加固梁桥要求：

1. 对需要采用改变体系法加固的结构，须进行深入、细致的方案论证。

2. 采用改变结构受力体系加固法，应对新、旧整体结构的各受力阶段进行验算。

3. 必要时综合使用其他加固法作为加固补充。

4. 施工中应严格执行规定的施工方法。

二、简支梁变为连续梁加固法

简支变连续加固是将多跨简支梁转变为连续梁的方法。采用在简支梁下增设临时支墩或把相邻的简支梁加以连接的方法，可改变原有结构物的受力体系—由简支梁变为连续梁，降低了车辆活载、人群以及二期恒载在原梁跨中截面的弯矩。但在原相邻跨梁端部，出现负弯矩，同时支座反力也会发生变化。该法的构造要求为：

1. 简支变连续加固的结构连续可采用在墩顶部位结构上缘加设普通钢筋或增设预应力束并现浇接头混凝土形成结构连续体系。原梁的截面尺寸不足时，需采用增大截面法等措施。

2. 中支点处 T 梁应新增横系梁。

3. 除对主梁墩顶部位连接段进行分析外，还应对其他相关截面进行验算。简支梁体系转换后的正截面承载力和斜截面承载力计算时，结构体系转换前恒载仍由简支体系承担，转换后新加恒载及活载由连续体系承担。对于桥龄 10 年以上的桥梁，可不考虑原混凝土收缩、徐变的影响。

将多跨简支梁的梁端连接起来，变为多跨连续梁，施工工序做法如下：

1. 掀开桥面铺装层，将梁顶保护层凿除使主筋外露，并将箍筋切断拉直；沿梁顶增设纵向受力主筋，钢筋直径和根数依梁端连接处所受负弯矩大小而配置。

2. 浇筑梁顶加高混凝土和梁端接头混凝土。

3. 拆除原有支座，用一组带有加劲垫板的新支座代替原有的两个支座。

4. 重新做好桥面铺装。

用临时支架加固时，改变了原简支梁桥的受力体系，支点处将产生负弯矩，故与上述方法基本原理相同。此法由于缩短了桥梁跨径，使桥梁承载能力得到提高。

三、增设支承结构加固

该方法适用于桥下净空有利用空间的梁、板、桁架等结构的加固。按支承结构与原结构的连接形式不同分为固结法和铰支法两种，按照支承结构的竖向刚度大小分为刚性支撑和弹性支撑。支承结构的竖向变形对主梁内力的影响可以忽略时按刚性支撑计算，否则按弹性支撑考虑。为充分发挥新增构件的作用，宜采用预订措施。预订力的大小及施力位置以保证结构恒载下的安全为原则。加固计算：

1. 固结法加固要求新增结构与主梁固结。计算时需根据主梁预订情况对结构进行必要的验算。基础验算时应考虑新增结构传递弯矩的影响。

2. 铰支法加固是主梁与新增结构铰接。主梁应验算预订力及位移所产生的效应；同时应验算支承结构及基础在预订力作用下的效应。

四、加劲梁或叠合梁加固法

采用加劲梁或叠合梁以增强主梁的承载能力，也是常用的改变桥梁结构体系的一种加固法。加劲梁或叠合梁的形式有多种。

采用加劲梁和叠合梁加固时，应根据加固时结构体系转换的实际受力状态，分清主次，进行合理的抽象和简化，得出计算图示，进行补强计算。因实际结构比较复杂，各种结构部分之间存在着多种多样的联系，而决定联系性质的主要因素是结构各部分的刚度比值。故新旧结构体系可依据相对刚度大小分解为基本部分和附属部分，以分开计算其内力，如分为主梁与次梁、主跨与副跨，并注意略去结构的次要变形，从而得到较简明的力学图式。

第七章　拱桥上部结构加固与改造

第一节　拱桥加固基本原理

一、历史发展

拱桥是我国使用最广泛的桥型之一，在桥梁发展史上具有重要的地位。据统计，目前我国公路桥梁 60% 左右为拱桥，这些拱桥大部分为 20 世纪 70 至 80 年代建设，设计荷载等级比较低；随着我同经济高速发展以及交通大件运输的需求，这些桥梁发生了不同程度的病害，一些结构性病害甚至危及桥梁运营安全。如何确保低荷载等级桥梁的使用安全和如何提高桥梁的荷载等级，是桥梁加固工作中的重要问题。

二、结构受力特点

1.拱桥基本力学图示

拱结构的基本力学图式中，拱在荷载（恒载、活载）作用下，除了承受荷载产生的轴向压力外，还承受荷载产生的弯矩和剪力。由于剪力影响相对较小，所以拱式结构通常被认为是以压弯受力为主的结构。根据材料力学，截面上任意点在弹性状态下的正应力为：

$$\sigma = \frac{N}{A} \pm \frac{M}{W}$$

式中：

σ——主拱截面某点的正应力；

N——主拱截面轴向力；

A——主拱圈截面面积；

M——主拱截面弯矩；

W——主拱圈截面抗弯几何弹性模量。

2. 受力特点

拱式结构以受压为主。在竖向荷载作用下，拱桥产生水平反力，造成墩台基础竖向沉降以及水平位移，墩台的位移往往引起主拱受力体系产生较大的位移附加应力，使得压力线和拱轴线发生偏离，造成拱轴截面偏心受压，当偏心距大于限值时，拱圈将有可能开裂破坏。

拱式桥梁主拱圈结构受力状况由三个要素决定，即荷载（活载、恒载）作用产生的内力（轴力、弯矩），主拱圈截面的面积抗弯惯性矩和截面模量等几何特性，以及主拱圈材料的自身强度。当车辆荷载增加，超限、超载车辆行驶，对桥梁引起的内力超过主拱圈材料强度的允许范围时，势必造成主拱圈受拉部位开裂破损，承受力下降甚至成为危桥；或者随着运营年限增加，各种因素作用导致材料性能恶化强度降低，也将造成原桥承载力下降，成为危桥。

3. 加固后拱桥的二次受力特性

加固结构属于二次受力结构。加固前原结构已有荷载作用（即第一次受力），内部存在一定的应力和形变；而加固一般是在未卸载或未完全卸载的条件下进行，新加的加固（增强）部分（以下简称加固层）在自身强度形成之后，才开始参与承担后来的新增荷载如活载。因此，加固层的应力和应变均滞后于原结构。

三、加固基本原理

拱桥加固方法和技术，归纳起来不外乎从外因和内因两个角度对桥梁结构进行加固补强。

1. 从外因角度：通过结构的性能改变来提高拱圈的承载力

（1）增大主拱圈截面面积，增加主拱圈的抗弯刚度

对拱圈采用喷射混凝土、现浇混凝土、外包混凝土等加固方法，都是属于此类加固技术和方法。从上式可知，采用增大拱圈截面的方法加固，其目的是：在荷载等级不变的前提下减小拱圈截面的拉应力；当荷载等级增加时，使拱圈截面承受的拉应力，保持在拱圈材料性能承受范围内，即 $\sigma < [\sigma]$，从而达到加固拱圈、提高承载力的目的。

（2）增加拱圈的强度，降低主拱圈的轴力 N

对拱圈采用环氧树脂砂浆（胶浆）粘贴钢板、钢筋玻璃钢、碳纤维布和芳纶纤维布等高强度材料，增加拱圈的强度都是属于此类加固方法和技术。从公式可知，采用增加拱圈强度的方法加固，其目的是：增加拱圈的强度，使荷载在拱圈上产生的拉应力小于补强材料的强度，即 $\sigma < [\sigma]$，从而达到加固主拱圈提高承载力的目的。

2. 从内因角度：通过改变结构体系、减轻拱上建筑恒载重量来提高拱圈的承载力

（1）改变结构体系，减小主拱圈的内力

采用梁拱结合共同受力的方式，将原桥重力式拱上建筑改变为轻型的桁架或刚架，或

减轻拱圈承受的恒载重量，从而减小了拱圈上拉应力，即 $\sigma < [\sigma]$，从而达到加固主拱圈，提高承载力的目的。

（2）减轻拱上建筑恒载重量，减小主拱圈的内力

采用减轻桥面系自重和减轻拱上建筑自重，减小拱圈承受的恒载内力，达到提高拱桥承受活载的能力的目的。

综上所述，拱桥加固的根本目标之一是减小拱圈上的拉应力。对于抗压性能极好的圬工或钢筋混凝土拱桥，减小了主拱圈的拉应力，也就意味着提高了主拱圈即原桥的承载能力。随着科学技术的不断进步和发展，将有更多的桥梁加固新材料、新技术不断地涌现和问世，促进拱桥的维修、养护、加固和技术改造。

第二节　增大截面加固方法

当因断面不足或施工质量不佳、墩台地基沉降、桥梁长期超载运营等引起拱圈开裂和变形时，可采用增大拱圈截面的方法加固。最常用的方法是：用钢纤维混凝土、钢筋混凝土、钢筋钢纤维混凝土或钢筋钢丝网钢纤维混凝土（简称三钢混凝土）加大主拱圈的厚度。也可用钢筋混凝土外包石拱桥、双曲拱桥的拱肋截面，或在双曲拱肋波背部加盖钢筋混凝土倒槽形板，或用预制拱肋加固桁架拱等。

一、主拱圈下缘增大截面加固法

实腹式拱桥存在实腹段。拱圈截面承载力不足时，如果采取拆除拱上实腹部分加固主拱围拱背难度大，费工、费时、费用高，又要中断交通，在桥下净空容许或根据水文资料，桥下泄水面积容许压缩时，可在原拱圈下面喷射钢筋网混凝土或紧贴原拱圈下面浇筑钢筋混凝土新拱圈进行加固。

该方法不用开挖拱上填料，具有不中断交通的优点；但是施工难度较大，应特别注意新旧拱圈的密切结合。为了增强新老拱圈之间的连接强度，需要在拱腹植入锚筋等。在设计时，应验算墩台能否满足加固要求；必要时，须增大墩台尺寸。

1. 钢筋网混凝土拱圈内壁喷固法

该方法在主拱圈拱腹，按一定间距钻孔设置锚杆，再在锚杆上焊接或绑扎钢筋网，然后喷射混凝土加固。喷射混凝土的厚度，按结构受力需要确定。

目前，通常采用的锚杆为高强膨胀锚栓。条件受限、没有膨胀锚栓时，亦可采用传统的钢筋砂浆锚杆或楔缝式金属锚杆。砂浆锚杆由于需要灌浆施工存在一定难度。此外，还可采用聚酯树脂锚杆、膨胀锚栓等锚杆形式。

2. 钢筋混凝土复合拱圈加固法

钢筋混凝土复合拱圈（肋）加固实腹式石拱桥技术，主要针对实腹式拱桥的主要承重构件—拱圈，适用于实腹式拱桥因拱石风化、砂浆脱落、拱圈开裂或拱圈发生不可恢复的永久性变形而导致的结构承载力不足等情况下的拱桥加固增强。采用增设钢筋混凝土复合拱圈（肋）技术加固后，可较大幅度地提高拱圈的强度、刚度和承载力。

该加固技术通过在原拱圈拱腹和两侧面增设一层钢筋混凝土加固层，或者仅在原拱圈拱腹增设钢筋混凝土拱板形成复合拱圈。通过复合拱圈的协调变形，共同作用来承担后期荷载，达到增大拱圈刚度、强度，提高桥梁承载力的目的。

新增混凝土加固层和原石砌体结构层之所以能够形成复合主拱圈，主要是由于两种材料之间的黏结作用以及锚杆的锚固作用；同时，两种材料的线膨胀系数很接近（混凝土：1×10^{-5}；砌体：0.8×10^{-5}），在温度升高或降低情况下两结构层能协调变形，界面层不会产生大的应变差，从而界面间由此而产生的剪应力也较小。

此外，由于混凝土的弹性模量比石砌体的弹性模量大，因而混凝土加固层能够分担更多的荷载，充分发挥了加固层材料的强度。加固后由于钢筋混凝土附加拱圈的作用，使得原主拱圈表面裂纹变为内部裂纹。

加固层和原结构层能够协调变形、共同作用，则加固部分才能为原结构承担一部分后期荷载，从而起到加固的效果。因此，加固层和原结构层的界面连接处理和保障措施成了加固工程成败的关键。有效的连接处理措施，使得界面之间荷载的传递更加充分、顺畅，最终确保加固效果。

采用增设钢筋混凝土复合拱圈（肋）技术加固后，在原拱圈与加固层之间的界面上就能传递剪应力；剪应力由两个结构层的黏结力（混凝土、砂浆和原砌体之间的胶着力）、界面之间的摩阻力承担。因此，加固过程中对原拱圈的凿毛处理也能够增大界面层的摩阻力；锚杆的安设也能增强加固层和原结构的连接，提高了两者之间的协调变形能力。由以上分析可知，加固层和原结构能够协调变形、共同承载。

增设复合钢筋混凝土拱圈加固技术的锚杆锚固技术，是基于岩土锚固技术的锚固理论以及植筋技术中的黏结锚固机理和荷载传递理论。锚杆所起的主要作用：首先是挂设纵、横钢筋网；其次，是加强了新、老结构层的黏结。锚杆，从抗拔和抗剪两方面的力学性态来增强加固层与原结构层的黏结强度，保障复合拱圈的整体性。

二、主拱圈上缘增大截面加固法

1. 局部增大截面加固法

绝大多数无铰拱桥主拱圈的拱脚是荷载作用下内力最大的控制截面，按照结构受力的需要，无铰拱的主拱圈本应设计为变截面形式，但施工难度较大。为了方便施工，绝大多数拱桥都是以拱脚为控制截面，采用等截面形式。因此，荷载作用下，除拱脚外其他截面一般情况下都有不同程度的冗余。通常，在拱脚截面及其附近也是病害多发生区。基于上述原因，对绝大多数空腹式拱桥，为了方便施工、减少加固费用，可采用在主拱圈上缘局部增大主拱圈截面的加固方法，以提高原桥的承载能力。

采用该方法加固拱圈的施工要点如下：

（1）清除主拱圈拱背上面的破损部分和风化层，再凿毛、清理干净。

（2）按一定间距钻孔，植入锚固钢筋后布设纵、横向钢筋网。钢筋的直径，根据结构受力需要确定，最小直径应不小于 φ12 mm。

（3）浇筑混凝土，混凝土强度不得低于C30。一般情况下可采用普通混凝土，当拉应力较大时或大跨径拱桥，应采用钢纤维混凝土浇筑，以提高承受拉应力的能力；必要时，还可在钢筋网上铺设高强钢丝网，采用钢筋、钢丝网、钢纤维复合增强混凝土亦称三钢混凝土增强加固层的结构性能，提高拱桥加固后的承载能力。

2. 全拱加固法

如果拱桥病害严重或承载力显著不足，采用局部增大截面法已不能满足要求。为了提高结构的承载能力，在对拱圈缺陷和病害进行处治后，可采取拆除拱上建筑，在全拱浇筑一层钢筋混凝土以增大截面的方法进行加固补强；采用轻型梁式拱上建筑，取代实腹拱或拱式重力式腹拱，提高了综合承载能力。

其施工工艺如下：

（1）如原拱圈有开裂、损坏等病害，应对主拱圈进行修复、补强。

（2）对称、均衡和分步拆除原桥拱上建筑。需要强调的是，拆除拱上建筑时，宜从两拱脚对称向跨中进行，并保留拱顶一定范围内的填料直到两侧拆除完毕后才最后拆除，以防止主拱"冒顶"造成主拱圈开裂甚至坍塌。

（3）在全拱浇筑钢筋混凝土加固层。浇筑混凝土时亦应按照对称、均衡加载原则进行。

（4）对称、均衡砌筑拱上建筑和桥面系。

全拱加固法，需预先设计好加固卸载、加载程序，严格按设计规定程序进行施工。施工烦琐、难度大、工程造价高，需较长时间中断交通，通常较少采用。

第三节 粘贴钢板加固方法

一、加固原理及优点

在荷载作用下拱圈产生拉应力，如果超过其材料强度时，将导致拱圈开裂、破损，承载力削弱甚至拱圈坍塌。除了采用增大截面法加固的途径外，还可在拱圈的受拉区段粘贴钢板、钢筋或玻璃纤维布（玻璃钢）、碳纤维布、芳纶纤维布等高强材料，以增加拱圈的强度、提高桥梁的承载力。

粘贴钢板法，对石拱桥、钢筋混凝土拱桥等各类桥型的拱式桥梁均适用。由于钢材强度远远高于原拱圈基材的强度，而且粘贴面的大小可根据结构受力状况，全拱圈宽度粘贴亦可间隔分段粘贴。因此，该法是拱桥中较常采用的加固方法。加固设计时，加固用钢板一般设在拱圈的受拉部位；可按拱圈受拉开裂强度估算补强钢板（或钢筋）的配置数量，补强范围宜沿整个负弯矩区或正弯矩区导致截面出现拉应力的范围，并向外延伸 1 ~ 2 m。粘贴用钢板的厚度，一般宜采用 5 ~ 10 mm；为便于钢板沿拱腹线成型，钢板不宜太长；可分段粘贴，每段长度 1.2 ~ 1.5 m，接头处搭接钢板或锚缝。钢板在工厂按设计要求加工成型，并沿粘贴面设置一定数量的膨胀锚栓，在环氧砂浆初凝前对钢板加压和固定，保证钢板与拱圈的粘贴效果。粘贴钢板加固拱桥的施工工艺与梁桥的施工方法基本相同。

二、加固实例

1. 工程背景

国道 312 线某大桥位于 G312（连霍线）K2320+820 处，该桥于 1969 年 10 月建成通车，原桥上部结构为 6×20m 双曲拱桥，下部结构为混凝土重力式桥墩、U 形桥台，桥高 5.5 m，桥面宽为净 7 m+2×0.5 m，全长 152 m，设计荷载：汽车 -13 级，拖 -60 级。

2. 加固目的

该桥原设计荷载为汽 -13 级，拖 -60 级。该桥经过近 40 年的运营，特别近年来随着交通量的增大和交通车辆载重的增加，大部分运行车辆的载重超过了该桥的设计承载力。加之该桥病害严重，承载力降低，故对该桥进行维修加固，延长其使用寿命、增大其整体性，以达到提高该桥的承载力和满足安全使用的目的。

3. 加固方法

（1）拱肋粘贴钢板加固

采用粘贴钢板的方法对混凝土拱肋进行加固。在拱肋底面沿拱肋纵向粘贴宽 20 cm 厚 6 mm 的钢板，粘贴钢板时用膨胀螺栓锚固。

（2）混凝土横系梁粘贴钢板加固

混凝土横系梁底面采用粘贴钢板加固，并与拱底面钢板焊接使其形成整体从而使拱肋的横向联系得到了加强。

4. 加固材料的主要技术指标

（1）钢板

钢板厚度为 6 mm，钢板采用 Q345-C 级可焊性好的钢材。

（2）膨胀螺栓

采用膨胀螺栓抗压强度标准值 800MPa，屈服强度标准值 300MPa，伸长率 0.3d%（d 标示螺栓的公称直径）。

（3）粘钢胶

粘贴钢板的胶黏剂采用 A 级胶，其胶体性能要求为：抗拉强度≥30MPa，抗拉弹性模量≥3500MPa，抗弯弹性模量≥45MPa 且不得呈脆性破坏，抗压强度≥65MPa，伸长率≥1.3%，钢板与混凝土的正拉黏结强度≥2.5MPa，且为混凝土内聚破坏，不挥发物含量（固体含量）≥99%。

第四节　调整拱上建筑恒载加固方法

一、加固原理及设计要点

拱桥的主要承重构件—拱圈的轴线形状，直接影响拱圈截面内力分布。在拱桥设计中，选择拱轴线的原则是尽可能降低由于荷载产生的弯矩。最理想的拱轴线是和荷载压力线相重合，这样拱圈内只有轴力而无弯矩，以充分发挥圬工材料的抗压性能。然而，拱桥受力除恒载之外还有活载温度变化弹性压缩、收缩、徐变等作用，这些影响因素都会在截面上产生弯矩，因而事实上不可能获得这样的拱轴线。相对而言，拱桥恒载比重较大，一般认为拱轴线与恒载产生的压力线（不考虑弹性压缩）相重合，即为较合理的拱轴线。

调整拱上恒载加固技术，是通过调整拱上恒载的办法来调整压力线，目的在于使拱圈的压力线与拱轴线尽可能地接近以减小拱内弯矩内力。在拱桥中，恒载重量通常占有很大的比例，拱圈大部分承载力须用于承担恒载自重。如果能采取有效措施，对拱上建筑进行减载或加载调整，可以有效地改善拱圈的受力状况。对于中小跨径的石拱桥，特别是对于实腹式圆弧拱桥，拱上填料较厚，更有条件通过调整恒载来达到改善桥梁受力状态的目的。对于大跨径石拱桥，旧危拱桥存在主拱圈开裂、拱轴线偏离设计轴线等病害，拱上恒载在桥梁承受的荷载中占有较大比例，因而可以通过调整拱上恒载，改善原主拱圈的不良受力状态。同时，对空腹式拱上建筑的拱桥，还可充分与较为成熟的钢筋混凝土套箍加固技术相结合，较大幅度地提高原桥承载力。

当桥梁承受活载的能力较差，桥梁基础承载力受到限制不能满足加固拱圈和提高活载所增加的承载力要求时，采用减轻拱上建筑自重的方法对拱桥进行改造，可减轻主拱圈的负担；同时，也可以降低对下部构造的要求，该加固方法是一种经济有效的措施。

加固设计前，应精确测量主拱圈实际线型，使得实际拱轴线与后期理论计算用拱轴线一致，从而为后期的各项工作的开展奠定良好的基础。加固设计过程中，应对恒载调整各个阶段的全桥内力进行分析；可以采用不同重度的拱上填料，改变拱上填料厚度或者在主拱拱背上增加配重等措施，来改变实际压力线的位置。调整恒载加固时，应当注意拱中轴力减小而恒载弯矩增加造成偏心距过大的问题，重视在施工时拱圈线形的变化，防止在施工过程中因某些截面受力过大甚至造成桥梁在施工中的垮塌。

二、调整拱上建筑重量的常用方法

1. 用轻型拱上建筑取代腹拱式拱上建筑

将旧桥的拱上建筑拆除后，在主拱圈上修建钢筋混凝土刚架或桁架等其他类型的轻型拱上建筑以减少拱圈承担的恒载，留出承担活载的空间达到提高原桥承载能力的目的。

需指出的是，拱圈的受力性能与拱上荷载的分布（即压力线形状）及拱上建筑的联合作用有密切的联系，因而采取减轻拱上自重的措施时，必须对拱的受力状况进行详细的计算，包括改造后的运营受力状况，必要时可以考虑拱上联合作用和施工中裸拱的受力状况。以使拱圈获得最佳的受力状况来确定减轻拱上自重的布局方案、结构形式和施工程序。必须使压力线与拱轴线尽量保持一致，并且要严格按照设计的施工程序进行拱上建筑的拆除和重建，以确保拱圈的安全和均衡受力。如果旧桥的裸拱受力满足不了要求，则应首先加固拱圈，然后再拆除和新建拱上建筑。

2. 将腹孔的重力式横墙挖空或改造成钢筋混凝土立柱

无铰拱桥的拱上横墙尺寸一般都比较大，部分横墙也没有设置横桥向小拱，故自重较大。如果将腹拱的重力式横墙挖空，设置横桥向小拱或用钢筋混凝土立柱取代重力式横墙，可在一定程度上减轻拱上建筑的自重，提高原桥的承载能力。

3. 改变拱上填料厚度

部分拱桥特别是双曲拱桥和石拱桥通常采用较厚的拱上填料，尤其是石拱桥中的实腹式拱桥拱上填料的厚度一般都在1.0m左右，甚至多达几米。对此，可降低填料厚度以实现提高桥梁承担活载的目标。

4. 用预制的钢筋混凝土T梁、微弯板或空心板等轻质桥面系代替腹拱体系

通常腹拱式桥面系腹孔的上方全部采用护拱和填料填平后再浇筑桥面系，并有一定区域的实腹段，故恒载自重很大。采用轻型桥面系取代原重型桥面系，取消了填料，可以较大幅度减轻恒载重量。

为提高调整恒载施工过程中的安全性，宜做好施工工序的设计。调整恒载过程中，可以采用以下次序：

（1）首先应对主拱圈的裂缝进行修补。

（2）从拱脚向拱顶对称拆除拱上侧墙，并挖除拱腔填料。若旧拱圈病害较严重，则应先在桥孔下架设拱架支住拱圈后，再对拱上建筑进行施工。

（3）对卸除恒载过程中拱腹重新出现的裂缝及拱背的裂缝进行修补。

（4）对截面尺寸较小、承载能力不足的拱圈应先加固补强。

（5）重新砌筑空腹式或其他较为轻型的拱上建筑。

（6）铺设桥面铺装。

第五节　改变结构体系加固方法

改变结构体系法是通过改变桥梁结构体系以调整结构内力分布，最终实现提高承载能力的加固方法。不同结构体系其受力性能是不尽相同的，通过改变既有结构的体系来改善其受力状况，主动改善原结构受力薄弱截面，以改善和提高桥梁承载能力。采用该方法，需要对原结构进行全面调查，对其承载潜能进行正确评价，用周密、细致和可靠的计算分析确定体系转换的方法和施工工艺流程，以达到加固、增强的目的。

一、梁拱结合体系加固法

清除拱上建筑及实腹段范围内的填料，然后浇筑钢筋混凝土桥面板或安装预应力混凝土桥面板，并用混凝土将拱上建筑与桥面板相结合，从而加强拱上建筑刚度，使原来单一的拱式体系转化为梁拱体系，使整个体系向拱—梁结合体系转化。

二、转换桥形加固法

1. 将箱板拱、箱肋拱、等腹式拱桥转换为拱桁结合拱

拆除原拱桥上建筑，将原桥由箱板拱、箱肋拱或拱桥等腹拱式拱桥转换为拱桁结合体系，以减轻拱上建筑重量，并使拱圈主要承受全部活载及活载引起的轴力。拆除拱上建筑时，如旧桥是钢筋混凝土拱，应保留横墙脚钢筋，以便桁架结点固定到主拱圈上；如旧桥是石拱桥或横墙下无钢筋时，应加设一定数量的锚固钢筋，用于锚固桁架的腹杆。桁架腹杆以采取三角形为宜，它的下结点较少，可减少构造上的困难。

2. 将箱板拱、箱肋拱、双曲拱和石拱桥转换为刚架拱

当钢筋混凝土拱横墙底座无钢筋，或石拱桥改造为桁架有一定困难时，可将拱上结构改造为刚架拱。计算结果表明，刚架拱在空腹范围内主拱圈的弯矩要比上述拱式桥梁小，

而且拱脚弯矩也将减少得特别多。

对双曲拱来讲，不仅改善了双曲拱自身的受力状况，同时也减轻了拱上建筑的重量，起到了卸载的作用。从另一个角度来说，加固过程中首先卸载双曲拱桥的拱上建筑，使拱肋截面加大部分能充分参与承担拱上建筑的重量，提高了拱肋截面加大的使用效率，也能提高桥梁的承载能力。

但是，必须说明的是，此法加固施工时，须拆除旧桥拱上结构。因此，要特别注意使拱受力平衡，防止倒塌。在拆除过程中，必须由跨中对称地向拱脚方向进行，两侧的拆除进度基本一致，应控制在计算许可值的 2m 范围内。

第六节 拱桥吊杆更换技术

自 20 世纪 70 年代国内开始兴建带有吊杆构造的拱桥，目前该类桥梁已相当普及。近年来，国内吊杆拱桥多次发生事故，其原因很多，有使用维护不当、车祸或人为事故、环境因素等，也可能存在计算理论、设计方法上的失误。这类桥梁的检测和结构损伤诊断与防治的工作受到越来越多的关注。吊杆拱桥备受关注，尤其加强了对吊杆的防护及检测力度，以便对病害严重的吊杆及时进行更换，避免此类事故的再次发生。工程界高度重视吊杆拱桥的养护与管理，关于结构检测与使用寿命评估的研究已成为热点。大桥吊杆断裂垮塌照片。

吊杆是中下承式拱桥十分重要的构件。由于人们对吊杆的防腐、疲劳性能等认识不足，早些年建成的一些拱桥在使用过程中，吊杆出现了锈蚀、破损等一些典型的问题，严重影响了拱桥的耐久性，埋下了安全隐患。随着我国桥梁事业的发展，针对这些问题的工程实践和科学研究正在紧锣密鼓地进行，但是要彻底地解决这些问题仍需时日。对于吊杆出现问题的拱桥，更换吊杆是解除拱桥安全隐患的有效办法。

一、吊杆病害产生原因

1. 吊杆破损形式

吊杆的破损形式主要有以下几个方面：

（1）吊杆防护措施失效

吊杆破损的外在表现为钢丝（索）因受到腐蚀而断裂，其根本原因应归结为防护措施的失效，如吊杆护套破裂等。吊杆护套的破裂直接导致钢丝（索）与空气和水接触，引起腐蚀破坏。

（2）钢丝（索）与下锚头连接处的破损

防护措施不当就会导致下锚头的破损，从而无法保证钢丝（索）与下锚头连接处封闭、不渗漏水。

（3）短吊杆的破坏

短吊杆处于拱肋和桥道系交界附近，自由长度小，抗弯刚度相对较大，在车辆荷载和温度荷载下，短吊杆与桥道系相连节点会随桥道系产生纵向水平位移，引起吊杆倾斜，相当于给吊杆施加了不同程度的周期性剪力作用，极易造成吊杆的疲劳引起破坏。

2. 吊杆破损的原因

引起吊杆损坏的原因很多，归结起来主要有设计构造、腐蚀和疲劳等几方面。

（1）构造不合理

构造不合理包括吊杆防护构造设计和拱桥构造设计得不合理两方面。早期吊杆采用防护套和灌注砂浆的方法。由于吊杆受到外力反复作用，吊杆内的砂浆出现开裂，一旦空气和水渗入，容易造成吊杆内钢材锈蚀引起断裂；拱桥构造设计不合理，主要体现在桥道系布置与短吊杆两方面。由于短吊杆位于拱肋与桥道系附近，在温度变化下桥道系发生伸长或缩短，而变化量最大处恰好在短吊杆附近，具有一定抗弯刚度的短吊杆在外力作用下极易引起破坏。

（2）疲劳破坏

疲劳是造成吊杆失效的主要原因之一，中下承式混凝土拱桥吊杆的主要受力部位为吊杆内的钢丝（索），吊杆的疲劳问题就归结为钢材的疲劳。吊杆疲劳破坏的影响因素有：吊杆的位置、吊杆间距、吊杆横截面积、吊杆抗弯刚度、混凝土收缩和徐变等。

二、更换吊杆施工

吊杆更换过程，可分为安装临时吊杆、拆除原吊杆和安装新吊杆三个阶段。安装临时吊杆的主要目的是承担原吊杆的荷载。这样即使原吊杆拆除，整个结构的受力也不会发生很大的变化，保证吊杆更换期间桥梁的安全。

在原吊杆的荷载向临时吊杆转移过程中，为了使临时吊杆与原有吊杆之间的荷载能够平稳转换，宜采取逐级卸载的方法。即先张拉完成每级荷载，然后切断原吊杆相应荷载比例的钢丝，切除位置宜选择在桥面附近。重复以上步骤，直到旧吊杆完全割断，从而实现了第一次等效置换。

在安装新吊杆的过程中，要将临时吊杆上的拉力转移到新吊杆上。施工方法与原吊杆拆除时的程序基本一致，不同之处只是临时吊杆的索力是用千斤顶逐级放松的。张拉之前先利用千斤顶对新吊杆进行预紧张拉，然后再张拉新吊杆。张拉步长与拆除旧吊杆时步长一致，同时放松临时吊杆，并使张拉的新吊杆力等于放松的临时吊杆力，直到临时吊杆力全部转移到新吊杆上，从而实现了第二次等效置换。

新吊杆张拉并完全调整到位后，拆除临时吊杆体系，转移到对下一对吊杆的更换。

因此，在吊杆更换过程中存在两次索力等效置换问题。要将索力控制在设计范围之内，如控制不好，会影响结构受力，影响桥面变形，甚至导致桥面开裂。

目前国内有多座危旧吊杆拱桥进行了吊杆更换，取得了良好的效果，积累了宝贵的经验。

第七节　其他加固方法与技术

一、体外预应力加固方法与技术

1. 外部预应力加固法

目前，用外部预应力加固桥梁上部结构的方法多用于梁桥，对于拱圈纵向开裂或横向开裂，以及桥台产生位移、拱顶下挠的拱式桥梁，也有用此法加固的工程实例。

在拱桥加固中采用的体外预应力加固方法，主要有钢板箍套钢筋拉杆加固法、钢筋混凝土拉杆法。通过顺桥向设置的钢筋混凝土拉杆或钢拉杆施加预应力进行加固，具体施工工艺与后张法预应力梁桥的施工方法相同。

为降低拱脚水平推力，可采用钢杆件拉紧法。为了降低拱脚的水平推力，防止拱脚位移，提高拱的承载能力，也可在拱圈根部凿开混凝土，外露钢筋后焊接拉杆铆座（或在清理混凝土表层后以环氧砂浆黏结铆座），装置拉杆螺栓（带有花篮螺丝伸缩装置的拉杆）锚固拱脚后施加预拉力。采用钢拉杆的加固措施，使桥下净空大幅度降低，将会影响通航，故仅用于一般不通航河道上的桥梁。

用双银锭腰铁钳入，卡牢相邻拱石的加强拉紧法。对石砌拱桥采用锁牢整体拱圈的办法，可使相邻拱石得到加强。该法在我国古代桥梁建造中最早使用，始于隋代建造的河北赵州桥。

2. 钢板箍或钢拉杆与锚栓锚固加固法

石拱桥亦可在拱圈的跨中和 1/4 处加设三道（或多道，视具体情况而定）钢板箍（钢板厚可用 6 ~ 8mm）或钢拉轩，用螺栓在拱底及拱侧钻孔锚固，并注意将锚固点设在拱圈厚度的 1/3 处。锚固孔用环氧砂浆或膨胀水泥砂浆填塞牢固，钢拉杆以一根垂直放置的槽钢作为螺帽衬点，并兼作拉杆连接件。拉杆布置在拱腹及拱上侧墙顶面以下 50 ~ 60cm 处，固定在槽钢上后，通过扭力扳手逐步收紧螺帽，向拱圈和侧墙施加预应力，以阻止裂缝发展，对桥梁进行加固补强。

二、调整主拱圈内力加固方法与技术

1. 调整拱轴线与压力线加固法

（1）局部调整拱轴线加固方法

拱轴线不仅决定了拱圈的线形，更重要的是决定主拱圈的内力分布，同时还与经济合理性及施工安全等密切相关。理想的拱轴线，是与拱上各种荷载的压力线相重合，这时主拱截面上只有轴向压力而无弯矩及剪力，应力分布均匀，能充分利用圬工材料的良好抗压性能。因此，在加固过程中可以调整拱轴线，使拱轴线和压力线尽量相吻合，来改善拱圈的受力情况。通常的做法是从局部或者全跨加大拱圈截面，调整实际拱轴线的位置使其与压力线趋于吻合。

（2）调整拱轴线与压力线加固法

在拱桥的设计中，一般拱脚的控制弯矩是负弯矩，拱顶的控制弯矩是正弯矩。如果能在拱脚产生正弯矩、在拱顶产生负弯矩，这对改善拱圈的受力是有利的。根据上述原理，可以通过调整拱轴线与压力线的相对位置改善拱圈的受力状况，达到加固补强的目的。

（3）双曲拱桥加固注意事项

需要特别指出的是：对于拱顶塌陷的双曲拱桥，不能随意采取加厚拱上填料或桥面厚度的措施来进行加固。因为拱圈的受力与拱上恒载的分布和拱轴线的形状关系密切，仅仅增加桥面厚度，特别是在拱顶区段增加厚度，不但达不到加固的目的，反而会使拱圈的受力状况进一步恶化，加剧拱顶下沉。如果需要调整拱上填料厚度或加厚桥面板时，必须对拱圈的受力进行详细计算分析，确定合理的加固方案，千万不能盲目地增加拱上自重。如果遇到这种情况，通常是采取以下途径进行加固：

①绘制拱顶拱脚、L/4 等控制截面的压力影响线。

②根据影响线和拱圈的变形状况，调整拱上恒载分布。通过采用不同重度的拱上填料改变拱上填料厚度和用轻型栏杆更换石栏杆等措施，改变实际压力线的位置。

③局部加大拱圈截面，调整实际拱轴线的位置使其与压力线趋于吻合。

2. 顶推加固法

（1）顶推工艺

建于软土地基上的拱桥，往往由于地基松软而产生水平位移和沉降，使拱轴线下沉，拱肋开裂，从而影响拱桥的正常使用。为消除拱桥产生水平位移而引起的损坏，可采用顶推工艺使拱轴复位，调整主拱圈内力，达到加固的目的。运用顶推工艺可以在恢复断面整体性完好的前提下，恢复原桥的承载能力。它比其他现有方法更经济实用，可在不损坏原桥外貌，不缩小通航净空的情况下，完成桥梁的加固工作。

（2）顶推控制值

顶推前需进行顶推工艺的设计计算，其内容有：

①顶推横系梁的设计

设计顶推横系梁的目的是要千斤顶推力完全可靠地传给主拱圈，保证拱脚部分主拱圈受力均匀。

②千斤顶的布置和数量的确定

千斤顶宜沿主断面均匀布置，尽量使横系梁或主拱受力均匀，各千斤顶的合力中心应在主拱断面重心轴上。所需要千斤顶数量由恒截轴向力的大小确定

③顶推位移值决定原则

根据实测位移量。根据拱顶实测下沉值和拱顶推力影响线推算。顶推直至桥上或缘石出现负弯矩为止。

（3）顶推施工

①机具仪表设备的准备

②人员组织配备

③对全桥进行全面检测及资料准备

检测内容有：对拱轴线、桥面、桥台各控制点作水准测量；丈量跨径和矢高；记录裂缝位置和宽度等。

（4）观测设备

做好顶推过程中观测的准备工作，事先确定出仪器安装位置，并安装上量测仪器。

（5）凿开支座与拱脚结合部

凿开支座与拱脚结合部分的目的在于，使拱脚与拱座分开并能自由移动。

（6）设置横梁，安置千斤顶

用于传递顶推力的横系梁，一般可用钢筋混凝土梁，也可用钢梁（工字钢或槽钢）。用高强螺丝将横梁沿横桥方向紧固在主拱圈上，以传递顶推力。

（7）试顶

试顶工作，在上述准备工作就绪后即可开始。通过试顶可熟悉操作过程并检查千斤顶、油路管道、仪表等是否正常，否则必须进行调整。

（8）顶推施工

正式顶推时须封闭桥上交通，以确保安全。非顶推端拱脚上部的桥面伸缩缝必须清理。根据预订时的主拱应变增大速度，按预估的顶推量实行分级顶推。每顶一级检查一次，内容是千斤顶行程是否同步或漏油，同一断面上的上下游应变是否相等，桥上是否有新的裂缝出现等，发现有意外情况就应停止顶推，待分析原因后再确定是否继续顶推。当顶推到预定顶推值时，更应注意对各部位进行检查。

（9）浇灌快硬水泥砂浆或灌注环氧砂浆

顶推到预定顶推量或发生异常现象，需停止顶推工作时，在顶出的空隙内应立即填灌快硬水泥砂浆或灌注环氧砂浆，并做好砂浆试块。

（10）顶推结束

在上述工作全部完成后，顶推工作即告结束，此时卸除设备、拆下支架，顶推完成。

第八章　桥面系维修及加固改造

第一节　桥梁支座分类

一、按支座变形可能性分类

1. 固定支座

实际上是固定铰支座，承受两个水平力、一个垂直力；两个方向的剪切变形。

2. 单向活动支座

实际上是单向活动支座，承受一个水平力、一个垂直力；两个方向的剪切变形、一个水平变形。

3. 多向活动支座

实际上是球形铰支座，承受一个垂直力；两个方向的剪切变形、两个水平变形。

二、按支座用材料分类

1. 钢板支座

钢板支座有平板支座、弧形支座、摇轴支座和辊轴支座 4 种。

该支座通过钢的接触面传力。支座的变位主要通过钢和钢的滚动及滑动来实现。

2. 聚四氟乙烯支座

该支座以聚四氟乙烯板和不锈钢板作为支座的相对滑动面，其滑动摩擦系数远小于钢对钢的滑动摩擦。

3. 混凝土摆式支座

由两块钢板和一个混凝土摆轴所组成，上下两块钢板设有齿板，与桥墩和桥梁上的预埋含有齿槽钢板相对应，通过左右摆动和铰的效应达到桥梁的自由伸缩和转动，适用于

20m 及 20m 以上的钢筋混凝土梁桥。这种支座不必做防锈处理，而且可不进行养护，在特定条件下是一种较好的支座形式。

4. 橡胶板支座

橡胶板支座包括：板式橡胶支座、盆式橡胶支座、四氟板式橡胶支座。

该类支座的传力通过橡胶板来实现。支座位移通过聚四氟乙烯板的滑动或橡胶的剪切来实现，支座转角则通过橡胶的压缩变形来实现。

5. 盆式橡胶支座

它是由一块圆形截面较薄的非加筋橡胶板，密封在不锈钢盆内组成的一种支座形式。它可以根据工作特性设计成：固定支座、单向活动支座、多向活动支座形式，具备构造简单、结构紧凑、滑动系数小、转动灵活、承载力大的特点，适用于大、中桥梁或异形桥梁的支座工作。

6. 球形橡胶支座

它是盆式橡胶支座的改进形式，其主要区别在于：盆式橡胶支座通过钢盆中橡胶的转动来满足梁体的转动，这种情况的转动反力矩与橡胶直径、厚度和硬度有关，而橡胶支座的厚度有一定限制，一般为橡胶直径的 1/15 ~ 1/10，其转角一般为 0.012rad；球形支座是靠球冠衬板与球面四氟板之间的滑动来满足支座转动的需求，转角的大小与转动矩无关，因此球形支座可以，适应各种转角的需要。

三、支座受力类型

支座是一种承受高应力的结构部件，上部结构的荷载通过支座集中作用在一个很小的面积上，无论哪一种支座它的受力状态可分为三大类：点与面接触、点与线接触、面与面接触。

随着桥梁技术的发展，支座的类型也得到了增加。在 20 世纪 60 年代以前，几乎全部桥梁都是钢支座、混凝土摆式支座、简易的沥青油毡支座；其中钢支座占绝大多数。1964 年板式橡胶支座诞生以来，20 世纪 70 年代相继研制了四氟板式橡胶支座、盆式支座，到目前我国几乎 100% 都是使用板式橡胶支座、盆式橡胶支座和球形橡胶支座。

第二节 桥梁支座损坏及原因

一、支座损坏分类

1. 支座本身结构损坏形式

油毛毡支座破裂、脱落、老化、损坏，从而失去作用。钢结构切线弧形支座滑动面、滚动面生锈、位移超限、转角超限、钢结构变形过大、磨损和有裂纹等，活动支座不能自由转动。混凝土摆柱支座的混凝土脱皮、露筋或出现其他异常现象。活动支座的滑动面不平整生锈咬死；轴承有裂纹、切口或偏移等失去（或影响了）活动功能。橡胶支座出现老化、变质现象；不均匀鼓凸、脱胶、脱空、剪切超限和支座位置串动等。盆式橡胶支座钢件裂纹和变形、钢件脱焊、锈蚀、聚四氟乙烯滑板磨损、支座位移超限、支座转角超限和锚栓剪断。

2. 支座锚固部位损坏

钢结构支座锚固失效，即定位件失效，包括：螺栓剪断、支座锚（螺）栓松动及剪断，压板咬死与折断。对于盆式橡胶支座固件失效，包括：钢件出现裂纹、支座钢板发生翘曲、锚固件剪断、座板焊缝开裂。

3. 支座相连接的结构部位损坏

梁和墩的预埋件出现锈蚀、引起混凝土部位的脱落。由于伸缩装置的渗漏，造成支座部位的混凝土软化、腐蚀，填充砂浆开裂，支座座板混凝土压坏、剥离、掉角。

二、支座损坏原因

支座损坏的原因见表8-1。

表 8-1　支座损坏的原因一览表

支座损坏的原因	具体内容
设计原因	1. 形式的选定与布置错误； 2. 材料选择错误； 3. 支座的预留边缘宽度不够； 4. 支座垫石的补强钢筋不够； 5. 对螺栓、螺母等的脱落研究不够
施工原因	1. 铸件材料的质量问题； 2. 金属的防腐防锈处理不可靠； 3. 砂浆填充不可靠
管理问题	1. 滑动面、滚动面夹杂尘埃、异物； 2. 由于防水问题，造成支座锈蚀； 3. 螺母、螺栓松动、脱落，又没及时维修
其他	桥台、桥墩产生不均匀沉降、倾斜与水平变位以及上部结构位移、影响支座的正常使用

第三节　支座更换

桥梁支座是连接桥梁上部结构和下部结构的重要构件，一旦出现病害将影响到上下部结构的使用寿命和交通安全。目前，很多新建的公路桥梁选用橡胶支座。特别是对于高速公路，桥梁橡胶支座的用量大，病害多时有发生。因此，桥梁支座特别是橡胶支座的更换问题，是桥梁加固的一项重要内容之一。

支座更换的方法常见的有以下几种。

1. 枕木满布式支架法

工作原理：在地面上设置枕木，以枕木为基础，设置满布式或部分木支架至桥梁梁体处，在支架上安置千斤顶顶升梁体。

优点：架设设备比较简单，施工方法简单易于操作。对于小跨度的梁桥，用支架法施工具有一定的优势。

缺点：支架法施工工期长，支架和模板用钢材、木材量大，成本高，不适宜桥墩过高的场合。

2. 桥面钢导梁法

工作原理：支撑位置在桥面上，支撑面为顶升梁相邻跨的梁体，在顶升梁上绑扎钢带，安置钢梁，以相邻跨梁体为支撑基础，配合顶升设备，抬升梁体。

优点：对桥下场所无要求，适用于多种桥梁类型，整个起梁过程都在桥上进行，不影响桥下通航、通车要求。

缺点：钢梁长度有限制，跨径不可过大；要求用较大吨位千斤顶，对桥面局部压力较大，有可能损伤梁体。

3. 端部整体顶升法

工作原理：以地面为支撑，在墩台两侧建立顶升基础，然后用贝雷梁、槽钢、螺栓连接成受力钢梁（也可用钢管墩作为传力构件），受力钢梁上架千斤顶，在梁两端同步整体顶升。

优点：对桥下通车影响不大，可自由通行，能满足桥下不中断交通的要求。与采用少数大吨位的千斤顶相比较，无须为应力集中设置过大的传力杆及横梁。

缺点：对桥胯下的地基基础要求较高，需建顶升基础，工序时间长，工期较长。

4. 鞍形支架法

工作原理：用桥墩本身做支撑在盖梁上搭设支架，设计成"鞍形支架"，放置千斤顶来顶升梁体。

优点：施工方便，该方法不受河床地质、桥下水深和桥梁高度的限制。

缺点：顶升过程中盖梁会发生偏心受压现象和局部承压过高的现象以及支架变形过大的现象，顶升前须进行严格的验算。

5. 钢扁担梁法

工作原理：支撑位置在桥面上，支撑面为顶升梁相邻跨的梁体；在顶升梁上打孔，绑扎钢带，安置钢扁担梁，以相邻跨梁体为支撑基础，配合顶升设备，抬升梁体。

6. 扁形千斤顶法

工作原理：把超薄的液压千斤顶安放在主梁与盖梁的狭小的空间内，直接顶升梁体。

优点：机具设备很少，成本低廉；工序简单，施工快速，中断交通时间很短；对桥下场所无要求，适用于多种桥梁类型。

缺点：由于扁形千斤顶的特殊构造，导致其行程较短，可能需要多次顶升才能到位。

上述六种桥梁支座更换方法各自有不同的优缺点，适应不同的环境，更换方法上各有长处。现针对高墩简支转连续梁桥提出三种新的支座更换方法：钢蝴蝶梁法、钢套箍法和气囊顶生法。

7. 钢蝴蝶梁法

工作原理：支撑位置在盖梁上，通过液压千斤顶顶升蝴蝶梁的翅梁来提升梁体。

优点：充分利用盖梁这个平台，施工方便，无大型机具设备；对环境的适应能力很强，不受河床地质、桥下水深和桥梁高度的限制。

缺点：要求盖梁较为宽大，能安放液压千斤顶且千斤顶数量较多。

8. 钢套箍法

工作原理：通过圆箍与桥墩混凝土之间的摩擦力提供竖向支撑，放置液压千斤顶顶升梁体。

优点：充分利用桥梁本身的结构，可以通过增加钢套箍的长度提高其承载能力，对环境的适应能力很强，不受河床地质、桥下水深和桥梁高度的限制。

缺点：要求盖梁较为宽大，能安放液压千斤顶且千斤顶数量较多。

9. 气囊顶升法

工作原理：用集群气囊替换液压千斤顶，上述所有支座更换方法只要用气囊取代千斤顶都可以称之为气囊顶升法。

工作特点：起重量不受限制，通过气动提升系统的扩展组合，能满足百吨级甚至千吨级桥梁构件的顶升；同步控制，安全受控；可操作性好，气动提升系统体积大，重量轻；顶升过程平稳，无附加冲击荷载；对顶升的基础要求低，特别适合临时预制构件的工程；有利于保护桥梁构件，采用分布荷载，避免了液压起重的集中荷载。

第四节　桥梁伸缩缝维修与养护

一、专用名词术语

根据国家标准《道路工程术语标准》（GBJ124-1988），对于桥梁伸缩缝装置术语表述如下：

1. 伸缩装置

为使车辆平稳通过桥面并满足桥梁变形的需要，在桥面伸缩接缝处设置的各种装置的总称。

2. 伸缩量

以设置伸缩装置为基准，把桥梁结构在温度升高引起的伸长量，温度降低引起的收缩量，混凝土的徐变、收缩引起的收缩量等，全部绝对值的和，即收缩装置的拉伸量和压缩量的总和，称为伸缩量。

3. 富余量

考虑桥梁结构的挠度产生的变位、结构形式的必要余量，以及伸缩装置加工和安装时的误差等因素的影响而预留的量，称为富余度，它包括伸缩装置的拉开与压缩两种状态下的预留值。

4. 伸缩缝

为适应材料膨胀收缩对结构的影响，而在结构两端设置的间隙，计算如下：

伸缩间隙 = 伸缩量 + 富裕度

以钢齿板型伸缩装置为例，可得到梁（桥）端间隙、桥面板间隙、接缝间隙、钢齿间隙。

5. 初始压缩量

对于橡胶型伸缩装置，设置时必须预先压缩其伸长量，以在最大间隙时橡胶伸缩体不出现拉力现象，在最小间隙时，橡胶体不致出现挤压鼓出现像，这时的压缩量称为初始压缩量。

二、伸缩装置构造

1. 伸缩装置

桥梁在温度变化、混凝土徐变、干燥收缩、荷载作用等因素的影响下，引起梁端变形。为了满足这种变形要求，通常在梁端之间、梁端与桥台之间设置伸缩装置。

2. 伸缩装置构造要求

（1）在平行、垂直与桥梁轴线的两个方向上均能自由伸缩。

（2）牢固可靠。

（3）车辆通过平顺、无突跳、无噪声。

（4）能防止雨水和垃圾、泥土渗入。

（5）安装、检查、养护、清除污物等工作简易方便。

此外，在设置伸缩装置处，栏杆与桥面铺装层都要断开，伸缩装置构造必须与桥面牢固连接，埋设要达到一定深度，以防在车辆不断冲击作用下，伸缩装置附近的桥面铺装崩碎破坏。

3. 伸缩装置的分类

（1）填塞对接式伸缩装置

这是在铺筑桥面之前就安装的对接缝结构装置。这种结构形式多用于中小跨径桥梁，常见的结构为：沥青注入式伸缩装置、经沥青浸润过的木板填塞伸缩装置、U形镀锌铁皮伸缩装置矩形橡胶条伸缩装置、组合式橡胶条伸缩装置。

（2）嵌固对接式伸缩装置

这是在铺筑桥面以后安装的对接缝结构。一般是将铺装部分切去一块，将接缝隅角部位以钢材、树脂等加固，并在接缝部位塞进封缝橡胶料，使其黏结起来。这种类型较多，虽然形状、材料、施工方法等各有不同，但是封缝橡胶条不承载车轮荷载。

（3）钢制式伸缩装置

钢制式的伸缩装置，使用钢材装配而成，能直接承受车轮的荷载。常见的形式是梳齿板型、折板型、叠合（悬背）式伸缩装置。

（4）模数支承式伸缩装置

采用吸震缓冲性能好又容易做到密封的橡胶材料，与强度高、刚度好的异型钢材相组合的，能满足大位移的情况下还能承受车辆荷载的各类型模数的伸缩缝装置系统，以前称为组合伸缩缝装置。

（5）无缝伸缩缝装置

在桥梁端部的伸缩间隙中，填入弹性材料并铺上防水材料，然后在桥面铺装层铺筑黏弹性复合材料，使伸缩缝处的桥面铺装与其他铺装部分形成一连续体，以连接缝的沥青混凝土等材料的形变承受伸缩的一种构造，如我国常用的桥面连续、TST弹塑体等。这类伸缩装置的主要特点为：能适应桥梁上部构造的伸缩变形和小量转动变形，使桥面铺装形成连续体，行车时不致产生冲击、振动等，舒适性较好。这种伸缩装置，能形成多重防水构造，防水性也较好。在寒冷地区，适宜机械化除雪养护，不致破坏接缝，施工简单。

（6）三维方向变形的桥梁伸缩装置

前面诸多形式的伸缩装置，都是只能适应桥梁结构的纵向与竖向变形，三维方向变形的桥梁伸缩装置，适应于纵、横、竖三向变形的需要。

四、伸缩装置的修补

1. 修补前的分析

在前面已经讨论伸缩装置产生破损的各种原因，在进行各种调查后要对它进行详尽的分析，主要考虑：

（1）伸缩装置设计所采用的最大间隙和设计伸缩量。

（2）设计伸缩量的验算：温度变化的影响、干燥收缩和徐变影响、车辆荷载引起的梁端转角移动量的影响。

（3）采用最大间隙时，除了考虑上述因素外，还要注意安装误差、施工误差以及在恒载的作用下引起的变形造成的影响。

最后将以上引起的变化量诸多因素，进行归纳、综合得到最终的设计伸缩量、设计的最大间隙量，为伸缩装置的修补提供必要的数据（以上各个量值的计算公式可查相应的桥梁工程方面的有关书籍）。

2. 伸缩装置的修补

首先，认真研究施工条件和一般注意事项；研究作业时间，减少施工污染，包括噪声、振动和废物；办理交通管理手续和发布公告；研究施工中和养护中的交通疏导。其次注意选择修补材料。

（1）从破损原因着手，分析问题的症结，决定修补的方法、接缝材料，而重点落在后铺材料的选择上。这不但要考虑材料的工作性能，而且还要考虑必要的养生时间以选择开放交通时间。

（2）注意修补事项：

要认真处理局部修改或部件更换问题，明确工作区域并给予注明。

锌铁皮和橡胶后嵌对接形式伸缩装置的修补程序：决定修补宽度，做修补记号，清理和凿去不良的混凝土，安置模板浇筑后铺材料，养生，安置，封闭式橡胶伸缩缝，检查验收，开放交通。

对接式橡胶（及模数支撑式）的修补程序：决定修补宽度，做修补记号，清理和凿去不良的混凝土，安置模板，安装器调整（橡胶伸缩缝部分的修补程序：锚固螺栓、锚固杆、角钢等），安置主筋、分布钢筋、加固钢，浇筑后铺材料（混凝土、聚合物胶结混凝土），养生，取下安装器和模板，安置橡胶条块，检查验收，开放交通。

橡胶组合剪切式（模板橡胶型）的修补程序与对接式橡胶类同。

钢管支撑式的修补程序：要注意修补与更换的问题，更换程序与对接式橡胶相同；修补注重在局部修理或钢齿的焊接工艺，与周边部件的协调处理。

第五节　桥面铺装维修与养护

一、桥面铺装的作用

桥面铺装就是将桥面建成平坦的行驶路面，以保证交通车安全、舒适地行驶，这是主要目的。然而，桥面要抵抗车辆的冲击而产生磨耗和剪切变形，防止雨水、日照等气候作用，防止洒落的化学药品等对桥面板的腐蚀，防止其他重物的直接冲击；并且防止桥梁老化，延长使用年限。

桥面铺装层要求具有一定强度，以防开裂，并且要有一定的耐磨性、抗滑性、防尘性和稳定性。

常见的桥梁铺装类型有：沥青混凝土铺装、橡胶混凝土铺装、环氧树脂铺装、混凝土铺装、钢纤维混凝土铺装、钢筋钢丝网钢纤维增强混凝土铺装（三钢混凝土铺装），以及其他树脂纤维混凝土铺装。

二、桥面铺装层常见缺陷

桥梁铺装的功能就是维护桥面使用能力。其评价方法：用车辆安全行驶舒适性和铺装功能维护水平来检验。

合理评价桥梁铺装的使用功能，在设计年限内，建立现有铺装的养护维护计划，调查铺装破坏原因，用 AASHO 的服务指数公式化来量化，但是在国内尚没有一个完整的评价方法。

桥梁铺装材料主要有：水泥混凝土、沥青类材料和近年来迅速发展起来的纤维混凝土类的新型铺装材料三大类。其发生病害的原因，归纳如下：

1. 路面打滑、凹凸不平，易引起交通事故。

2. 路面凹凸引起冲击，使桥面板等结构物的耐久性降低。

3. 汽车行驶作用，造成的车辙、搓板、磨耗等病害偏于一侧，结果引起积水，促使铺装剥离，发生渗水。

4. 伸缩缝前后，特别容易引起高低差，不仅造成铺装层本身的破坏，而且还会损坏伸缩缝装置，形成或增强噪声和振动，对于城市桥梁要尽快进行修补。

5. 对于柔性较大、振动较明显、温度影响较敏感的大桥，桥面板与铺装层之间的变化难以协调，造成铺装层裂缝，大大降低了桥梁的使用性能。

三、桥面铺装层维修与养护

1. 水泥混凝土桥面铺装层的维修

（1）裂缝、填充裂缝

当裂缝小于 0.2 mm 并且周边材质没有破碎现象，可采用环氧树脂浆法进行注浆封闭；裂缝较大时，并且周边材质没有破碎现象，可以采用沥青材质进行填充封闭。

（2）坑槽、破裂等缺陷

对于发展为坑槽或破裂的部位，可以采用对原结构进行修补，将原水泥混凝土铺装层的表面凿毛，并尽可能深一些，使骨料露出，用清水冲洗干净并充分湿润，再涂上同强度等级的水泥砂浆（或其他黏结材料），最后铺筑一层 4 ~ 5 em 厚的水泥混凝土铺装层（注意应达到荷载要求）。

（3）磨光、脱皮、露骨等缺陷

除了修补外，如果整体的性能较好可以采用加铺一层 2 ~ 3 cm 厚的沥青混凝土磨耗层进行处理。

（4）全面翻修

桥面铺装层如果已损坏严重，可以采用重筑的方法修补。新铺的层面可采用普通混凝土或者使用钢纤维混凝土等其他材料。

2. 沥青混凝土桥面铺装层的维修

主要解决以下病害：封闭裂缝、填充裂缝、修补坑槽、修补龟甲状裂缝、修补车辙修补松散、修补泛油修补搭板路翻修等。

（1）采用注入法封闭常见裂缝工艺程序：清理、清扫、注入沥青、检查、整理、开放交通。

（2）用沥青混凝土修补损伤铺装层方法：清理出修补面（面积＞1 m²，深度达桥面板）、洒涂沥青黏结剂、骨料粒径 φ=5 ～ 10 cm，沥青混凝土进行超填、碾压、撒粉（砂）、修饰，开放交通。

（3）用切削法处理纵横面波：对付车辙的一种有效方法，一半还要采用同时加热的工序。

（4）泛油处理：局部采用撒布粗砂和小石子，进行碾压处治；如果泛油程度严重，应结合切削施工法共同处治。

（5）磨光：应用刻槽施工法、树脂加硬骨料黏结路面施工法。

（6）老化产生的裂缝：采用乳化沥青喷雾封面和以沥青砂封面，填充小裂缝、表面孔隙和坑槽。

（7）翻修：依据桥面铺装损伤程度，可以采用全部翻修铺装厚度、仅翻修面层、翻修部分的任意厚度铺装层三种方式。施工要注意原施工结构的清理工作、修补断面的处理、材料的设计、碾压养护等各项工作的程序。

3. 桥面铺装层的养护

应经常清扫桥面，保持桥面清洁完整和有一定的路拱。桥面在雨后应随时将积水扫到泄水管口排除，不要积存。冬天结冰或在下雪后，应及时清除桥面上的冻块或积雪。严禁在桥面上堆置杂物或占为晒场等，以保证车辆过桥时行驶的安全。此外，桥面防水层如有损坏也要及时进行修理。

总之，要精心检验、精心施工，应优先选用经过实践检验的新技术、新材料，特别应优先选用优质新型沥青、橡胶沥青环氧沥青和纤维沥青等新型材料。

第九章 隧道工程试验检测

第一节 概述

公路隧道的建造是百年大计，保证工程质量是业主的基本要求。检测技术作为质量管理的重要手段越来越为人们所重视。公路隧道检测技术涉及面广，分类方法很多。除了运营环境的检测方法对各类隧道都通用外，由于施工方法的不同，山岭隧道、水下沉埋隧道和软土盾构隧道在检测内容与方法上差别很大。考虑到目前我国修建的公路隧道绝大多数为山岭隧道（包括暗挖法施工的黄土隧道），本书着重介绍山岭隧道的检测技术。

隧道的检测，主要包括三大类：材料检测、施工检测和环境检测。

1. 材料检测

只有用合格的原材料才能修建出合格的公路隧道。在隧道工程的常用原材料中，衬砌材料属土建工程的通用材料，其检测方法可参阅有关文献；支护材料和防排水材料较具隧道和地下工程特色。支护材料包括锚杆、喷射混凝土和钢构件等。锚杆杆体材质、锚固方式、杆体结构和托板形式等种类繁多，特性各异，分别适用于不同的工程条件；喷射混凝土有干喷、湿喷之分，为了获取较好的力学特性和工程特性，往往在喷射混凝土混合料之外，还添加各种外加剂。所以锚喷材料的检测内容繁多，限于篇幅，本书只介绍锚喷的施工质量，材料的品质最终由锚喷的强度等指标反映。防排水材料对隧道工程特别重要，有些甚至是隧道与地下工程专用的材料。隧道防水材料包括：注浆材料、高分子合成卷材、防水涂料、石油沥青油毡、排水管和防水混凝土等。值得指出的是，合成高分子防水卷材在我国发展很快。目前修建的公路隧道、地铁和部分铁路隧道都采用不同性能、不同规格的合成高分子卷材作防水夹层，取得了良好的效果。为了适应这种发展需要，将较详细地介绍其检测试验方法。

2. 施工检测

施工检测的内容十分丰富，可概括为两个方面，即施工质量检测和施工监控量测。

（1）施工质量检测

公路隧道工程上出现的种种质量问题绝大部分都是在施工过程中埋下了质量隐患，如渗漏水、衬砌开裂和限界受侵等，因此必须对施工过程进行质量检测。其主要内容包括：开挖、支护（包括锚喷）、防排水和衬砌混凝土质量检测。

爆破成形好坏对后续工序的质量影响极大，目前在检测爆破成形质量技术方面发展很快。发达国家已广泛使用隧道断面仪来及时检测爆破成形质量，我国在一些长大铁路隧道施工中也已开始使用断面仪。该仪器可以迅速测取爆破后隧道断面轮廓，并将其与设计开挖断面比较，从而得知隧道的超欠挖情况。应用隧道断面仪还可监测锚喷隧道围岩的变形情况。

支护质量主要指锚杆安装质量、喷射混凝土质量和钢构件质量。对于锚杆，施工质量检测的内容有锚杆的间排距、锚杆的长度、锚杆的方向、注浆式锚杆的注满度、锚杆的抗拔力等。对于喷射混凝土，施工中应主要检测其强度、厚度和平整度。对于钢构件，则要检测构件的规格与节间连接、架间距、构件与围岩的接触情况以及与锚杆的连接。

防排水系统的施工方法目前尚在研究与发展之中，对施工质量的检测也处于探索阶段，本书中将对工程上常用的一些检测或检查方法作简单介绍。

衬砌混凝土质量检测包括衬砌的几何尺寸、衬砌混凝土强度、混凝土的完整性、混凝土裂缝等的检测。其中外观尺寸容易用直尺量测，混凝土强度及其完整性则需用无损探测技术完成，混凝土裂缝可用塞尺等简单方法检测。

（2）施工监控量测

施工监控量测是新奥法施工的一项重要内容，它既是施工安全的保障措施，又是优化结构受力、降低材料消耗的重要手段。量测的基本内容有隧道围岩变形、支护受力和衬砌受力。

隧道断面仪是目前最先进的隧道围岩变形量测仪器，利用它可迅速测定隧道周边的变形。围岩内部的位移，目前常用机械式多点位移计量测。锚杆受力可用钢筋计量测，喷射混凝土、钢构件和衬砌受力可用各种压力盒量测。将量测结果人工或自动输入计算机，计算机便可根据反算力学模型，推求围岩中的应力场和位移场，据此推断围岩的稳定状态，调整支护或衬砌设计参数。如此反复，使支护与衬砌设计参数与围岩条件相协调，使施工方案不断优化。

（3）环境检测

环境检测可分为施工环境检测和运营环境检测。

施工环境检测的主要任务是检测施工过程中隧道内的粉尘和有害气体。

运营环境检测包括通风、照明和噪声等。其中通风检测相对比较复杂，检测内容较多，主要有 CO 浓度、烟尘浓度和风速等，受来往车辆的影响不易获得准确的数据。照明检测技术较为先进，现有专供照明检测的车载照度仪、亮度仪。噪声的检测用噪声计可直接数显隧道内噪声。

第二节 隧道施工质量检测

一、超前支护与预加固围岩施工质量检测

隧道在浅埋地段、自稳性差的软弱破碎地层，严重偏压、岩溶流泥地段，砂土层、砂卵（砾）石层、断层破碎带以及大面积淋水或涌水地段施工时，由于开挖后围岩的自稳时间小于完成支护所需的时间，往往会发生开挖面围岩失稳，或由于初期支护的强度不能满足围岩稳定的要求以及大面积淋水、涌水导致洞体围岩丧失稳定而产生坍塌、冒顶，这时需要进行超前支护或预加固。

（一）超前支护及预加固方法

超前支护及预加固常用方法有：地表砂浆锚杆或地表注浆加固、超前锚杆或超前小导管支护、管棚钢架超前支护、超前小导管注浆和超前围岩深孔预注浆等方法。

其他方法还有：冻结法、水平高压旋喷法和隔断墙法等。

1. 地表砂浆锚杆或地表注浆加固

本方法适用于浅埋、洞口地段和某些偏压地段，能有效防止地表下沉、稳定隧道掌子面、处理偏压、防止坡面崩塌。优点是对开挖作用无影响。

2. 超前锚杆或超前小导管支护

适用于浅埋松散破碎的地层内，地层应力不太大，地下水较少的软弱破碎围岩的隧道。这类超前支护的柔性较大，整体刚度较小。优点是施工的灵活度较大。

3. 管棚钢架超前支护

适用于极破碎的地层、塌方体、岩堆等地段。管棚钢架与围岩一起形成棚架体系，产生下列效果：（1）梁效应，因钢管是先行设置的，在掘进时，钢管在掌子面及其后方的支撑下，形成梁式结构，防止围岩崩塌和松弛；（2）加固效应，钢管插入后，压注水泥浆，加强了钢管周边的围岩。

该方法的优点是最大限度地控制变形和松弛，对地表结构物有利；缺点是施工太麻烦、费用太高。

4. 超前小导管注浆

适用于自稳时间很短（12h）的砂层、砂卵（砾）石层、断层破碎带、软弱围岩浅埋地段或处理塌方等地段。

5.超前围岩深孔预注浆

适用于极其松散、破碎、软弱地层，或大量涌水的软弱地段以及断层破碎带的隧道。多用于断面较大和不允许有过大沉陷的各类地下工程中。

（二）注浆材料检测

理想的注浆材料，应满足以下要求：

1.浆液黏度低，渗透力强，流动性好，能进入细小裂隙和粉、细砂层。这样浆液可达至到预想范围，确保注浆效果。

2.可调节并准确控制浆液的凝固时间，以避免浆液流失，达到定时注浆之目的。

3.浆液凝固时体积不收缩，能牢固黏结砂石；浆液结合率高，强度大。

4.浆液稳定性好，长期存放不变质，便于保存运输，货源充足，价格低廉。

5.浆液无毒、无臭，不污染环境，对人体无害，非易燃、易爆之物。

浆液材料通常划归两大类，即水泥浆液和化学浆液（按浆液分散体系划分，以颗粒直径 0.1 μm 为界，大者为悬浊液，如水泥浆；小者为溶液，如化学浆）。通常采用的注浆材料为水泥浆液、水泥水玻璃浆液（双液浆）、超细水泥浆液和化学浆液等。

注浆材料的主要性质及测定：

1.黏度：表示浆液流动时，因分子间相互作用而产生的阻碍运动的内摩擦力。用简易黏度计测定。

2.渗透能力：渗透性，指浆液注入岩层的难易程度。悬浊液渗透能力取决于颗粒大小，砂性土孔隙直径必须大于浆液颗粒直径的 3 倍以上浆液才能注入。对于溶液渗透能大则取决于黏度。水泥细度检验依据《水泥细度检验方法筛析法》（GB/T1345-2005）。

3.凝胶时间：指参加反应的全部成分从混合时起，直到凝胶发生，浆液不再流动为 u 的一段时间。测定方法：凝胶时间长的，用维卡仪；一般浆液，通常采用手持玻璃棒搅拌浆液，以手感觉不再流动或拉不出丝为止，从而测定凝胶时间。

4.渗透系数：浆液固化后结石体透水性高低，或表示结石体抗渗性强弱。用渗透试验测定。

5.抗压强度：注浆材料自身强度决定了注浆材料的使用范围，强度大者可用于加固地层，强度小者仅能用于堵水。

（三）超前锚杆和超前钢管检测

1.超前锚杆

（1）基本要求

①锚杆材质、规格等应符合设计和规范要求。

②超前锚杆与隧道轴线外插角宜为 5°～ 10°，长度应大于循环进尺，宜为 3 ～ 5 m。

③超前锚杆与钢架支撑配合使用时，应从钢架腹部穿过，尾端与钢架焊接。

④锚杆插入孔内的长度不得短于设计长度的 95%。

⑤锚杆搭接长度应不小于 1 m。

（2）实测项目

超前锚杆实测项目。

（3）外观鉴定

锚杆沿开挖轮廓线周边均匀布置，尾端与钢架焊接牢固，锚杆入孔长度符合要求。

2. 超前钢管

（1）基本要求，

①钢管的型号、质量和规格等应符合设计和规范要求。

②超前钢管与钢架支撑配合使用时，应从钢架腹部穿过，尾端与钢架焊接。

③钢管插入孔内的长度不得短于设计长度的 95%。

（2）实测项目

超前钢管实测项目。

（3）外观鉴定

钢管沿开挖轮廓线周边均匀布置，尾端与钢架焊接牢固，入孔长度符合要求。不符合要求时减 1 ~ 5 分。

（四）注浆效果检查

检查方法有分析法、检查孔法和物探无损检测法（地质雷达、声波探测仪）三种。其中物探无损检测法是对注浆前后岩体声波、波速、振幅及衰减系数进行检测。

二、开挖质量检测

（一）隧道开挖方法

应根据隧道长度、断面大小、结构形式、工期要求、机械设备、地质条件等，选择适宜的开挖方案。

（二）开挖质量标准

隧道开挖质量的评定包含两项内容：一是检测开挖断面的规整度，二是超欠挖控制。基本要求：

1. 不良地质段开挖前应做好预加固、预支护。

2. 当前方地质出现变化迹象或接近围岩分界线时，必须用地质雷达、超前小导坑、超前探孔等方法先探明隧道的工程地质和水文地质情况，方可进行开挖。

3. 应严格控制欠挖。当石质坚硬完整且岩石抗压强度大于 30 MPa 并确认不影响衬砌结构稳定和强度时，允许岩石个别凸出部分（每 1m² 不大于 0.1m²）凸入衬砌断面，锚喷支护时凸入不大于 30 mm，衬砌时不大于 50 mm，拱脚、墙脚以上 1 m 内严禁欠挖。

4. 开挖轮廓要预留支撑沉落量及变形量，并利用量测反馈信息及时调整。

5. 隧道爆破开挖时应严格控制爆破震动。

6. 洞身开挖在清除浮石后应及时进行初喷支护。

三、喷锚衬砌施工质量检测

喷锚衬砌支护主要包括锚杆、喷射混凝土和钢架三部分，其各自的作用如下：

锚杆：悬吊作用、组合梁作用、加固拱作用、支撑围岩（主动加固围岩）。

喷射混凝土：支撑作用、填补作用、黏结作用、封闭作用（主动加固围岩）。

钢架：应用于自稳时间短、初期变形大或对地表下沉量有严格限制的地层中。钢架是依靠"被动支撑"来维持围岩稳定的，在软弱围岩条件下，钢架对维持围岩稳定是必不可少的。

第三节　隧道地质超前预报

一、概述

1. 地质超前预报的定义和目的

隧道工程围岩的稳定性及安全问题，贯穿其设计—施工运营的整个寿命周期。影响隧道围岩稳定性主要有 8 个因素：地层岩性、地质构造、原岩应力场、地下水、地质工程环境、隧道设计结构、开挖工艺方法和隧道支护体系等，其中前 5 项为客观地质因素，后 3 项为人为因素且受控于前 5 项。工程实践中，在施工过程中由于地质灾害等原因引起的隧道稳定性问题屡见报端。若能在隧道施工过程中提前了解掌子面前方围岩结构变化及地质灾害情况，如预报前方是否有断层破碎带等不良地质构造，以及这些地质构造的集合形状、产状、规模大小等，根据所掌握的地质构造情况，及时合理地安排掘进进度、修正施工方案、安排防护措施，可避免这些险情的发生。这也正是隧道施工超前地质预报的任务。

隧道超前地质预报有广义和狭义之分，广义的超前预报包括工程可行性研究阶段、勘察设计阶段和施工阶段的预报；狭义的超前地质预报则表示隧道施工期的超前地质预报。虽然名称有所不同，但这些预报工作都是为保证隧道的顺利施工，避免地下水发育地段突水、突泥的发生，防止地表水、地下水流失，确保隧道施工安全。同时根据隧道开挖揭示的洞身围岩条件的变化趋势和采用各种地球物理探测手段对隧道施工掌子面前方地质情况的探测结果，结合洞内外地质调查、掌子面素描结果和预报人员地质经验，对隧道前方可能遇到的不良地质体及由此可能引发的地质灾害的性质、分布位置、规模的预测。

超前地质预报可以降低地质灾害发生的概率和危害程度，查清隧道开挖工作面前方的工程地质与水文地质条件，指导工程施工的顺利进行，为优化工程设计提供地质依据，为编制交（竣）工文件提供地质资料。

2. 地质超前预报的主要内容

地质超前预报研究内容有很多，总结下来主要包括以下几方面：

（1）断层及其影响带和节理密集带的位置、规模和性质；

（2）软弱夹层（含煤层）的位置、规模及其性质；

（3）岩溶发育位置、规模及其性质；

（4）不同岩类间接触界面的位置；

（5）工程地质灾害可能发生的位置及规模；

（6）隧道围岩级别变化及其分界位置；

（7）不同风化程度的分界位置；

（8）不良地质体（带）成灾的可能性；

（9）隧道涌水的位置、水压及水量；

（10）隧道围岩级别的变化及分布。

二、地质超前预报的方法及原理

隧道地质超前预报，从探测位置上可分为地面（洞外）预报和掌子面（洞内）预报；从预报的距离上可分为长距离预报（＞100 m）、中距离预报（30 ～ 100 m）和短距离预报（＜30 m）；从预报方法性质上，可以分为常规地质法和物探法两大类，常规地质法主要包括正洞地质素描法、超前水平钻孔法和超前导坑法，物探法主要包括声波测试法、红外探水法、电磁波法和弹性波法等。

三、超前地质预报方法的选择

根据隧道的风险等级，隧道超前地质预报应采用与设计相符合的综合预报方法进行预报，并对各方法预报结果综合分析，相互验证，提高预报准确性。

方法选择原则如下：

1. 隧道超前地质预报可采用长距离预报、中长距离预报、短距离预报和超短距离预报相结合的综合预报方法。

2. 长距离预报：预报长度100 m以上。可采用地质调查法地表补充地质调查、地震波反射法。

3. 中长距离预报：预报长度 30 ~ 80 m。可采用地质调查法地表补充地质调查、30 ~ 80m 的超前钻探等。

4. 短距离预报：预报长度 30 m 以内。可采用地质调查法—隧道内地质素描、地质雷达法、红外探测法及小于30m 的超前钻探等。

5. 超短距离预报：预报长度 5 m 以内。可采用地质调查法—隧道内地质素描、加深炮眼法等。

第四节　隧道施工与运营环境检测

公路隧道在施工中带来强烈的噪声、冲击、振动、空气污染、弃渣污染，并对施工人员的身体产生危害。因此，在隧道施工阶段必须采取相应的措施，降低施工过程给人和环境带来的不利影响。采取措施的前提是对隧道施工过程中可能产生的有害物质进行检测、监控，从而针对性地采取有效措施。

通风分施工通风和运营通风。

隧道通风检测内容包括粉尘浓度测定、瓦斯检测、一氧化碳检测、烟雾浓度检测、隧道内风压测定、流速测定等。

一、施工环境检测

1. 粉尘浓度检测

公路隧道所穿过的地层条件千变万化，施工中产生的粉尘危害性很大。一般的粉尘能引起职业病，危害施工人员的身体健康，特殊情况下在煤层内掘进时产生的煤尘还有爆炸危险，严重威胁着隧道的施工安全。因此，必须做好粉尘的检测与防治工作。

粉尘浓度应满足《公路隧道施工技术规范》（JTGF60-2009）规定。我国常采用质量法测定粉尘浓度，目前普遍采用滤膜测尘法。

滤膜测尘法原理：用抽气装置抽取一定量的含尘空气，使其通过装有滤膜的采样器，滤膜将粉尘截留，然后根据滤膜所增加的质量和通过的空气量计算出粉尘的浓度。

2. 瓦斯检测

瓦斯是多种可燃可爆气体的总称，其主要成分是甲烷（CH）。瓦斯爆炸是含有瓦斯与助燃成分的混合气体在火源引燃下，瞬间完成燃烧反应，形成高温高压产物的过程。隧道中甲烷（CH）体积百分浓度不得大于 0.5%。

3. 一氧化碳检测

一氧化碳（CO）对空气相对密度 0.97，浓度在 13% ~ 75% 时能引起爆炸。且毒性极强，当空气中 CO 浓度超过 0.4% 时，人就会失去知觉，中毒死亡。

（1）标准要求

对于施工隧道：CO 浓度一般情况下不大于 30 mg/m³；特殊情况下，施工人员必须进入工作面时，浓度可为 100 mg/m³，但工作时间不得超过 30 min。

对于运营隧道：采用全横向通风与半横向通风方式时，CO 浓度按表 9-1 取值；采用纵向通风时，CO 浓度按表 9-1 所列各值提高 50 ppm（10-6）取值；交通阻滞时，阻滞段的平均 CO 浓度可取 300ppm，经历时间不超过 20min。

表 9-1　汽车专用隧道 CO 浓度 δ

隧道长度 /m	≤ 100	≥ 3 000
δ /ppm	250	200

（2）检测仪器

①检知管，一支直径 4 ~ 6 mm，长 150 mm 左右的密封玻璃管，管内装有易与 CO 发生反应的药品。

比色式检知管是根据管内药品与 CO 作用后颜色的变化来判断 CO 浓度的。

比长式检知管是吸入被测气体后，白色药品由进气端开始变成深黄色，变色长度与 CO 浓度成比例，与标准尺对比，即可确定 CO 浓度。

无论是比色式还是比长式检知管，每只只能使用一次。

② AT2 型一氧化碳测量仪。它是与检知管不同的另外一种类型的 CO 检测仪器，是利用控制电位电化学原理检测 CO 浓度，是一种矿用安全火花型携带式检测仪器。

二、运营环境检测

1. 烟雾浓度检测

柴油车除排放 SO_2 等有害气体外，还有游离碳素（煤烟）。柴油车排烟量与车重、车速和路面坡度有关。烟雾浓度可通过测定光线在烟雾中的透过率来确定，按下式计算：

$$\tau = \frac{E}{E_v}$$

式中

E，E_v——同一光源通过污染空气和洁净空气后的照度；

T——与烟雾的厚度 L（m）有关：

$$\tau = e^{-aL}$$

式中

a——烟雾吸光系数，$a = \dfrac{1}{L}\ln\tau$。

令 $K=a$，则

$$K = -\dfrac{1}{L}\ln\tau$$

K 称为烟雾浓度。在隧道通风中，取 $L=100$ m，测定 τ 后确定 K，则：

$$K = -\dfrac{1}{100}\ln\tau$$

式中

τ——100m 厚烟雾光线的透过率。

隧道内烟雾浓度增加，可见度、舒适感降低，从行车安全考虑，确定的可见度叫安全可见度。

检测仪器：光透过率仪。

测定光路长度 100 m，光透过率量程 5% ~ 100%，精度为满量程 5%。

2. 隧道风压检测

（1）基本概念

空气静压：大气压力是地表静止空气的压力，它等于单位面积上空气柱的重力。相对压力是绝对静压与大气压力之差。

空气动压：风流的动压，用 H_v 表示。

全压：静压与动压的代数和。

（2）隧道空气压力测定

采用水银气压计和空盒气压计测量绝对静压；采用 U 型压差计、单管倾斜压差计或补偿式微压计与毕托管配合测定风流的静压、动压和全压。

3. 隧道风速检测

单向交通隧道风速不宜大于 10 m/s，特殊情况可取 12 m/s；双向交通隧道风速不应大于 8 m/s；人车混用隧道风速不应大于 7 m/s。

4. 隧道噪声监测

隧道噪声监测主要是指隧道内连续车流噪声监测、单车噪声监测、车内噪声监测。主要监测内容如下：

（1）隧道内连续车流噪声监测

隧道内噪声主要由混响声和直达声组成，在车流量较大且平稳时，在隧道内离开隧道口一定距离后，其噪声大小不再随隧道深度产生变化。经过多次测试，最终选择距离隧道口 100 m 深，隧道内噪声不再随深度增加而增加了，所以确定隧道内测点要距离隧道口 100 m 以内，测量高度离地面 1.2 m，隧道内离开隧道壁 1 m。

测量时，应在隧道外设置测点与隧道内进行比较。城市隧道内应在两侧壁进行共振吸声处理，选择该隧道测量，与未进行共振吸声处理的隧道进行比较。

（2）隧道内单车噪声监测

根据车流量情况，选择隧道进行单车测量，并在隧道外测量单车，进行单车隧道内、外噪声比较试验。

5. 隧道照明检测

车辆进出隧道时会产生"暗适应"和"明适应"问题。由亮到暗和由暗到亮均需一定时间，暗适应时间约为10s，明适应时间为 1 ~ 3s，目前高等级公路上的隧道照明设施就是根据车速和驾驶人视觉的适应能力而设计的。

第十章 机电工程试验检测

第一节 概述

目前我国高速公路机电工程主要由监控系统、收费系统、通信系统、照明系统、通风系统及消防系统等组成，是交通基础设施最关键的支持系统，同时亦为智能交通系统的主要构成部分之一，承担着收费运营、信息发布数据互换和安全预警等重要任务，各系统工程之间的建设完善互通，为高速公路良好运营提供了保障，对提升公路投资效益与提升管理水平发挥积极的重要作用。

公路机电工程的检测工作与主体工程的检测相同，对提升工程质量发挥了极为关键的作用。公路机电工程检测可谓公路机电工程质量保障体系的关键的工作。

试验检测应该严格按照国家规定进行，目前国内高速公路建设应按照《公路工程质量检验评定标准第二册机电工程》（JTG F80/2）进行。检测主要包括三个方面，分别为基本要求、外观检查和实测项目。

基本要求是检查设备的数量、型号规格、安装位置、工作状态以及线路铺设。外观检查主要是对设备机箱的安装质量、电力线、信号线、接地和防雷等工序的评定来评价工程的质量。这些工序上的缺陷能够反映出施工单位技术水平的不足或运营单位的管理问题。实测项目是机电检测中的重要环节，根据 JTG F80/2 中要求，高速公路机电设施需要分成不同分项工程，每项分项工程需要进行详细的指标检测。机电工程单位工程、分部及分项工程的划分见表 10-1。

表 10-1　机电工程单位工程、分部及分项工程的划分

机电工程	监控设施	车辆检测器，气象检测器，闭路电视监视系统，可变标志，光、电缆线路，监控(分)中心设备安装及系统调测，大屏幕投影系统，地图板，计算机监控软件与网络等
	通信设施	通信管道与光电缆线路，光纤数字传输系统，数字程控交换系统，紧急电话系统，无线移动通信系统，通信电源等
	收费设施	入口车道设备，出口车道设备，收费站设备及软件，收费中心设备及软件，IC卡发卡编码系统，闭路电视监视系统，内部有线对讲及紧急报警系统，收费站内光、电缆及塑料管道，收费系统计算机网络等
	低压配电设施	中心（站）内低压配电设备，外场设备电力电缆线路等
	照明设施	照明设施
	隧道机电设施	车辆检测器，气象检测器，闭路电视监视系统，紧急电话系统，环境检测设备，报警与诱导设施，可变标志，通风设施，照明设施，消防设施，本地控制器，隧道监控中心设备及软件，隧道监控中心计算机网络，低压供配电等

第二节　监控

一、车辆检测器

1. 基本要求

（1）车辆检测器及其配件的数量、型号规格符合要求。

（2）车辆检测器安装位置正确，机箱外部完整，门锁开闭灵活。

（3）线圈（探头）安装尺寸符合设计要求，线槽顺直、均匀，封填后平整，引线过缘石处理得当。

（4）电源、通信线路按规范要求连接到位，检测器处于正常状态。

（5）隐蔽工程验收记录、分项工程自检和设备调试记录，有效的设备检验合格报告或证书等资料齐全。

2. 外观鉴定

（1）机箱安装牢固、端正。

（2）机箱表面光泽一致、无划伤、无刻痕、无剥落、无锈蚀。

（3）基础混凝土表面应刮平，无损边、无掉角；地脚螺栓规格符合设计要求，防腐措施得当，裸露金属基体无锈蚀；金属机箱与接地极连接可靠，接地极引出线无锈蚀。

（4）机箱的出线管与箱体连接密封良好，箱体内无积水、尘土、霉变。

（5）机箱内电力线、信号线、元器件等布线平直、整齐、固定可靠，标识正确、清楚，插头牢固。

二、气象检测器

1. 基本要求

（1）气象检测器及其配件的数量、型号规格符合要求。

（2）气象检测器安装位置正确，机箱外部完整，门锁开闭灵活。

（3）探头安装方位、尺寸符合设计要求。

（4）电源、通信线路按规范要求连接到位，气象检测器处于正常工作状态。

（5）隐蔽工程验收记录、分项工程自检和设备调试记录、有效的设备检验合格报告或证，书等资料齐全。

2. 外观鉴定

（1）立柱、机箱及各探头传感器安装牢固、端正。

（2）各部件表面光泽一致、无划伤、无刻痕、无剥落、无锈蚀。

（3）基础混凝土表面应刮平，无损边、无掉角；机箱、立柱、法兰及地脚螺栓规格符合设计要求，防腐措施得当，裸露金属基体无锈蚀。

（4）防雷接地和安全接地应分开设置，接地焊接牢固，焊缝饱满并做防腐处理；金属机箱与安全保护接地连接可靠，接地极引出线无锈蚀。

（5）机箱内电力线、信号线、元器件等布线平直、整齐、固定可靠，标识正确、清楚，插头牢固。

三、闭路电视监视系统

1. 基本要求

（1）闭路电视监视系统的设备及配件数量、型号规格符合要求，部件完整。

（2）外场摄像机基础安装位置正确，立柱安装竖直、牢固。

（3）防雷部件安装到位、连接措施符合规范要求。

（4）摄像机（云台）安装方位、角度符合设计要求。

（5）控制机箱外部完整，门锁开闭灵活。

（6）电源、控制线路以及视频传输线路按规范要求连接到位，闭路电视系统的所有设备处于正常工作状态。

（7）隐蔽工程验收记录、分项工程自检和设备调试记录、有效的设备检验合格报告或证书等资料齐全。

2. 外观鉴定

（1）立柱、机箱及摄像机（云台）安装牢固、端正。

（2）各部件表面光泽一致、无划伤、无刻痕、无剥落、无锈蚀。

（3）基础混凝土表面应刮平，无损边、无掉角；机箱、立柱、法兰及地脚螺栓规格符合设计要求，防腐措施得当，裸露金属基体无锈蚀。

（4）防雷接地和安全接地应分开设置，接地焊接牢固，焊缝饱满并做防腐处理；防雷引下线及接地体所用材料规格、防腐与连接措施、安装位置符合设计要求；金属机箱与安全保护接地连接可靠，接地极引出线无锈蚀。

（5）云台防护罩和机箱的出线管与箱体连接密封良好，箱体内无积水、尘土、霉变。

（6）机箱内电力线、信号线、元器件等布线平直、整齐、固定可靠，标识正确、清楚，插头牢固。

四、可变标志

可变标志包括可变限速标志、可变信息标志，匝道、隧道、收费站的车道控制标志，交通信号灯等交通信息提供装置。

1. 基本要求

（1）可变标志设备及配件数量、型号规格符合要求，部件完整。

（2）基础安装位置正确，立柱安装竖直、牢固。

（3）防雷部件安装到位，连接措施符合规范要求。

（4）可变标志板面安装方位、角度高度符合设计要求。

（5）控制机箱外部完整，门锁开闭灵活。

（6）电源、控制线路以及通信线路按规范要求连接到位，设备处于正常工作状态。

（7）显示屏发光单元处于受控状态，失效率符合产品标准要求。

（8）隐蔽工程验收记录、分项工程自检和设备调试记录、有效的设备检验合格报告或证书等资料齐全。

2. 外观鉴定

（1）立柱、控制机箱及显示屏安装牢固、端正。

（2）各部件表面光泽一致、无划伤、无刻痕、无剥落、无锈蚀。

（3）基础混凝土表面应刮平，无损边、无掉角；控制机箱、立柱、法兰及地脚螺栓规格符合设计要求，防腐措施得当，裸露金属基体无锈蚀。

（4）防雷接地和安全接地应分开设置，接地焊接牢固，焊缝饱满并做防腐处理；防雷引下线及接地体所用材料规格、防腐与连接措施、安装位置符合设计要求；金属机箱与接地极连接可靠，接地极引出线无锈蚀。

（5）显示屏、控制机箱的出线管与箱体连接密封良好，箱体内无积水、尘土、霉变。

（6）显示屏、控制机箱内电力线、信号线、元器件等布线平直、整齐、固定可靠，标识正确、清楚、插头牢固。

五、光、电缆线路

1. 基本要求

（1）监控系统各种光、电缆规格及使用的保护管道符合设计要求。

（2）人（手）孔及管道设置安装齐全、合格，防水措施良好。

（3）塑料通信管道敷设与安装符合规范要求。

（4）光、电缆接续及占用管道孔正确，密封防水措施符合规范要求。

（5）光、电缆成端及进室的措施得当，符合规范要求。

（6）直埋电缆符合相关施工规范要求。

（7）隐蔽工程验收记录、分项工程自检和通电调试记录，有效的光电缆及接续附件的检验合格报告或证书等资料齐全。

2. 外观鉴定

（1）在配电箱和用电设备控制箱内光、电缆排列整齐、有序，绑扎牢固，标识清楚；电力电缆尾端连接与接续应使用专用连接器并用热塑套管封合与标记。

（2）同轴电缆成端应使用焊接方式，端头处理时预留长度一致，各层的开剥尺寸与电缆插头相应部分配合良好；芯线焊接端正、牢固，焊锡适量，焊点光滑、不带尖、不成瘤；组装成的同轴电缆插头配件齐全、位置正确、装配牢固。

（3）监控中心（局内）光电缆排列整齐有序，进入墙壁要有保护套管，预留长度满足使用要求。

（4）人（手）孔位置准确，预埋件安装牢固，防水措施良好，人（手）孔内无积水，高程符合设计要求。

（5）光电缆在人（手）孔内余留长度符合规定；光缆接续箱安装牢固，密封良好。

（6）直埋电缆两端铠装层接地处理措施得当，电缆标石埋设符合设计要求。

第三节　通信

一、通信管道与光电缆线路

1. 基本要求

（1）通信光电缆、塑料管道、人（手）孔圈等器材的数量、规格应符合设计要求。

（2）塑料通信管道敷设与安装符合规范要求。

（3）管道基础及包封用原材料、型号、规格及数量应符合相关的国家和行业标准的规定。

（4）光、电缆横穿路基时应加钢管保护，钢管的型号规格和防腐措施符合设计要求。

（5）光、电缆在过桥梁或其他构造物时采用的管箱、引上和引下工程采用的保护管符合设计要求，光、电缆及保护管与接驳的保护管过渡圆滑、密封良好。光、电缆的弯曲半径应符合要求。

（6）光、电缆的敷设、接续、预留及成端等符合规范要求。

（7）直埋电缆符合相关施工规范要求。

（8）出厂时及施工前光、电缆单盘测试记录，施工后所有线对的连通性测试记录，管道及电缆接续等隐蔽工程验收记录，分项工程自检和通电调试记录，有效的光电缆、保护管（箱）及接续附件的检验合格报告或证书等资料齐全。

2. 外观鉴定

（1）光、电缆配线箱（架）安装端正、稳固，配件齐全。

（2）在配线箱（架）或设备控制箱内光、电缆排列整齐、有序，绑扎牢固，标识正确、清楚。

（3）通信中心（局内）光电缆的进线与成端符合规范要求，进入墙壁要有保护套管，预留长度满足使用要求并且统一规整。

（4）人（手）孔位置准确、预埋件安装牢固、防水措施良好。人（手）孔内无积水，其高程符合设计要求。

（5）光电缆在人（手）孔内占用管道孔正确、排列整齐、余留长度符合规定，标志清楚、牢固；光缆接续箱安装牢固，密封良好。

（6）光、电缆在过桥梁或其他构造物时采用的保护管安装牢固、排列整齐有序；光、电缆及保护管与接驳的保护管过渡圆滑、密封良好。

（7）直埋电缆两端铠装层、屏蔽层接地处理措施得当，电缆标石埋设符合设计要求。

二、光纤数字传输系统

1. 基本要求

（1）光纤数字传输系统通信机房应整洁，通风、照明良好。

（2）光纤数字传输系统所有设备（包括机架、槽道、列柜及成端用光、电缆）的配置、数量、型号规格符合设计要求，部件完整。

（3）通信机房的防雷、水暖、供电、通信电源、空调通风、照明等辅助设施安装调试完毕并通过相关专业的验收。

（4）光纤数字传输系统所有设备安装调度完毕，系统处于正常运转工作状态。

（5）隐蔽工程验收记录、分项工程自检和设备及系统联调记录、有效的设备检验合格报告或证书等资料齐全。

2. 外观鉴定

（1）槽道、机架（包括子架、DDF，ODF）及设备布局合理、安装稳固；机架横竖端正、排列整齐；拼装螺丝坚固、余留长度一致。

（2）设备安装后表面光泽一致、无划伤、无刻痕、无剥落、无锈蚀；部件标识正确、清楚。

（3）电缆及光纤连接线路由和位置正确、布放整齐，符合施工工艺要求。

（4）光纤连接线在槽道内保护措施得当；分线正确、编扎排列整洁、工艺符合要求；在光纤配线架上路由走向正确、标识清楚、布放工艺符合要求。

（5）数字配线架上跳线的规格程式符合要求、路由走向正确、标识清楚、布放工艺符合规范要求。

（6）同轴电缆的成端余留长度统一，芯线焊接及端头处理得当、符合工艺要求。

（7）数字配线架、光纤配线架内布线整齐、美观；绑扎牢固、成端符合规范要求；编号标识清楚，余留长度适当。

（8）设备连接用连接线、跳线（纤）符合设计要求，长度规整统一、标识清楚。

三、数字程控交换系统

1. 基本要求

（1）数字程控交换系统通信机房应整洁，通风、照明、环境温湿度条件良好。

（2）交换设备、辅助设备、控制台及各种电路板的数量、型号及安装位置符合要求。

（3）设备及其辅助设备安装牢固、标志齐全。

（4）设备的各种开关置于指定位置。

（5）设备的各级熔丝规格符合要求。

（6）列架、机架及各种配线架接地良好。

（7）设备内部的电源布线无接地现象。

（8）所有设备安装连接到位并经过严格的系统检查，稳定性达到要求。

（9）隐蔽工程验收记录、分项工程自检和设备及系统联调记录、有效的设备检验合格报告或证书等资料齐全。

2. 外观鉴定

（1）槽道、机架及设备布局合理、安装稳固；机架横竖端正、排列整齐，符合设计要求；拼装螺丝紧固、余留长度一致。

（2）设备安装后表面光泽一致、无划伤、无刻痕、无剥落、无锈蚀；部件标识正确、清楚。

（3）电缆及光纤连接线路由和位置正确、布放整齐符合施工工艺要求。

（4）电缆在槽道内保护措施得当；分线正确、编扎排列整洁、工艺符合要求；在配线架上路由走向正确、标识清楚、布放工艺符合要求。

（5）配线架上跳线的规格程式符合要求、路由走向正确、标识清楚、布放工艺符合规范要求。

（6）同轴电缆的成端余留长度统一、芯线焊接及端头处理得当、符合工艺要求。

（7）配线架内布线整齐、美观；绑扎牢固、成端符合规范要求；编号标识清楚，余留长度适当。

（8）设备连接用连接线、跳线（纤）符合设计要求，长度规整统一、标识清楚。

第四节　收费设施

一、入口车道设备

1. 基本要求

（1）入口车道设备数量、型号规格符合设计要求，部件及配件完整。

（2）收费亭、电动（手动）栏杆、车道控制器（车道计算机）、收费员显示终端、键盘、信号灯、车辆检测器、摄像机、发（打）卡设备等主要设备是符合国家或行业标准的定型产品。

（3）收费亭内操作台、设备安装符合要求。

（4）收费亭、控制器、发（打）卡机、UPS、电动栏杆等设备的接地连接符合规范要求。

（5）电动栏杆、信号灯、摄像机等安装方位和位置正确。

（6）收费亭至收费岛、天棚上安装设备的裸露和电源线、信号线按设计要求进行保护处理。

（7）所有设备安装到位并连通，处于正常工作状态。

（8）隐蔽工程验收记录、分项工程自检和设备调试记录、安装和非安装设备及附（备）件清单、有效的设备检验合格报告或证书等资料齐全。

2. 外观鉴定

（1）收费亭外设备安装稳固、端正。

（2）收费亭内操作台、座椅、设备、配线列架等整齐、有序、无明显歪斜，标志清楚、牢固。

（3）所有设备安装后，外观无划伤、刻痕及防护层剥落等缺陷。

（4）设备及收费亭内布线整齐美观、固定可靠、标识清楚；过墙、板、地下通道处有保护套管，并留有适当余量。

（5）设备之间连线接插头等部件连接可靠、紧密、到位准确；布线整齐、余留规整、标识清楚；固定螺丝等紧固、无松动。

（6）配电箱内信号线、动力线及其接插头要求明显区分，标识清楚，有永久性接线图。

（7）电动（手动）栏杆挡杆上反光标志完整醒目，落下时应处于水平位置。

二、出口车道设备

1. 基本要求

（1）出口车道设备数量、型号规格符合设计要求，部件及配件完整。

（2）收费亭、电动（手动）栏杆、车道控制器（车道计算机）、收费员显示终端、专用键盘、费额显示器、信号灯、车辆检测器、摄像机、收（打）卡设备等主要设备是符合国家或行业标准的定型产品。

（3）收费亭内操作台、座椅、设备安装符合设计要求。

（4）收费亭、控制器、收（打）卡机、UPS、电动栏杆等设备接地连接正确。

（5）电动栏杆、费额显示器、信号灯、摄像机等安装方位和位置正确。

（6）车道设备的电源线、信号线按设计要求进行保护处理。

（7）所有设备安装到位并连通，处于正常工作状态。

（8）隐蔽工程验收记录、分项工程自检和设备调试记录、安装和非安装设备及附（备）件清单、有效的设备检验合格报告或证书等资料齐全。

2.外观鉴定

（1）收费亭外设备安装稳固、端正。

（2）收费亭内操作台、座椅、设备、配线列架等整齐、有序、无明显歪斜，标志清楚、牢固。

（3）所有设备安装后，外观无划痕、刻痕及防护层剥落等缺陷。

（4）设备及收费亭内布线整齐美观、固定可靠、标识清楚；过墙、板、地下通道处要有保护套管，并留有适当余量。

（5）设备之间连线接插头等部件要求连接可靠、紧密、到位准确；布线整齐、余留规整、标识清楚；固定螺丝等要求紧固、无松动。

（6）配电箱内信号线、动力线及其接、插头明显区分，标识清楚，有永久性接线图。

（7）电动（手动）栏杆上反光标志完整醒目，落下时处于水平位置。

第五节　低压配电设施

一、中心（站）内低压配电设备

1.基本要求

（1）电源设备数量、型号规格符合设计要求，部件及配件完整。

（2）电源室内市电油机转换屏（柜）、交直流配电、动力开关柜、UPS、室外配电箱、发电机组、发电机组控制柜等设备安装稳固，位置、方位正确。设备、列架排列整齐、有序，标志清楚、牢固。

（3）进入配电（箱）柜的所有电缆接头按规范进行开剥、焊接、镀锡、绑扎、密封和热塑封合防潮处理。

（4）设备、列架内以及设备之间的连接布线符合规范要求，所有进出线都进行标记，并附有配电简图。

（5）蓄电池组的连接条、螺栓、螺母进行防腐处理，并且连接可靠。

（6）所有设备安装到位，工作、安全、防雷等接地连接可靠。

（7）经过通电测试，处于正常工作状态。

（8）电源室、发电机组室通过安全、消防验收。

（9）隐蔽工程验收记录、分项工程自检和设备调试记录、安装和非安装设备及附（备）件清单、有效的设备检验合格报告或证书等资料齐全。

2. 外观鉴定

（1）配电屏、设备、列架布局合理、安装稳固、横竖端正、排列整齐。

（2）设备安装后表面光泽一致、无划伤、无刻痕、无剥落、无锈蚀；部件标识正确、清楚。

（3）电源输出配线路由和位置正确、布放整齐，符合施工工艺要求。

（4）设备内布线整齐、美观、绑扎牢固，接线端头焊（压）结牢固、平滑；编号标识清楚，预留长度适当。

（5）设备抗震加固措施符合设计要求。

二、外场设备电力电缆线路

1. 基本要求

（1）室内外配电设备、电缆程式、保护管道、人（手）孔形式等设施的数量、型号规格、技术要求符合设计规定，部件及配件完整。

（2）电缆路由符合设计要求、人（手）孔及管道设置安装齐全、防水措施良好。

（3）室内外配电箱等设备安装稳固，位置方位正确，标识清楚、牢固。

（4）室外配电箱应作双层防腐处理并有明显的"高压危险"字样及图案等标识。

（5）进入配电（箱）柜的所有电缆接头都按规范进行了开剥、焊接、镀锡、绑扎、密封处理，最后进行热塑封合防潮处理。

（6）设备、列架内以及设备之间的连接布线符合规范要求，所有进出线都进行了标记，并附有配电简图。

（7）直埋电缆符合相关施工规范要求。

（8）所有设备安装到位并作可靠的接地连接。

（9）经过了通电测试，处于正常工作状态。

（10）提交了隐蔽工程验收记录、分项工程自检和设备调试记录、安装和非安装设备及 . 附（备）件清单、有效的设备检验合格报告或证书等资料。

2. 外观鉴定

（1）基础混凝土表面应刮平，无损边、无掉角；连接地脚及螺栓规格符合设计要求，外观无锈蚀现象。

（2）配电箱安装后，防腐涂层光泽一致，无划伤、无刻痕、无剥落等缺陷。

（3）箱体开孔合适、切口整齐；出线管与箱体连接密封良好；箱门开闭灵活。

（4）箱内接线整齐、回路编号齐全正确。

（5）机箱密封良好，机箱内应无积水、无明显尘土和霉变。

（6）接地焊接牢固，焊缝饱满并作防腐处理；机箱应接地可靠，连线标识清楚，走线横平竖直，符合视觉美观要求。

（7）电缆成端符合规范要求，沿电缆井引入时，电缆排列整齐有序、绑扎牢固；进入墙壁有保护套管，预留长度满足使用要求。

（8）直埋电缆两端铠装层接地处理措施得当，电缆标石埋设符合设计要求。

第六节　照　明

1. 基本要求

（1）照明器和亮度传感器的类别、规格、适用场所、有效范围、数量、位置、安装间距、安装质量等符合要求。

（2）设备的电力线、信号线、接地线的类别、规格、数量、布设方式、位置、连接质量等符合要求。

（3）路面照明、建筑物（构造物）的景观照明、航空障碍灯、桥墩障碍灯等照明设施完整、协调。

（4）高杆灯由取得相应资质的单位供货，并有可靠的测试记录和报告。

（5）隐蔽工程验收记录、分项工程自检和设备调试记录、有效的设备检验合格报告或证书等资料齐全。

2. 外观鉴定

（1）灯柱、机箱及灯具安装位置和方位正确、牢固、端正。

（2）各部件表面光泽一致、无划伤、无刻痕、无剥落、无锈蚀。

（3）基础混凝土表面应刮平，无损边、无掉角；机箱、立柱、法兰及地脚螺栓规格符合设计要求，防腐措施得当，裸露金属基体无锈蚀。

（4）高杆灯防雷接地焊接牢固，焊缝饱满并作防腐处理；防雷引下线及接地体用材料规格、防腐与连接措施、安装位置符合设计要求；金属机箱与安全保护接地连接可靠，接地极引出线裸露金属基体无锈蚀。

（5）机箱的出线管与箱体连接密封良好，箱体内无积水、尘土、霉变。

（6）机箱内电力线、信号线、元器件等布线平直、整齐、固定可靠，标识正确、清楚，插头牢固。

（7）灯杆、灯具装配安装后，线形与道路线形在横向、纵向、高度协调一致，线形美观。

第七节　隧道机电设施

一、环境检测设备

1. 基本要求

（1）环境检测器及其配置的 CO 传感器、烟雾传感器、照度传感器、风向风速传感器的数量、型号规格符合要求，部件完整。

（2）环境检测器及其配置的传感器安装位置正确，符合要求。

（3）按规范要求连接环境检测器及其传感器的保护线、信号线、电力线，排列规整、无交叉拧绞，经过通电测试，处于正常工作状态。

（4）隐蔽工程验收记录、分项工程自检和设备调试记录、安装和非安装设备及附（备）件清单、有效的设备检验合格报告或证书等资料齐全。

2. 外观鉴定

（1）环境检测器控制箱安装稳固、位置正确，表面光泽一致、无划伤、无刻痕、无剥落、无锈蚀。

（2）控制箱门开关灵活、出线孔分列明确、密封措施得当，机箱内无积水、无霉变、无明显尘土，表面无锈蚀。

（3）控制箱内电力线、信号线、接地线分列明确，布线整齐、美观、绑扎牢固，接线端头焊（压）接牢固、平滑；编号标识清楚，余留长度适当、规整。

（4）控制箱至传感器的电力线、信号线、接地线端头制作规范；按设计要求采取了线缆保护措施、布线排列整齐美观、安装牢固、标识清楚。

（5）传感器的布设位置正确、排列整齐美观、安装牢固、标识清楚。

（6）传感器表面光泽一致、无划伤、无刻痕、无剥落、无锈蚀。

二、报警与诱导设施

1. 基本要求

（1）报警与诱导设施的数量、型号规格符合设计要求，部件完整。

（2）报警与诱导设施的位置正确，符合要求。

（3）按规范要求连接报警与诱导设施的保护线、信号线、电力线，排列规整、无交叉拧绞，经过通电测试，工作状态正常。

（4）隐蔽工程验收记录、分项工程自检和设备调试记录、安装和非安装设备及附（备）件清单、有效的设备检验合格报告或证书等资料齐全。

2. 外观鉴定

（1）警报器和诱导设施控制箱安装稳固、位置正确，表面光泽一致，无划伤、无刻痕、无剥落、无锈蚀。

（2）控制箱柜门开关灵活、出线孔分列明确、密封措施得当，机箱内无积水、无霉变、无明显尘土，表面无锈蚀。

（3）控制箱内电力线、信号线、接地线分列明确，布线整齐、美观、绑扎牢固，接线端头焊（压）接牢固、平滑；编号标识清楚，预留长度适当、规整。

（4）控制箱至警报器和诱导设施的电力线、信号线、接地线端头制作规范；按设计要求采取线缆保护措施、布线排列整齐美观、安装牢固、标识清楚。

（5）警报器和诱导设施的布设位置正确、排列整齐美观、安装牢固、标识清楚。

（6）警报器和诱导设施表面光泽、无划伤、无刻痕、无剥落、无锈蚀。

三、通风设施

1. 基本要求

（1）通风设备及缆线的数量、型号规格、程式符合设计要求，部件及配件完整。

（2）通风设备安装支架的结构尺寸、预埋件、安装方位、安装间距等符合设计要求，并附抗拔力的检验报告。

（3）通风设备安装牢固、方位正确。

（4）按规范要求连接通风设备的保护线、信号线、电力线，排列规整、无交叉拧绞，经过通电测试，工作状态正常。

（5）隐蔽工程验收记录、分项工程自检和设备调试记录、安装和非安装设备及附（备）件清单、有效的设备检验合格报告或证书等资料齐全。

2. 外观鉴定

（1）通风设备安装稳固、位置正确。

（2）通风设备的电力线、信号线、接地线端头制作规范；按设计要求采取线缆保护措施、布线排列整齐美观、安装固定符合要求、标识清楚。

（3）设备表面光泽一致、无划伤、无刻痕、无剥落、无锈蚀。

（4）控制柜内布线整齐、美观、绑扎牢固、接线端头焊（压）接牢固、平滑；编号标识清楚，预留长度适当；柜门开关灵活、出线孔密封措施得当，机箱内无积水、无霉变、无明显尘土，表面无锈蚀。

第十一章　公路工程项目管理研究

第一节　公路工程施工项目的质量管理与设备管理研究

一、工程质量控制方法

（一）工程质量控制方法

现场质量检查控制的方法主要是：测量、试验、观察、分析、记录、监督、总结改进。

1.审核与分析有关技术文件、报告或报表

对技术文件、报告、报表的审核与分析是对工程质量进行全面控制的重要手段，项目经理应负总责，各相关部门应恪守职责，做好本职工作，确保控制有效。

2.现场质量检查控制

现场工程质量检查分开工前检查、施工过程中检查和分项工程完成后的检查。

（1）开工前检查：开工前首先要对上一道工序的完成情况进行检查，主要检查上道工序是否经过验收，如上道工序为隐蔽工序，验收手续是否齐备，上道工序中是否有需要处理的质量问题尚未处理，只有上道工序的所有工作全部完成后才能开始下道工序的施工。针对拟开工工序的开工前检查一般包括五个方面的内容：①人员准备检查，劳动力需求是否能满足要求，是否需要特殊工种，特殊工种有没有证件，质量管理人员是否有相应资格并熟悉相关规范；操作班组是否经过交底，必要时经过相关培训。②机械设备检查，拟进行工序所需机械设备是否齐备，设备性能满足施工规范和施工方案要求，状态完好。③材料检查，现场材料准备是否充足，需经试验才能使用的材料是否经试验合格。④施工方案和施工方法检查，施工方案是否经过审批，是否经过三级交底，交底手续是否齐全，必要时与现场监理沟通。关键质量控制点的参数要了解。⑤施工环境检查，现场是否具备足够的工作面，特别是冬、雨期施工天气条件是否满足施工工艺参数的要求。

（2）施工过程中检查：施工过程中检查的内容同施工前的检查，除落实开工前检查的各项内容外，重点检查以下方面的内容：①各项技术参数是否正常，操作工作有无误操作。②过程中应该做的试验检验工作有没有完成。③可能影响施工质量的紧急突发情况。

（3）施工后检查：施工后的检查除按工艺标准或规范要求必须进行的检查、检测外，检查重点为对后续验收、检验评定和下道工序的支持作用及成品保护工作。同时要注重施工过程中可追溯性资料的收集整理工作。

（4）停工后复工前的检查：因处理质量问题或某种原因停工后再复工时，均应检查认可后方可复工。

（5）分项、分部工程完工后的检查：应按规定的程序和要求，经检查认可并签署验收记录后，才允许进行下一工程项目施工。

（6）巡视检查：对施工操作质量应进行巡视检查，必要时还应进行跟踪检查。

3. 工程质量评定方法

公路工程质量评定方法是根据建设任务、施工管理和质量检验评定的需要将工程划分为单位工程、分部工程和分项工程，依据质量检验评定标准对分项工程进行评分，采用加权平均值计算方法确定分部或单位工程相应的评分值。

工程质量情况依据得分情况按照分项、分部单位工程、合同段和建设项目逐级评定，工程质量等级评定分为合格、不合格两个等级。

（二）工程质量控制关键点的设置

公路工程质量控制关键点要根据设计文件、项目专用技术规范和施工质量控制计划的要求设置，通过公路质量控制关键点的设置确保建造出符合设计和规范要求的工程。公路工程质量管理必须以预防为主，加强因素控制，确定特定、特殊工序的质量控制关键点，实施公路工程施工的动态管理。

1. 质量控制关键点的设置。应根据不同管理层次和职能，按以下原则分级设置：①施工过程中的重要项目、薄弱环节和关键部位。②影响工期、质量、成本、安全、材料消耗等重要因素的环节。③新材料、新技术、新工艺的施工环节。④质量信息反馈中缺陷频数较多的项目。关键点应随着施工进度和影响因素的变化而调整。

2. 质量控制关键点的控制。如下：①制定质量控制关键点的管理办法。②落实质量控制关键点的质量责任。③开展质量控制关键点 QC 小组活动。④在质量控制关键点上开展一次抽检合格管理和检查上道工序、保证本道工序、服务下道工序的"三工序"活动。⑤认真填写质量控制关键点的质量记录。⑥落实与经济责任相结合的检查考核制度。

3. 质量控制关键点的文件。包括：①质量控制关键点业务流程图。②质量控制关键点明细表。③质量控制关键点（岗位）质量因素分析表。④质量控制关键点作业指导书。⑤自检、交接检、专业检查记录以及控制图表。⑥工序质量统计与分析。⑦质量保证与质量改进的措施与实施记录。⑧工序质量信息。

4. 质量控制关键点实际效果的考查。质量控制关键点的实际效果表现在施工质量管理水平和各项指标的实现情况上。要运用数理统计方法绘制工程项目总体质量情况分析图表，该图表要反映动态控制过程与施工项目实际质量情况。各阶段质量分析要纳入施工项目方针目标管理。

5. 土方路基工程施工中常见质量控制关键点。如下：①施工放样与断面测量。②路基原地面处理，按施工技术合同或规范规定要求处理，并平整压实。③使用适宜材料，必须采用设计和规范规定的适用材料，保证原材料合格，正确确定土的最大干密度和最佳含水量。④每层的松铺厚度，横坡。⑤分层压实，控制填土的含水量，确保压实度达到设计要求。

6. 路面基层（底基层）施工中常见的质量控制关键点。如下：①基层施工所采用设备组合。②路面基层（底基层）所用结合料（如水泥、石灰）剂量。③路面基层（底基层）材料的含水量、拌和均匀性、配合比。④路面基层（底基层）的压实度、弯沉值、平整度及横坡等。⑤如采用级配碎（砾）石还需要注意集料的级配和石料的压碎值。

7. 水泥混凝土路面施工中常见质量控制关键点。如下：①基层强度、平整度、高程的检查与控制。②混凝土材料的检查与试验。③混凝土配合比设计和试件的试验。混凝土的水灰比、外掺剂掺加量、坍落度应控制。④混凝土的摊铺、振捣、成型及避免离析。⑤锯缝时间和养生的掌握。

8. 沥青混凝土路面施工中常见质量控制关键点。如下：①基层强度、平整度、高程的检查与控制。②沥青材料的检查与试验。③集料的级配、沥青混凝土配合比设计和试验。④路面施工机械设备配置与组合。⑤沥青混凝土的运输及摊铺温度控制。⑥沥青混凝土摊铺厚度的控制和摊铺中离析控制。⑦沥青混凝土的碾压与接缝施工。

9. 桥梁基础工程施工中常见质量控制点。如下：①扩大基础：基底地基承载力的确认，满足设计要求；基底表面松散层的清理；及时浇筑垫层混凝土，减少基底暴露时间；大体积混凝土施工裂缝控制。②钻孔桩：桩位坐标控制；垂直度的控制；孔径的控制，防止缩径；清孔质量（嵌岩桩与摩擦桩要求不同）；钢筋笼接头质量；水下混凝土的灌筑质量。

10. 桥梁下部结构施工中常见质量控制点。如下：①实心墩：墩身锚固钢筋预埋质量控制；墩身平面位置控制；墩身垂直度控制；模板接缝错台控制；墩顶支座预埋件位置、数量控制。②薄壁墩：墩身锚固钢筋预埋质量控制；墩身平面位置控制；墩身垂直度控制；模板接缝错台控制；墩顶支座预埋件位置、数量控制；墩身与承台联结处混凝土裂缝控制；墩顶实心段混凝土裂缝控制。

11. 桥梁上部结构施工中常见质量控制点。如下：①简支梁桥。②连续梁桥。③拱桥。

12. 公路隧道施工中常见质量控制关键点。如下：①洞口工程质量控制关键点。②洞身开挖质量控制关键点。

（三）工程质量缺陷处理方法

在公路行业施工过程中，机械化程度相对较低，在施工过程中，难免出现各种各样的质量缺陷，如何确定质量缺陷的性质，针对不同性质的缺陷采取相应的处理措施，是保证工程质量的一项重要内容。

1.质量缺陷性质的确定。质量缺陷性质的确定，是最终确定缺陷问题处理办法的首要工作和根本依据。一般通过下列方法来确定缺陷的性质。

（1）观察和查阅记录资料：是指对有缺陷的工程现场情况、施工过程施工设备和施工操作情况等进行现场观察和检查。

主要包括查阅试验检测报告、施工技术资料、施工过程记录、施工日志，施工工艺流程、施工方案、施工机械运转记录等相关记录，同时在特殊季节关注天气情况等。

（2）检验与试验：通过检查和了解可以发现一些表面的问题，得出初步结论，但往往需要进一步的检验与试验来加以验证。

（3）专题调研：有些质量问题，仅仅通过以上两种方法仍不能确定。如某大桥在交工后不到一年的时间里出现了超过规范要求的裂缝，仅通过简单的观察和查阅现有资料很难确定产生裂缝的根本原因，找不到原因也就无从确定进一步的处理措施，在这种情况下就需要采用专项调研，通过对勘测、设计、施工各个环节的调查、分析研究，辅之以辅助的检测手段，确定质量问题的性质和为随后采取的措施提供依据。

在这种情况下，为了查明产生问题的根本原因，有必要组织有关方面的专家或专题调查组提出检测方案，对所得到的一系列参考依据和指标进行综合分析研究，找出产生缺陷的原因，确定缺陷的性质。这种专题研究，对缺陷问题的妥善解决作用重大，因此经常被采用。

2.质量缺陷处理方法。

（1）整修与返工：缺陷的整修，主要是针对局部性的、轻微的且不会给整体工程质量带来严重影响的缺陷。如水泥混凝土结构的局部蜂窝、麻面，道路结构层的局部压实度不足等。这类缺陷一般可以比较简单地通过修整得到处理，不会影响工程总体的关键性技术指标。由于这类缺陷很容易出现，因而修补处理方法最为常用。

返工的决定应建立在认真调查研究的基础上。是否返工，应视缺陷经过补救后能否达到规范标准而定，对于补救后不能满足标准的工程必须返工。如某承包人为赶工期，曾在雨中铺筑沥青混凝土，监理工程师只得责令承包人将已经铺完的沥青面层全部推除重铺；一些无法补救的低质涵洞也被炸掉重建；温度过低或过高的沥青混合料在现场被监理工程师责令报废等。

（2）综合处理办法：主要是针对较大的质量事故而言的。这种处理办法不像返工和整修那样简单具体，其是一种综合的缺陷（事故）补救措施。能够使得工程缺陷（事故）以最小的经济代价和工期损失，重新满足规范要求。处理的办法因工程缺陷（事故）的性质而异，性质的确定则以大量的调查及丰富的施工经验和技术理论为基础。具体做法可组织联合调查组、召开专家论证会等方式。实践证明，这是一条合理解决这类问题的有效途径。

二、工程质量检验

（一）路基工程质检验

1.路基工程质量检验的主要内容。具体为：①路基的宽度和标高（包括边沟）。②路基的平面位置。③边坡坡度及边坡加固。④排水设施的尺寸及底面纵坡。⑤填土压实度、弯沉值。⑥取土坑、弃土堆、护坡道截水沟、排水沟的位置和形式是否正确。⑦隐蔽工程检查记录。

2.土石方路基实测项目。

（1）土方路基实测项目有：压实度、弯沉值、纵断高程、中线偏位、宽度、平整度横坡、边坡。

（2）石方路基实测项目有：压实度、纵断高程、中线偏位、宽度、平整度、横坡、边坡坡度和平顺度。

各检测项目的规定值或允许偏差、检查方法和频率依据的标准是：交通运输部颁布的《公路工程质量检验评定的标准》（JTGF80/1-2004）及项目专用技术规范。

（二）路面工程质检验

1.路面基层底基层的检验。

（1）主要检验内容包括：高程、厚度、宽度、横坡度和平整度、基层的压实度和强度。

（2）水泥稳定粒料基层实测项目有：压实度、平整度、纵断高程、宽度厚度、横坡、强度。

（3）石灰土基层实测项目有：压实度、平整度、纵断高程、宽度、厚度、横坡强度。

（4）填隙碎石（矿渣）基层和底基层实测项目有：压实度、弯沉值平整度、纵断高程、宽度厚度、横坡。

2.水泥混凝土路面的检验。

（1）主要检验内容包括：水泥混凝土面板的弯拉强度、平整度和厚度、水泥混凝土路面的抗滑构造深度、相邻面板间的高差、纵横缝顺直度、水泥混凝土路面中线平面偏位、路面宽度、纵断高程和路面横坡。

（2）水泥混凝土面层实测项目：①弯拉强度。②板厚度。③平整度。④抗滑构造深度。⑤相邻板高差。⑥纵、横缝顺直度。⑦中线平面偏位。⑧路面宽度。⑨纵断高程。⑩横坡。

3.沥青混凝土路面的检验。

（1）主要检验内容包括：厚度、平整度、压实度、弯沉值、渗水系数、摩擦因数、构造深度、中线平面偏位纵断高程、路面宽度及路面横坡。

（2）沥青混凝土面层和沥青碎（砾）石面层实测项目：①压实度。②平整度。③弯沉值。

④渗水系数。⑤抗滑。⑥厚度。⑦中线平面偏位。⑧纵断高程。⑨宽度。⑩横坡。

（三）桥梁工程质检验

1.桥梁总体的主要检验内容。如下：桥梁的净空；桥面中心偏位、桥面宽度和桥长；引道中心线与桥梁中心线的衔接以及桥头高程衔接。

2.钻孔灌注桩施工的主要检验内容。如下：①终孔和清孔后应对成孔的孔位、孔深孔形、孔径、倾斜度、泥浆相对密度、孔底沉淀厚度、钢筋骨架底面高程等检查。②钻孔灌注桩混凝土的强度。③凿除桩头混凝土。④需嵌入承台内的混凝土桩头及锚固钢筋长度：应符合要求。⑤钢筋骨架底面高程：查灌注前记录。

3.沉井施工的主要检验内容。如下：①沉井混凝土的强度。②底面标高。③沉井的平面尺寸（长、宽或半径）。④沉井的最大纵、横向倾斜度和平面扭转。⑤平面扭转角。上述各项必须满足规定值或允许偏差。

4.明挖地基的主要检验内容。如下：①基底平面位置、尺寸大小和基底标高。②基底地质情况和承载力。③地基所用材料。

5.钢筋加工及安装施工的主要检验内容。如下：①钢筋、焊条的规格和技术性能。②冷拉钢筋的机械性能。③受力钢筋间距、钢筋、横向水平钢筋、螺旋筋间距。④钢筋骨架尺寸、弯起筋位置和保护层厚度。

6.后张法预应力筋的加工和张拉的主要检验内容。如下：①预应力筋的各项技术性能。②预应力管道坐标及管道间距。③张拉时的应力值、张拉伸长率和张拉断丝滑丝数。

7.承台混凝土浇筑的主要检验内容。如下：①混凝土强度。②承台尺寸、承台顶面高程和轴线偏位。

8.墩、台身混凝土浇筑的主要检验内容。如下：①墩、台身混凝土强度：按水泥混凝土抗压强度评定标准检查，必须在合格标准内。②墩、台身断面尺寸、顶面高程和轴线偏位。③墩、台身竖直度或斜度、大面积平整度和预埋件位置。

9.柱或双壁墩混凝土浇筑的主要检验内容。如下：①混凝土强度。②柱或双壁墩断面尺寸、顶面高程和轴线偏位。③墩、台身竖直度和相邻间距。

10.墩、台帽或盖梁混凝土浇筑的主要检验内容。如下：①混凝土强度。②墩、台帽或盖梁断面尺寸、支座处顶面高程和轴线偏位。③墩、台帽或盖梁预埋件位置要求用尺量。

11.预制梁板的主要检验内容。如下：①梁、板混凝土强度：按水泥混凝土抗压强度评定标准检查，应在合格标准内。②梁、板的几何尺寸（长度、宽度、高度和跨径）。③梁、板平整度及梁、板支座预埋件表面的平整度。④预埋件位置。

12.梁、板安装的主要检验内容。如下：①梁、板支座中心偏位。②梁、板安装的竖直度。③梁、板顶面纵向高程。④梁、板间的接缝填充材料。

13.拱的安装施工主要检验内容。如下：①拱段接头采用现浇混凝土时必须保证其强度和质量，并在强度达到70%以上时方可进行拱上建筑施工。②拱圈轴线横向偏位，拱圈标高。③主拱圈两对称接头点相对高差，同跨各拱肋相对高差和同跨各拱肋间距。④腹拱起拱线高程和相邻块件高差。

14.桥面铺装施工的主要检验内容。如下：①桥面铺装应符合同等级路面的要求，桥面泄水孔的进水口应略低于桥面面层。②桥面铺装的强度和压实度按路基、路面压实度评定标准或水泥混凝土抗压强度评定标准检查。③铺装层的厚度、平整度和抗滑构造深度。④桥面横坡。

（四）隧道工程质检验

1.锚喷支护的质量要求。如下：①喷射混凝土抗压强度检查。②喷层与围岩黏结情况的检查。③喷层厚度检查。④凿除喷层重喷或进行整治。⑤抗拔力试验。

2.隧道总体的检验内容。如下：①隧道的宽度。②隧道的净高。③隧道的平面位置。④路线中心线与隧道中心线的衔接。⑤边坡、仰坡：用坡度板检查。⑥检查洞身开挖时的欠挖情况。⑦检查洞身支护和衬砌的混凝土强度及衬砌厚度。

三、公路工程施工项目的设备管理

机械设备在一定的条件下能否得到合理的使用，关键在于使用管理中执行"人机固定"的管理原则。定机、定人、定岗位责任制（简称三定制度）就是人机固定原则的具体化。

1.三定制度的主要优点

（1）人机固定、责任明确，有利于增强定机人员的责任心及核查心理，有利于保持机械的良好技术状况，有利于落实奖惩制度。

（2）每台机械设备，除了由安全操作规程及使用说明书所说明的操作使用要点外，往往有其独自的使用特点。人机固定原则有利于定机人员熟悉本机的这些特点，这对发挥机械效率，预防及排除机械故障，避免事故的发生具有十分重要的意义。

（3）三定制度有利于开展单机经济换算、机械设备评比等以单机为对象的评比考核活动，提高机械管理水平。

（4）有利于实现机械设备运行原始资料的正确性、完整性及连续性。提高机械统计工作，便于开展分析研究工作。

（5）有利于做好机械定员工作，加强劳动管理。

2.三定制度的实施

（1）凡是多人多班作业或单人多班作业的机械设备，应以机械为单位，任命一人为机长其余人员则为机组人员，在机长领导下共同对机械负责。任命机长应有一定的形式，以示慎重，而且轻易不要更换。

（2）一人一机单班作业的机械设备，或是一人管理多台的机械设备，驾驶员就是机长，对机械负全责。

（3）一些小型设备不可能有专职操作或保修人员，应固定在班组中，由班组长对机械负责，并实行班组长领导下的分工负责制。机械设备在建制单位内部调拨流动时，原则上规定机人员应随机调动。

（4）要注意技术培训工作，消灭机多人少的现象。否则，由于人手不够，很容易造成临时用非定机人员支援操作，或使用不合格人员，从而打乱了三定关系。

3. 三定操作人员的职责

在三定制度内部，要明确机组人员与机长的职责和班与班之间的责任。机组人员的责任：努力钻研技术，熟悉本机的构造原理、技术性能、安全操作规程及保养规程等，要具有过硬的技术本领；正确操作使用机械设备，发挥机械效率，完成各项指标，保证安全生产及降低各项消耗；认真执行每班例行的保养工作，使机械设备经常处于清洁、润滑良好、调整适当、紧固件无一松动的状态，经常检查设备的附件和附具，保持其完好无损；及时、准确地填写各项运行记录，并保持其完整及完好；认真执行以岗位责任制为中心的各项管理制度。机长责任制机长是不脱产的，因此机长本身就是操作人员之一。

机长除了作为一名操作工人应完成上述各项任务外，还应做到以下几点：督促、检查全组人员对机械设备的合理使用及定期保养工作；检查及汇总各项运行记录；对本机组人员的技术考核提出意见；搞好本机组内及其他机组之间的团结协作与劳动竞赛。

多班制作业的机械设备班与班之间的交接班规定，为了使多班作业的机械设备不至于由于班与班之间交接不清而发生操作事故、附件丢失或责任不清等现象，必须建立交接班制度作为岗位责任制的组成部分。机械设备交接班时，首先应由交方填写交接班记录，并做口头补充介绍，经接方核对相符并签收后方能下班。交接班的内容如下：

（1）交清本班生产任务完成情况、工作面情况及其他注意事项或要求；

（2）交清机械设备运转及使用情况，特别应注意介绍有无异常情况及处理经过；

（3）交清机械设备保养情况和存在的问题；

（4）交清随机工具及附件情况，填好各项原始运转记录。

4. 施工机械运输安装与试运转

机械在施工前或使用过程中，经常要从基地或厂队运出或运入，此时必须进行运送工作。

（1）机械运输的方法。根据运送方式不同，机械运输可分为陆运、水运和空运。根据公路施工机械的特点，其中陆运是最常用的方法。根据运输道路不同，陆运可分为公路运输和铁路运输。公路运输又可按其机械本身结构和运送方式的不同，分为自行式机械自驶、用牵引车拖运或大平板车装运等方式。

（2）机械运输方法的选择。机械运输方法的选择必须从机械本身的结构要求、机械使用时间、运输路程长短、起讫地点的装卸设备以及运输费用等各方面进行考虑。自行式机械自驶是最方便和经济的，但必须是轮胎式机械。安装施工设计包括以下步骤：

（1）初步设计草拟安装方法、各个总成与部件的安装简图及安装的总平面图，所需要的安装机械、设备与劳动力等；

（2）施工图安装部件的外形尺寸，质量以及气候与土的条件应予考虑。要拟定安装方法，做好安装前的准备工作，确定安装用机械设备。安装前的准备工作包括修筑临时运输公路、平整场地、搭盖机房和机棚、运料和卸料等。准备工作完成后，根据安装的总平面图确定安装位置和设备安装中心线，预制安装基础。机械安装到基础上以后，应进行调平，调平后固定。在完全消除所发现的故障现象后，机械才能进行负荷试运转，负荷应由小到大直至满载，待一切正常后即可交付使用。

5. 机械的试运转

为了更好地摸清机械质量和工作能力，必须进行机械试运转。机械的试运转分为无负荷试运转，有负荷试运转及试运转后的检查三个步骤。

（1）无负荷试运转。无负荷试运转主要是检查机械各部分连接的紧固和运转情况，保证试验操纵、调节/控制系统以及安全装置的使用。

（2）有负荷试运转。有负荷试运转是机械出厂验收的重要内容，其目的是通过有负荷试运转，以确定机械的动力性能/经济性能、运转情况以及操作、调整控制和安全等装置的作用是否达到运用的要求。有负荷试运转必须具备检测生产能力、转速、振动、温度及油耗等所必需的试验设备，这些仪器设备制造厂和修理厂都具备，对于在用或调用的机械负荷试运转，一般可以根据经验统计法和随机驾驶员反映的情况进行核实，如核查机械使用记录。

（3）机械试运转后的检查。机械经过无负荷、轻负荷或重负荷运转后，各部件受到强度和稳定性的考验，故必须对各部分可能产生的变形、松动及密封性等情况进行彻底检查。内燃机装备的施工机械试运转后，运转情况一般应符合下列要求：柴油机运转正常，无异常声响；离合器的分离和接合正常，不发抖、不打滑、无异响；变速箱、分动箱以及各传动部分，不跳挡、不漏油、不过热/无异响；制动器的制动鼓与摩擦片磨损均匀，制动效率符合要求；行走机构行驶平衡，不跑偏，转向灵活、准确、轻便，无剧烈振动或晃动，轮式机械车轮不偏拖，履带式机械不啃轨、不脱轨；操纵机构及安全装置动作灵敏可靠；工作装置效率不降低，运转正常，不发生破裂，无严重磨损和不正常的运转声响；机架、机身不松动和变形。

6. 施工机械运行工况与技术服务措施

机械设备的合理使用与实际运行工况有直接的关系，不合理使用的运行工况大致有以下几种情况。

（1）低载、低负荷使用，就是所谓的"大马拉小车"，这是机械设备低效使用的常见现象。

（2）降低性能范围使用。企业从装备管理角度出发，以综合效益最佳为原则选用的机械如果降低性能范围使用，会使原来的设想无法实现（本来可以实现），使综合效益下降，机械投资的很大一部分被白白浪费。

（3）超载、超负荷使用，机械设备的超载或超负荷使用，不仅会造成零部件的过度磨损，降低机械寿命，而且还会导致主要受力部位的永久性变形，甚至损坏机械。在公路施工过程中应杜绝超载、超负荷现象。

（4）超性能范围使用机械设备从事有害的，超过原设计性能范围以外的作业项目，使机械损坏严重。例如，履带式推土机原来是一种铲土设备，但由于机械振动及履带板传振机能的关系，在沙质土上对 40 ~ 60cm 深度范围内的土层有较好的压实作用，但这种压实作用只能作为在工地上铲土、运土过程中的一种副作用，而不能将推土机作为一种压实机械使用。

7. 机械设备大检查

机械设备大检查的分类机械设备检查分为日常检查、定期检查和年度检查。在施工季节中，日常检查一般按月进行，主要把握机械的运行性状态。通过听、看、查、间、试的形式，对操作和保修人员平时的保养与小修工作进行监督，促使驾驶员自觉地贯彻执行保养制度，合理地使用机械，保证施工不受影响。年度检查是每年进行一次、自上而下、逐级开展的全面性的检查和评比活动，通常在年中或年末进行。它是积累机械技术状况动态数据和经营绩效资料的重要工作。通过检查发现问题，纠正问题，以达到表彰先进和交流经验的目的。机械设备检查的主要内容：①检查各级机构、人员配备、规章制度的建立与执行情况；②检查主要机械设备的使用、保养情况，以及三率指标（完好率、利用率、效率）的完成情况；③检查技术档案及其他技术资料的管理和使用情况；④检查经济核算建立、推广及实际效果；⑤检查维修计划的执行、保养修理质量和配件管理情况；⑥检查机械设备的挖潜、革新、改造情况；⑦检查节约能源的措施、方法和效果。

第二节　公路工程项目的安全管理与环境管理研究

一、公路工程安全管理范围及要求

（一）公路工程安全管理范围

1. 依据公路工程的专业特点的管理。

依据公路工程的专业特点，安全管理分为：路基工程的安全管理、路面工程的安全管理、桥梁工程的安全管理、隧道工程的安全管理、水上工程的安全管理陆地工程的安全管理、高空工程的安全管理、爆破工程的安全管理、电气作业的安全管理。

2. 依据施工安全隐患和事故征兆的特点的管理

（1）安全隐患的类别：①按安全隐患可能引发的事故种类划分有：用电事故安全隐患；火灾事故安全隐患；爆炸事故安全隐患；坍塌事故安全隐患。施工机械和设备倾翻、倾倒事故安全隐患；施工机械和施工设施局部损坏（折断垮塌等）事故安全隐患；自升（滑升、提升爬升、倒升）式整体施工装置（模板、脚手架、工作台等）坠落和失控事故安全隐患；窒息和中毒事故安全隐患（包括危险或不良施工场所与作业环境、毒气和有毒物品的存在等）；高处作业和交叉作业伤害事故的安全隐患；安全防护设施、防护品的配置与使用不到位的安全隐患；违章指挥和违章作业事故安全隐患；预防灾害措施不到位事故的安全隐患。②按安全隐患涉及的安全工作方面划分：安全作业环境和条件缺陷隐患；安全施工措施缺陷隐患；安全工作制度缺陷隐患；安全岗位责任不落实隐患；现场安全监控管理工作不到位隐患。

（2）施工安事故的征兆：①按征兆出现的顺序划分，可分为早期、中期和晚期三类。②按征兆所示的事故划分，一般都有某种征兆提前出现的事故有基坑（槽）坍方（塌）、脚手架和多层转运平台倾倒、脚手架局部垮架、脚手架垂直坍塌、支撑架垮架和倒塌、机械设备倾翻、自升式施工设施的坠落、火灾等。

（二）公路工程安全隐患排查与治理

安全生产事故隐患（简称事故隐患），是施工单位违反安全生产法律、法规、规章、标准、规程和安全生产管理制度的规定或者因其他因素在生产经营活动中存在可能导致事故发生的物的危险状态、人的不安全行为和管理上的缺陷。

事故隐患分为一般事故隐患和重大事故隐患。一般事故隐患，是指危害和整改难度较小，发现后能够立即整改排除的隐患。重大事故隐患，是指危害和整改难度较大，应当全部或者局部停产停业，并经过一定时间整改治理方能排除的隐患或者因外部因素影响致使施工单位自身难以排除的隐患。

1. 安全隐患排查。

（1）对施工单位的要求：①施工单位应当建立健全事故隐患排查治理制度。生产经营单位主要负责人对本单位事故隐患排查治理工作全面负责。②施工单位应当建立健全事故隐患排查治理和建档监控等制度，逐级建立并落实从主要负责人到每个从业人员的隐患排查治理和监控责任制。③施工单位应当保证事故隐患排查治理所需的资金，建立资金使用专项制度。④施工单位应当定期组织安全生产管理人员、工程技术人员和其他相关人员排查本单位的事故隐患。对排查出的事故隐患，应当按照事故隐患的等级进行登记，建立事故隐患信息档案，并按照职责分工实施监控治理。⑤施工单位应当建立事故隐患报告和举报奖励制度，鼓励、发动职工发现和排除事故隐患，鼓励社会公众举报。对发现、排除和举报事故隐患的有功人员，应当给予物质奖励和表彰。⑥总包单位应当与分包单位签订安全生产管理协议，并在协议中明确各方对事故隐患排查、治理和防控的管理职责。总包单位对分包单位的事故隐患排查治理负有统一协调和监督管理的职责。⑦施工单位应当每季、每年对本单位事故隐患排查治理情况进行统计分析，并分别于下一季度15日前和下一年1月31日前向安全监管监察部门和有关部门报送书面统计分析表。统计分析表应当由生产经营单位主要负责人签字。

（2）对人的不安全行为的排查：在公路工程施工中存在的不安全行为，是指在施工作业中存在的违章指挥、违章作业以及其他可能引发和招致发生安全事故的行为。不安全行为可以分为以下四类：①违章指挥。②违章作业。③其他主动性不安全行为。④其他被动性不安全行为。

（3）对事故的起因物、致害物和伤害方式的排查：直接引发生产安全事故的物体（品），称为"起因物"；在生产安全事故中直接招致（造成）伤害发生的物体（品），称为"致害物"；致害物作用于被伤害者（人和物）的方式，称为"伤害方式"。在某一特定的生产安全事故中，起因物可能是唯一的或者为多个。当有多个起因物存在时，按其作用情况会有主次和前后（序次）之分、组合和单独作用之分。在某一特定的伤害事故中，致害物也可能是一个或多个。在同一安全事故中，起因物和致害物可能是不同的物体（品）或同一物体（品）。

起因物和致害物的存在构成了不安全状态和安全（事故）隐患，不及时发现并消除时，就有可能引起或发展成为事故。而一旦发生安全事故，对起因物和致害物的分析确定工作，又是判定事故性质和确定事故责任的重要依据。

2. 重大事故隐患的报告与治理。

（1）重大事故隐患报告的内容：①隐患的现状及其产生原因。②隐患的危害程度和整改难易程度分析。③隐患的治理方案。

（2）重大事故隐患治理方案包括以下内容：①治理的目标和任务。②采取的方法和措施。③经费和物资的落实。④负责治理的机构和人员。⑤治理的时限和要求。⑥安全措施和应急预案。

（3）施工单位在事故隐患治理过程中，应当采取相应的安全防范措施，防止事故发生：事故隐患排除前或者排除过程中无法保证安全的，应当从危险区域内撤出作业人员，并疏散可能危及的其他人员，设置警戒标志，暂时停产停业或者停止使用；对暂时难以停产或者停止使用的相关生产储存装置、设施、设备，应当加强维护和保养，防止事故发生。

（4）施工单位应当加强对自然灾害的预防：对于因自然灾害可能导致事故灾难的隐患，应当按照有关法律、法规、标准和有关规定的要求排查治理，采取可靠的预防措施，制订应急预案。施工单位在接到有关自然灾害预报时，应当及时向下属单位发出预警通知；发生自然灾害可能危及施工单位和人员安全情况时，应当采取撤离人员、停止作业、加强监测等安全措施，并及时向当地人民政府及其有关部门报告。

（5）地方人民政府或者安全监管监察部门及有关部门挂牌督办并责令全部或者局部停产停业治理的重大事故隐患：治理工作结束后，有条件的施工单位应当组织本单位的技术人员和专家对重大事故隐患的治理情况进行评估；也可委托具备相应资质的安全评价机构对重大事故隐患的治理情况进行评估。

（6）经治理后符合安全生产条件的：施工单位应向有关部门提出恢复生产的书面申请，经有关部门审查同意后，方可恢复生产经营。申请报告应当包括治理方案的内容项目和安全评价机构出具的评价报告等。

（7）施工单位的安全部门应当建立事故隐患排查治理监督检查制度：定期组织对各项目事故隐患排查治理情况开展监督检查；应当加强对重点项目的事故隐患排查治理情况的监督检查。对检查过程中发现的重大事故隐患，应当下达整改指令书，并建立信息管理台账。

（三）危险性较大工程专项施工方案编制

1. 危险性较大工程的范围。

（1）应当编制专项施工方案，并附安全验算结果的工程：①不良地质条件下有潜在危险性的土方石方开挖。②滑坡和高边坡处理。③桩基础、挡墙基础、深水基础及围堰工程。④桥梁工程中的梁、拱、柱等构件施工等。⑤隧道工程中的不良地质隧道、高瓦斯隧道、水底海底隧道等。⑥水上工程中的打桩船作业施工船作业、外海孤岛作业边通航边施工作业等。⑦水下工程中的水下焊接、混凝土浇筑、爆破工程等。⑧爆破工程。⑨大型临时工程中的大型支架、模板、便桥的架设与拆除，桥梁、码头的加固与拆除。其他危险性较大的工程。

（2）必要时还应当组织专家进行论证、审查：①建设单位项目或技术负责人。②监理单位项目总监理工程师、相关专业监理人员及安全监理人员。③施工单位技术负责人及其安全管理机构负责人。④施工单位项目负责人、项目技术负责人及专项施工方案编制人员。⑤专家组成员。专家组成员应当从专家库中选取，由 5 名以上符合相关专业要求的专家组成，与本项目相关的建设、施工、监理单位的专家不得参加。

勘察、设计单位技术负责人及相关专业技术人员应当参加专家论证审查会。实行施工总承包的，施工总承包单位及相关专业承包单位技术负责人及相关人员应当参加专家论证审查会。

2. 专项施工方案编制的内容。

（1）工程概况：危险性较大的工程概况、施工平面布置、施工要求和技术保证条件。

（2）编制依据：相关法律、法规、规范性文件、标准、规范及图纸（国标图集）、施工组织设计等。

（3）施工计划：包括施工进度计划、材料与设备计划。

（4）施工工艺技术：技术参数、工艺流程施工方法等。

（5）施工安全保证措施：组织保障、技术措施、应急预案等。

（6）劳动力计划：专职安全生产管理人员、特种作业人员等。

（7）计算书及附图。

二、公路工程安全技术要点

（一）公路工程高处作业安全技术要点

1. 高处作业的脚踏板应用坚实的钢拉板或木板铺满，不得留有空隙或探头板，脚踏板上的油污、泥沙等应及时清除，防止滑倒。

2. 在有坠落可能的部位作业时，必须把安全带挂在牢固的结构上，安全带应高挂低用，不可随意缠在腰上，安全带长度不应超过 3 m。

3. 高处作业应按规定挂设安全网（立网和平网），安全网内不许有杂物堆积，破损的安全网应该及时予以更换。

4. 作业平台的承重必须满足施工荷载的要求，不得多人集中在作业平台的某一部位进行作业，以防发生突然断裂坠落伤人。

5. 高处作业操作平台的临边应设置防护栏杆，防护栏杆的高度不应低于 1 ~ 2 m，水平横档的间距不大于 0.35 m，强度满足安全要求。

6. 高处操作平台必须设置供作业人员上下的安全通道和扶梯，平台严禁超载，平台架体应保持稳固。

7. 操作平台的临边外侧下方是交通通道时，敞口立面必须设置安全立网做全封闭处理，并设置限宽、限高、限速的安全标示牌和防撞设施。

8. 在高处进行预应力张拉作业前，必须搭置可靠的张拉工作平台，若在雨天作业，还应架设防雨棚，张拉钢筋的两端要设置安全挡板，并在张拉作业平台上设置明显的安全标志和操作规程，禁止非操作人员在张拉作业时进入张拉施工区。

9. 高处作业所用的物料、机具，均应合理分散、堆放平稳，不可放置在临边或升降机口附近，也不许妨碍作业人员通行和装卸。高处作业拆除下的模板及剩余物料应及时清理运走，不得随意乱置，严禁向下丢弃物料，传递物件时，不得抛掷。

10. 高处作业场所必须设置完备可靠的安全防护设施和安全警示标识牌，任何人不得擅自移位、拆除和损毁，确因施工需要暂时移位和拆除的，要报经项目负责人审批后方可拆移。工作完成后要即行复原，发现破损，应及时更新。

11. 高处作业的挂篮、支架托架、模板及操作平台等应由专业技术人员进行专项设计，其设计图纸、设计计算书、操作规程、技术交底等须上报主管部门审核，批准后实施，经验收合格后方可投入使用。

12. 高处作业临时配电线路按规范架（敷）设整齐；架空线必须采用绝缘导线，不得采用塑胶软线；高空作业现场按要求使用标准化配电箱，箱内应安装漏电保护器，下班切断电源，锁好电闸箱并有可靠的防雨设施。

13. 桥梁主塔（墩）塔身高于 30m 时，应在其顶端装设防撞信号灯，主塔还应采取防雷措施，设置可靠的防雷电装置。遇雷雨时，作业人员应立即撤离危险区域，任何人员不得接触防雷装置。

14. 作业人员在上下交叉作业时，不得在同一垂直面上。下层作业人员应处于上层作业人员和物体可能坠落的范围之外。当不能满足要求时，上下之间应设置隔离防护层。

15. 在高处进行电焊作业时，作业点下方及火星所及范围内，必须彻底清除易燃、易爆物品，作业现场要备置消防器材，严禁电焊人员将焊条头随手乱扔。

16. 高处进行模板安装和拆除作业时，要按设计所确定的顺序进行，作业面及操作平台下方不得有人员逗留、走动和歇息。

17. 进行高处拆除作业时，必须对拆除作业人员进行专业安全培训，作业前，要进行层层安全技术交底，并做好交底签认记录。

（二）公路工程水上作业安全技术要点

1. 在船舶通航的大江、大河、大海区域进行水上施工作业前，必须按《中华人民共和国水上水下活动通航安全管理规定》的程序，在规定的期限内向施工所在地海事部门提出施工作业通航安全审核申请，批准并取得《中华人民共和国水上水下活动许可证》后，方可施工。

2. 水上作业施工前，应了解江、河海域铺设的各种电缆、光缆、管道的走向，按规定采取有效措施予以保护，防止电缆、光缆及水下管道遭到损坏。

3. 项目要制定水上作业各分项工程安全实施方案和细则，对参加水上施工作业人员必须进行水上作业的安全知识教育和专项技术培训,并做好安全交底工作。

4.水上施工必须在作业人员必经的栈桥、浮箱、交通船、水上工作平台临时码头上配备安全防护装置和救生设施。

5.进行水上夜间施工时,要有充足的灯光照明,尽量避免单人操作,特别是电焊作业时,最少安排二人相互监护。

6.要与地方气象部门、海事部门建立工作联系,及时了解和掌握施工水域的气候、涌潮、浪况、潮汐、台风等气象信息,正确指导安全施工。

7.作业人员进入水上作业时,必须穿好救生衣,戴好安全帽,乘坐交通船上下班时,必须等船停稳后,可从指定的通道上下船。严禁从船上往下跳跃,防止拥挤推拉、碰撞、摔伤或滑落水中。

8.在浮箱上作业时,要注意来往船只航行时引起的涌浪造成浮箱颠簸,致作业人员摔伤或被移位物体碰撞、打击,造成伤害。

9.遇有六级以上大风、大浪等恶劣天气时,应停止水上作业。

10.水上进行吊装,混凝土浇筑,振桩等各项作业时,必须严格按照施工工艺和程序,要有专人指挥。由于天气变化或其他原因造成停工停产时,应对有可能造成倾倒滑动移位的设施和构造物采取临时加固措施。

三、工程项目环境管理概述

(一)公路工程项目环境管理体系

国际标准化组织(ISO)从1993年6月正式成立国际标准化组织环境管理标准化技术委员会(ISO/TC207)开始,就遵照其宗旨:"通过制定和实施一套环境管理的国际标准,规范企业和社会团体等所有组织的环境表现,使之与社会经济发展相适应,改善生态环境质量,减少人类各项活动所造成的环境污染,节约能源,促进经济的可持续发展。"环境管理体系的作用和意义具体可表现为以下几个方面:保护人类生存和发展的需要;国民经济可持续发展的需要;建立市场经济体制的需要;国内外贸易发展的需要;环境管理现代化的需要。

(二)环境管理体系的基本术语

1.环境:组织运行活动的外部存在,包括空气、水、土地、自然资源、植物、动物、人,以及它们之间的相互关系。

2.环境因素:一个组织的活动、产品或服务中能与环境发生相互作用的要素。

3.环境影响:全部或部分由组织的活动、产品或服务给环境造成的任何有害或有益的变化。

4.环境目标:组织依据其环境方针规定自己所要实现的总体环境目的,如可行应予以量化。

5. 环境表现行为：组织基于其环境方针、目标和指标，对它的环境因素进行控制所取得的可测量的环境管理体系结果。

6. 环境方针：组织对其全部环境表现（行为）的意图与原则的声明，它为组织的行为及环境目标和指标的建立提供了一个框架。

7. 环境指标：直接来自环境目标，或为实现环境目标所需规定并满足的具体的环境表现（行为）要求，它们可适用于组织或其局部，如可行应予以量化。

8. 环境管理体系：是整个管理体系的一个组成部分，包括为制订、实施、实现、评审和保持环境方针所需的组织结构、计划活动、职责、惯例、程序、过程与资源。

9. 环境管理体系审核：客观地获得审核证据并予以评价，以判断组织的环境管理体系是否符合规定的环境管理体系审核标准准则的一个以文件支持的系统验证过程，包括将这一过程的结果呈报管理者。持续改进：强化环境管理体系的过程，目的是根据组织的环境方针，实现对整体环境表现（行为）的改进。

（三）环境管理体系的内容

1. 环境方针。环境方针的内容必须包括对遵守法律及其他要求。持续改进污染预防的承诺，并作为制定与评审环境目标和指标的框架。

2. 环境因素。识别环境因素时要考虑到"三种状态"（正常、异常、紧急）"三种时态"（过去、现在、将来）、向大气排放、向水体排放、废弃物处理、土地污染、原料和自然资源的利用等问题；应及时更新环境方面的信息，以确保环境因素识别的充分性和重要环境因素评价的科学性。

3. 法律和其他要求。组织应建立并保持程序以保证活动，产品或服务中环境因素遵守法律和其他要求，还应建立获得相关法律和其他要求的渠道，包括对变动信息的跟踪。

4. 目标和指标。组织内部各管理层次、各有关部门和岗位在一定时期内均有一定的目标与指标，并用文本表示。组织在建立和评审目标时，应考虑的因素主要有环境影响因素、遵守法规和其他要求的承诺、相关方要求等。目标和指标应与环境方针中的承诺相呼应。

5. 环境管理方案。组织应制订一个或多个环境管理方案，其作用是保证环境目标和指标的实现。方案的内容一般可以有：组织的目标、指标的分解落实情况，使各相关层次与职能在环境管理方案与其所承担的目标，指标相对应，并应规定实现目标、指标的职责、方法和时间表等。

6. 组织结构和职责。环境管理体系的有效实施要靠组织的所有部门承担相关的环境职责，必须对每一层次的任务、职责、权限做出明确规定，形成文件并给予传达。

（四）公路工程项目环境管理程序

企业应根据批准的建设项目环境影响报告，通过对环境因素的识别和评估，确定管理目标及主要指标，并在各个阶段贯彻实施。公路工程项目的环境管理应遵循下列程序：确定项目环境管理目标；进行项目环境管理策划；实施项目环境管理策划；验证并持续改进。

（五）公路工程项目环境管理工作内容

项目经理负责现场环境管理工作的总体策划和部署，建立项目环境管理组织机构，制定相应制度和措施，组织培训，使各级人员明确环境保护的意义和责任。

公路工程项目经理部的环境管理工作应包括以下几个方面：

1. 按照分区划块原则，搞好项目的环境管理，进行定期检查，加强协调，及时解决发现的问题，实施纠正和预防措施。保持现场良好的作业环境、卫生条件和工作秩序，做到污染预防。

2. 对环境因素进行控制，制定应急准备和相应措施，并保证信息通畅，预防可能出现非预期的损害。在出现环境事故时，应清除污染，并制定相应措施，防止环境二次污染。

3. 应保存有关环境管理的工作记录。

4. 进行现场节能管理，有条件时应规定能源使用指标。

第三节 公路工程项目进度管理研究

一、公路工程进度计划编制

（一）公路工程进度计划编制的依据步骤及内容

1. 公路工程进度计划编制的依据

合同规定的开工竣工日期、里程碑事件或阶段目标；工程的设计文件和图纸；施工总体部署和主要工程的施工方案、施工顺序；各种有关水文、地质、气象和其他技术经济资料；各类定额数据；劳动力、材料、机械供应情况。

2. 公路工程进度计划的主要形式

（1）横道图：公路工程的进度横道图是以时间为横坐标，以用工程分解结构 WBS（work break-down structure）方法划分的各分部（项）工程或工作内容为纵坐标，按一定的先后施工顺序，用带时间比例的水平横线表示对应工作内容持续时间的进度计划图表。为便于计算资源需求，公路工程中常常在横道图的对应分项的横线下方表示当月计划应完成的累计工程量或工作量百分数，横线上方表示当月实际完成的累计工程量或工作量百分数。

（2）工程管理曲线：工程管理曲线线形像"S"形，故将工程管理曲线称为"S"曲线。"S"

曲线是以时间为横轴，以累计完成的工程费用的百分数为纵轴的图表化曲线。一般在图上标注有一条计划曲线和实际支付曲线，实际支付线高于计划线则实际进度快于计划，否则慢曲线本身的斜率也反映进度推进的快慢。

（3）斜率图：斜率图是以时间（月份）为横轴，以累计完成的工程量的百分数为纵轴，将各个分项工程的施工进度相应地用不同斜率的图表化曲（折）线表示。斜率图主要是作为公路工程投标文件中施工组织设计的附表，以反映公路工程的施工进度。

（4）网络图：网络图计划是在网络图上加注工作的时间参数而编制成的进度计划。采用网络图表达施工计划，工序之间的逻辑关系明确，可以反映出关键工序和关键路线。同时网络图计划能用计算机计算和输出图表，更便于对计划进度进行调整优化。但网络图不便于计算各项资源需求。目前，由于计算机技术的普及，通常用网络图求得最佳优化计划，再整理成时标网络图，相当于横道图，再进行所需资源的计算与平衡。

3. 公路工程进度计划编制的步骤及内容

如下：①研究招投标文件和施工图纸、施工条件及相关资料。②用 WBS 方法将工程分解为各个施工细目并计算实际工程量。③确定合理的施工顺序。④计算各个施工过程的实际劳动量。⑤确定各施工过程的工种人数、机械规格与数量以及班制选择并确定持续时间。⑥编制公路施工进度计划图（横道图、斜率图、网络图等）。⑦检查与调整公路施工进度计划以及评价。⑧施工进度资源保障计划。

（二）公路施工过程组织方法和特点

公路施工过程基本组织方法有顺序作业法（也称为依次作业法）、平行作业法、流水作业法。这三种基本组织方法可以单独运用也可综合运用，从而出现平行顺序法、平行流水法、立体交叉平行流水法。

1. 顺序作业法（依次作业法）

主要特点：①没有充分利用工作面进行施工，（总）工期较长。②每天投入施工的劳动力、材料和机具的种类比较少，有利于资源供应的组织工作。③施工现场的组织、管理比较简单。④不强调分工协作，若由一个作业队完成全部施工任务，不能实现专业化生产，不利于提高劳动生产率；若按工艺专业化原则成立专业作业队（班组），各专业队不能连续作业，劳动力和材料的使用可能不均衡。

2. 平行作业法

主要特点：①充分利用工作面进行施工，（总）工期较短。②每天同时投入施工的劳动力、材料和机具数量较大，影响资源供应的组织工作。③如果各工作面之间需共用某种资源时施工现场的组织管理比较复杂、协调工作量大。④不强调分工协作，此点与顺序作业法相同。这种方法的实质是用增加资源的方法来达到缩短（总）工期的目的，一般适用于需要突击性施工时施工作业的组织。

3. 流水作业法

主要特点：①必须按工艺专业化原则成立专业作业队（班组），实现了专业化生产，有利于提高劳动生产率，保证工程质量。②专业化作业队能够连续作业，相邻作业队的施工时间能最大限度地搭接。③尽可能地利用了工作面进行施工，工期比较短。④每天投入的资源量较为均衡，有利于资源供应的组织工作。⑤需要较强的组织管理能力。

这种方法可以充分利用工作面，有效地缩短工期，一般适用于工序繁多、工程量大而又集中的大型构筑物的施工，如大型桥梁工程、立交桥、隧道工程路面等施工的组织。

二、公路工程进度控制

（一）进度计划的审批

1. 进度计划的提交

（1）总体性进度计划：在中标通知书发出后合同规定的时间内，承包人应向监理工程师书面提交以下文件：一份详细和格式符合要求的工程总体进度计划及必要的各项关键工程的进度计划；一份有关全部支付的现金流估算；一份有关施工方案和施工方法的总说明（可通过施工组织设计提出）。

（2）阶段性进度计划：在将要开工以前或在开工以后合理的时间内，承包人应向监理工程师提交以下文件：年、月（季）度进度计划及现金流估算和分项（或分部）工程的进度计划。

2. 进度计划的审查要点

施工单位编写完进度计划后，应组织有关人员进行审查，审查要点如下：

（1）工期和时间安排的合理性：①施工总工期的安排应符合合同工期。②各施工阶段或单位工程（包括分部分项工程）的施工顺序和时间安排与材料和设备的进场计划相协调。③易受冰冻、低温、炎热、雨期等气候影响的工程应安排在适宜的时间，并应采取有效的预防和保护措施。④对动员、清场、假日及天气影响的时间，应有充分的考虑并留有余地。

（2）施工准备的可靠性：①所需主要材料和设备的运送日期已有保证。②主要骨干人员及施工队伍的进场日期已经落实。③施工测量、材料检查及标准试验的工作已经安排。④驻地建设、进场道路及供电供水等已经解决或已有可靠的解决方案。

（3）计划目标与施工能力的适应性：①各阶段或单位工程计划完成的工程量及投资额应与设备和人力实际状况相适应。②各项施工方案和施工方法应与施工经验和技术水平相适应。③关键线路上的施工力量安排应与非关键线路上的施工力量安排相适应。

（二）进度计划的检查

项目部每天按单位工程、分项工程或工点对实际进度进行记录，并予以检查，以作为掌握工程进度和进行决策的依据，并及时向监理和建设单位汇报。

（三）工程施工延误的处理

处理延误事件，首先可采用进度检查方法，判断其延误是否造成误期影响，工期将拖延多少，对于无误期影响的延误事件一般无须处理，但对延误较大虽然还未造成误期影响的这些准关键工作（即已接近关键工作的工作）要极为关注。其次应通过现场记录和有关文件或资料分析这些延误事件的原因或责任。由于延误原因或责任有两类，与之相对应的也有两种不同处理方式。

1.施工单位自身原因或责任的延误引起误期影响的处理

施工单位自身原因的延误引起工期拖延，没有超过一定比例时，施工单位一般可通过加强内部管理来自身消化。达到或超过一定比例，施工单位提出和采取的加快工程进度的措施必须经过监理工程师批准。

2.非承包人原因或责任的延误引起误期影响的延期申请条件

处理方式有：①由于非承包人的责任，工程不能按原定工期完工。②可获延期的情况发生后，承包人在合同规定期限内向监理工程师提交工程延期的意向通知书。③承包人承诺继续按合同规定向监理工程师提交有关造成工期拖延的详细资料，并根据监理工程师需求随时提交有关证明。④可获延期的事件终止后，承包人在合同规定的期限内，向监理工程师提交正式的延期申请报告。

（四）进度计划的调整

如果发现工程现场的组织安排、施工顺序和人力、设备与进度计划上的方案有较大不一致时，应对原工程进度计划及现金流动计划予以调整，调整后的工程进度计划应符合工程现场实际，并应保证满足合同：工期的要求。进度计划的调整，根据调整的原因分为两种，一种是延期后应按新合同工期调整计划；另一种是延误了工期却又无权获得延期，因此需要调整计划使后续计划的工作内容改变或缩短时间以符合合同工期。前一种相当于给定的工期内以原来计划为参考重新编制符合新合同工期的计划；后一种是在原计划的基础上压缩工期，使计划的计算工期符合合同工期。压缩工期就是网络计划优化中的工期优化，就是压缩关键线路，所以调整计划就是调整关键线路。

1.压缩工期的两种主要途径与方法

（1）改变原计划中关键工作之间的逻辑关系：可将顺序施工关系改为平行施工关系或将顺序施工关系改为搭接施工关系。

（2）压缩关键工作的持续时间：通过网络图直接进行压缩工期很方便，在压缩时首先要考虑的是，要选择哪个关键工作进行压缩并且应压缩多少才合适。

2.压缩关键工作持续时间的措施。

（1）组织措施：①增加工作面，组织更多的施工队伍。②增加每天的施工时间（多班制或加班）。③增加关键工作的资源投入（劳力、设备等）。

（2）技术措施：①改进施工工艺和技术，缩短工艺技术间歇时间（如混凝土的早强剂等）。②采用更先进的施工方法以缩短施工过程的时间（如现浇方案改为预制装配）。③采用先进的施工机械。

（3）经济措施或行政措施：①用物质刺激和精神刺激的方法提高效率。②对所采取的技术措施给予相应经济补偿。

（4）其他配套条件：①改善外部配套条件。②改善劳动条件。③实施强有力的调度等。

3.调整计划压缩工期的步骤。

（1）用进度检查的方法计算出工期拖延量，以确定压缩天数。

（2）简化网络图，去掉已执行的部分，以进度检查日期作为新起始节点起算时间，并将尚需目的实际数据代入正施工的工作的持续时间，保留原计划后续部分。

（3）以简化的网络图及代入的尚需日为基础的网络图计算各工作最早开始时间。

（4）以计算工期值反向计算各工作最迟结束时间。

（5）计算各工作的总时差和自由时差，以便于计算线路的长短：线路与关键线路长度之差称为该线路时差，其数值在双代号网络图中等于该线路上各工作的所有自由时差和。

（6）借助自由时差来比较线路长短的方法：多次压缩关键工作的持续时间，保证做到关键工作每压缩一定值，工期也随之缩短一定值，一直压缩到合同工期为止。

第四节　公路工程项目信息管理研究

信息在工程实际中是动态的、不断变化的和不断产生的，应及时处理数据，及时得到信息，才能做好工程管理工作，避免事故的发生，真正做到事前管理信息。

一、公路工程项目信息管理分类

公路工程项目的信息量大、构成情况复杂，按照不同的类型、信息的内容、项目实施的主要工作环节以及参与项目的各个方面等情况进行分类。

1.按项目管理的目标划分

（1）投资控制信息。投资控制信息是指与投资控制直接有关的信息。如各种估算指标、类似工程造价、物价指数，设计概算、概算定额，施工图预算、预算定额，工程项目投资估算，合同价组成，投资目标体系，计划工程量、已完工程量、单位时间付款报表，工程量变化表，人工、材料调差表，索赔费用表，投资偏差、已完工程结算、竣工决算、施工阶段的支付账单，原材料价格、机械设备台班费、人工费、运杂费等。

（2）成本控制信息。成本控制信息是指与成本控制直接有关的信息。如项目的成本计划、工程任务单、限额领料单、施工定额、对外分包经济合同、成本统计报表、原材料价格、机械设备台班费、人工费、运杂费等。

（3）质量控制信息。质量控制信息是指与项目质量控制直接有关的信息。如国家或地方政府部门颁布的有关质量政策、法令、法规和标准等，质量目标体系和质量目标的分解，质量目标的分解图表，质量控制的工作流程和工作制度、质量保证体系的组成，质量控制的风险分析，质量抽样检查的数据、各种材料设备的合格证、质量证明书、检测报告、质量事故记录和处理报告等。

（4）进度控制信息。进度控制信息是指与项目进度控制直接有关的信息。如施工定额，项目总进度计划、进度目标分解、项目年度计划、项目总网络计划和子网络计划、计划进度与实际进度偏差，网络计划的优化、网络计划的调整情况，进度控制的工作流程、进度控制的工作制度、进度控制的风险分析，材料和设备的到货计划，各分项分部工程的进度计划、进度记录等。

（5）合同管理信息。合同管理信息是指与公路工程相关的各种合同信息。如工程招投标文件，工程建设施工承包合同，物资设备供应合同，咨询、监理合同，合同的指标分解体系，合同签订、变更、执行情况，合同的索赔等。

2. 按项目信息的来源划分

（1）项目内部信息。内部信息取自公路项目本身，如工程概况、设计文件、施工方案、合同结构、合同管理制度、信息资料的编码系统、信息目录表、会议制度、监理班子的组织、项目的投资目标、项目的质量目标、项目的进度目标等。

（2）项目外部信息。外部信息是指来自项目外部环境的信息，如国家有关的政策及法规、国内及国际市场与原材料及设备价格、物价指数、类似工程造价、类似工程进度、投标单位的实力、投标单位的信誉、毗邻单位情况等。

3. 按项目的性质划分

（1）技术信息。技术信息是最基本的组成部分，如工程的设计，技术要求、规范，施工要求、操作和使用说明等，这一部分信息也往往是公路工程信息的主要组成部分。

（2）经济信息。经济信息是公路工程项目信息的一个重要组成部分，也是经常受到各方面关注的部分之一，如材料价格、人工成本、项目的财务资料、现金流情况等。

（3）管理信息。管理信息有时在公路工程信息中并不很引人注目，如项目的组织结构、具体的职能分工、人员的岗位责任、有关的工作流程等，但它设定了一个项目运转的基本机制，是保证项目顺利实施的关键因素。

（4）法律信息。法律信息指项目实施过程中的一些法规、强制性规范、合同条款等，这些信息与建设工程模型并不一定有直接的对应关系，但它们设定了一个比较硬性的框架，项目的实施必须满足这个框架的要求。

二、公路工程项目信息管理的基本要求及工作原则

1. 项目信息管理的基本要求

信息管理是指对信息收集、整理、处理、贮存、传递与应用等一系列工作的总称。工程项目的信息管理应根据其信息的特点，有计划地组织信息沟通，以保证及时、准确地获得各级管理者所需的信息，达到能正确做出决策的目的。为全面、及时、准确地向项目管理人员提供有关信息，公路工程项目信息管理应满足以下几方面的基本要求：

（1）要有严格的时效性。一项信息如果不严格注意时间，那么信息的价值就会随之消失。因此，应适时提供信息。

（2）要有针对性和实用性。信息管理要做到如何根据需要，提供针对性强、十分适用的信息。如果仅仅能提供成沓的细部资料，其中又只能反映一些普通的、不重要的变化，这样会使决策者不仅要花费许多时间去阅览这些作用不大的烦琐细状，而且仍得不到决策所需要的信息，使得信息管理起不到应有的作用。

（3）要有必要的精确度。要使信息具有必要的精确度，需要对原始数据进行认真的审查和必要的校核，避免分类和计算的错误，保证信息有效、可靠。但信息的精度应以满足使用要求为限，并不一定是越精确越好，过度的精度需耗用更多的精力：费用和时间，易造成浪费。

（4）要考虑信息成本。各项资料的收集和处理所需要的费用直接与信息收集的多少有关，如果要求越细、越完整，则费用将越高。在进行工程项目信息管理时，要综合考虑信息成本及信息所产生的收益，寻求最佳的切入点。

2. 项目信息管理工作的原则

公路工程产生的信息数量巨大，种类繁多，所以为了便于信息的搜集、处理、贮存、传递和利用，在进行项目信息管理具体工作时，应遵循以下基本原则：

（1）标准化原则。在公路工程项目的实施过程中要求对有关信息的分类进行统一，对信息流程进行规范，产生控制报表则力求做到格式化和标准化，通过建立健全的信息管理制度，从组织上保证信息生产过程的效率。

（2）定量化原则。公路工程产生的信息不应是项目实施过程中产生数据的简单记录，应该是经过信息处理人员的比较与分析。所以采用定量工具对有关数据进行分析和比较是十分必要的。

（3）有效性原则。项目信息管理者所提供的信息应针对不同层次管理者的要求进行

适当加工，针对不同管理层提供不同要求和浓缩程度的信息。例如，对于项目的高层管理者而言，提供的决策信息应力求精练、直观，尽量采用形象的图表来表达，以满足其战略决策的信息需要。

（4）时效性原则。公路工程的信息都有一定的生产周期，如月报表、季度报表、年度报表等，这都是为了保证信息产品能够及时服务于决策。所以，公路工程的成果也应具有相应的时效性。

（5）可预见原则。公路工程产生的信息作为项目实施的历史数据，可以用于预测未来的情况，管理者应通过采用先进的方法和工具为决策者制定未来的目标和行动规划提供必要的信息。如通过对以往投资执行情况的分析，对未来可能发生的投资进行预测，作为采取事先控制措施的依据。

（6）高效处理原则。通过采用高性能的工程信息管理系统，尽量缩短信息在处理过程中的延迟，项目信息管理者的主要精力应放在对处理结果的分析和控制措施的制定上。

三、公路工程项目信息管理现状

1. 信息管理手段落后

在公路施工项目管理过程中，涉及投标管理、合同管理、材料管理、设备管理、质量安全、管理等多方面，数据庞大复杂，手工汇总不及时并且容易出错，无法满足现代化施工企业的管理需要，有些企业将大量的项目历史数据和有用信息或被分散保存在各机构及部门的计算机中，或是被锁在文件柜中。这种信息的存在形式形成了一个个的"信息孤岛"，一方面使得信息不能方便迅速地流转与查询，增加了沟通和协调工作的难度，无法进行信息的深度加工分析，形成有效的决策支持数据。另一方面，由于公司员工的频繁流动，造成了企业大量宝贵的信息资源流失，给企业带来了巨大损失。企业运营过程中缺乏有效的、先进的信息管理控制手段。

2. 信息化建设意愿强烈

很多企业已经意识到信息管理的重要性，希望通过借助于信息化建设，解决面临的项目监控和管理难度大、信息及时传输困难、管理经验和数据不能有效积累等困难，从而进行科学管理、科学决策。很多企业需要一个集成化的管理信息系统，通过实施该系统，可以实现：

（1）企业和项目目标的有效协同管理。

（2）有效积累历史数据，有助于企业和项目的经营管理。

（3）实现投标的合理化和高效化。

（4）及时进行成本核算、成本分析和过程监控。

（5）规范企业的业务管理流程。

第十二章　公路桥梁建养一体化信息管理研究

第一节　公路桥梁建养一体化的概念认知

一、公路桥梁工程的特点

公路桥梁在现代交通基础设施中占有十分重要的地位，特别是对于处在丘陵起伏、江河众多、山水交叠的特殊地理位置的区域。桥梁工程项目相比一般工程项目而言，除具有技术复杂、建设周期长、投资巨大等特点外，最大的区别在于工程质量安全方面的特殊要求，确保工程质量、预防事故的发生是公路桥梁建设与运营单位的首要社会责任。公路桥梁的特殊性主要体现在如下几个方面。

（一）结构设计复杂，预制构件多、体积庞大

为了满足结构安全的要求，桥梁工程设计一般比较复杂，不仅对受力分析要求高，结构形式复杂，还涉及大量的预制构件，特别是异型构件数量众多。桥梁工程预制构件体积庞大，桥梁的大体积施工须解决诸如预制构件的工厂制作和运输，以及大型构件的吊装和施工机械的使用等存在的潜在问题。随着桥梁工程不断向大跨度和大宽度方向发展，这对桥梁的设计和施工也提出了更高的要求。

（二）施工环境复杂多变

相对于一般的建筑工程项目，公路桥梁工程施工的整体环境比较恶劣，除会受到洪水、风暴、雨雪甚至地震等恶劣天气的影响外，不同地理环境对施工要求也是千差万别，如跨江、跨海、峡谷及冻土地带等地理环境复杂多变，不同的公路桥梁工程项目可能会面临截然不同的施工环境。为保证桥梁工程施工的顺利进行及施工安全性，必须针对不同的环境制定相应的施工方案。

（三）养护工作重要而艰巨

相对于房屋建筑工程，作为重要交通基础设施的公路桥梁在建设和运营过程中，不仅

受到自然环境的腐蚀风化，甚至是洪水等地质灾害的破坏和船舶撞击的威胁，还要不断受到车辆行车时产生的冲击力，桥梁的技术性能随着服役时间的延长而不断下降，出现退化趋势。如果不采取有效措施，就会加快桥梁的衰老，缩短桥梁的寿命。

相对于公路工程，公路桥梁的结构更为复杂，由于桥梁特有的工程结构，所以桥梁比公路更容易出现各种破损和故障。另外，公路桥梁的检查工作也更复杂，不仅动用各种检测设备和更多的人员与资金，在遇到一些特殊事件，如地震、洪水等情况时，还要采用特殊手段和科学方法对桥梁进行检查，准确判断整座桥的技术状况。大型、特大型桥梁的数量较少但往往又是重要的交通枢纽，它们承担了巨大的交通流量，随着近年来交通量的持续增加，超载、超限车辆日益增多，增加了桥梁维修、养护工作的难度。因此，公路桥梁的养护工作异常重要和艰巨。

二、公路桥梁管理存在问题分析

公路桥梁的特殊性决定了其对技术和管理上的要求也更为严格，但是近年来随着桥梁建设事业的不断发展，相关管理方式和水平却远没有跟上技术发展的步伐。桥梁管理还存在诸如养护管理手段落后，建设与养护管理的人为分割和信息阻隔，以及建设管理信息化水平低，技术档案资料等信息管理不完善，桥梁建设信息系统与养护信息管理缺乏有效的整合与联系，各桥梁信息管理系统独立运行缺乏共享等诸多问题，这都将不利于公路桥梁全寿命周期目标的实现。

（一）公路桥梁养护管理存在的问题

众所周知，公路桥梁损坏后再修复是比较困难的，严重时可能造成交通中断甚至发生安全事故等。因此，对公路桥梁进行科学有效的管理，保证桥梁在设计年限内处于正常使用状态，满足其承载力和通行能力要求，并尽可能延长使用寿命，对公路运输具有极其重要的意义。目前，中国大多数桥梁的养护管理还没有大规模采用科学的定量技术，许多地区仍依靠传统的人工收集、分析信息的方法进行桥梁技术状况的判断，无法全面掌握桥梁状况，也缺乏相应的数据档案系统，这都影响到公路桥梁的日常养护和维修，造成资源的浪费及养护效率的低下。中国公路桥梁养护管理存在的问题主要有以下几点。

1.观念问题

目前，中国大部分桥梁养护工作仍存在重建设轻养护、路桥养护不分的观念问题，未意识到桥梁养护的特殊性和重要性，仍混同于一般的养路工作。道路和桥梁都属于重要的基础设施，相对于道路养护、路面养护为重点，桥梁养护则须以桥面养护为中心，承重部件为重点，进行全面养护。另外，桥梁养护管理也缺乏系统观念，大多是就养护论养护，与桥梁全寿命周期割裂开来。

2. 资源问题

养护资源存在的问题主要包括养护资金有限和养护技术人才缺乏两方面。中国公路桥梁普遍存在养护资金缺乏的问题，主要表现为有限的养护资金远不足以完成所有桥梁的维修加固需要，如何使用有限的养护资金利用最大化是目前需要解决的难题。此外，中国大部分地区均未设有单独的大桥管理部门，除少数跨海、跨江大桥有专业的养护管理机构外，其余一般委托当地的公路管理机构负责，这就使得公路桥梁的养护资源难以得到保证。中国虽然实行养护工程师制度，但专业的养护管理人才相对缺乏仍然是桥梁养护管理中普遍存在的一个问题，虽然各桥梁养护管理部门都配备了专职的桥梁养护工程师，但是由于管养的路段较长，桥涵数量较大，养护技术人员的数量难以满足桥梁养护、检查和维修工作的需要。

3. 质量问题

桥梁养护存在的质量问题包括桥面不清洁、泻水孔堵塞；桥面不平整，车辆颠簸；引道路面与桥衔接处不够平整导致桥头跳车，行车不顺适；桥栏杆残缺不齐；桥梁构件损坏，如日常养护没有及时修补造成的混凝土剥落、钢筋外露锈蚀、活动支座失去活动能力等。

4. 养护信息问题

公路桥梁养护信息存在的问题主要在于前期信息的缺失及其与养护管理的脱节。

（二）公路桥梁建设管理与养护管理间的脱节

工程项目建设期间的人员调动频繁，一般在建设完成 1～2 年后，建设期的项目管理者不再承担运营任务，这种情况在公路桥梁建设项目中非常普遍。但从工程全寿命周期考虑，由于项目管理者的极度不稳定，也造成了对项目全寿命周期的人为分割。这体现在建设期的项目管理者很难从运营的角度考虑问题。项目的决策和建设没有运营目标为导向。传统桥梁项目管理以建设过程为对象的目标是近视和局限性的，项目的经济效益是通过建成后的运营收益实现的。由于历史资料和相关技术的限制，公路桥梁的运营需求往往难以得到准确、全面的定义，尤其是建设期间公路桥梁的施工往往容易忽视后期养护维修的需要，加大后期运营成本，无法实现运营目标的最优化。

公路桥梁建设与运营阶段之间的界面信息流失现象较为严重。从设计到施工、竣工交付到投入使用两个过渡阶段，建设项目信息都存在不同程度的大量流失，严重影响了工程施工质量及运营管理工作的正常进行。

建设和运营阶段的相互独立，不同阶段用于项目管理的信息支离破碎，项目信息只能阶段性局部共享。在传统的阶段性项目管理模式中，项目的信息主要是为阶段性目标服务的，如设计阶段的信息主要服务于设计方的工程设计，实施阶段的信息主要关注工程的实施与建成。这种信息传递和共享方式约束了项目信息的潜在价值，忽视了项目全寿命期各阶段间的高度关联性与反馈性，往往会造成建设过程中的项目局部目标最优而整体目标受损。

（三）公路桥梁建设信息管理存在的问题

据国外相关文献介绍，建设项目实施过程中产生的诸多问题，约有三分之二与信息沟通有关；建设项目中 10%~33% 的费用增加与信息交流存在的问题有关；在大型建设项目中，信息交流的问题导致工程变更和工程实施的错误占工程总成本的 3%~5%，由此可见，建设项目管理中信息管理的重要性。随着公路桥梁建造规模的逐渐扩大，桥梁施工技术难度与工程质量要求不断提高，建设管理的复杂程度和难度变得越来越突出。工程项目参建各方交互的信息量不断扩大，信息的交流与传递更加频繁，也就对信息管理提出了更高的要求。然而，中国公路桥梁建设信息管理方式仍比较落后，传统的施工信息管理主要存在以下问题。

1. 公路桥梁施工信息化有待提高

传统施工信息表现与传递形式已不足以满足现代桥梁施工管理的要求。传统的施工信息表现形式以表格、单据等纸质文档为主，面对桥梁工程施工产生的海量信息，基于纸质、会议、人员往来等传统的信息交流方式需要投入大量的人力和物力，而且容易造成信息失真与时间迟滞，因此利用计算机与网络技术构建信息共享平台，成为公路桥梁工程信息管理的发展趋势。

常见的项目管理软件如 P3、Project 等在公路桥梁建设管理中的应用也比较少，除个别大型桥梁工程有针对性地开发专用的项目管理系统，如杭州湾大桥、青岛海湾大桥等都建立了自身的信息化管理系统，这类管理信息系统的开发不仅需要业主承担很高的费用，而且系统的研发需要很长时间的调试与试运行，也不具有通用性，难以为其他桥梁工程的建设提供更多参考。

2. 信息管理系统相对独立，存在信息孤岛

有关公路桥梁建设信息化管理的研究和应用多集中在 4D 施工管理系统、桥梁数字化等方面，基于 BIM 的桥梁设计和施工技术也多处于应用研究阶段，少有工程实践。但整体上现有的信息管理系统自成一派，系统集成度不高，与通用办公软件和概预算等其他软件没有接口，重新输入大量基础数据降低了工作效率。另外，由于缺乏统一的编码体系，信息管理系统都是独立的数据体系，存在"信息孤岛"现象。信息系统的数据质量难以有效控制，数据共享和关联程度不够，难以解决协同管理、有效沟通和系统综合管理等关键性问题，即使是 BIM 技术建模也难以对其他同类工程提供可参考的信息。

（四）公路桥梁养护信息管理存在的问题

1. 桥梁技术档案资料不完善

桥梁技术档案不够完善，尤其对于老旧桥梁，由于历史及档案管理等原因，档案资料

普遍存在丢失现象，归档不够齐全规范。一方面，桥梁建设时期的变更技术资料容易归档不及时，造成初始资料难以管理，而且档案资料在移交及多部门管理过程中也容易造成资料的不规范或缺失现场。另一方面，对于公路桥梁的维修和新改建工程等，桥梁技术状况变化较大，由于缺乏有效的历史积累技术资料，极容易找不到最初设计、施工、后期维护等相关信息作为诊断、设计和维修依据，而贻误时机，或者诊断决策、维修不到位，留下隐患。

2. 桥梁技术资料管理方式存在弊端

技术资料管理方式的不足在于档案资料缺乏系统的统一和信息化管理程度不高。虽然工程各参与方逐渐提高了对档案管理的认识，但资料没有系统地进行统一，参建各方在资料整理方面逐步形成了各式各样的版本，资料的不连续、不集中和相互独立，导致查阅不便，不利于各单位之间庞大的信息交换。此外，桥梁技术档案资料信息化管理程度不高。传统的桥梁档案资料主要依靠人工方式进行管理，这样的方式存在诸多弊端：一方面以纸质为媒介的资料存储、保管和查询困难，也极易造成资料的丢失和残缺；另一方面资料的统计查询对人的依赖性很大，不同人员的管理、统计方式差别较大，不利于档案资料的管理。

3. 桥梁信息养护管理系统存在的问题

虽然桥梁信息管理系统的应用有效提升了档案技术资料的管理效率，但在桥梁的养护管理实践中，系统真正得到充分利用的情况非常少，桥梁信息管理系统仍然依赖人工逐条录入，如果没有严格的制度管理和系统设置，极易流于形式，难以系统、完整地建立和完善桥梁技术档案。桥梁养护管理信息化存在的问题有如下几点。

（1）桥梁信息管理系统缺乏前期基础信息的积累，桥梁信息管理系统是协助桥梁管理部门制定桥梁养护管理计划、资金最优规划等策略的最佳工具，主要包括技术状况评估、结构退化预测、维护对策及经济分析等功能。尽管桥梁信息管理系统在功能上得到了不断的完善，然而值得注意的是，中国现有的桥梁信息管理系统中施工模块是普遍缺失的。目前，桥梁养护所需的各类设计基础信息、施工阶段沉淀数据及养护历史数据均不成系统，养护方案的制订缺乏准确的科学依据。

（2）各桥梁信息管理系统独立运行，信息共享难以实现，国内桥梁信息管理系统大多还处于独立运行阶段，无法通过网络化等信息技术互联互通，形成资源共享和协同分析决策。桥梁信息的采集主要通过地方桥梁管理部实施，由于缺乏一个统一的系统平台，地方桥梁管理部门采集到的桥梁信息需要分级录入市级桥梁信息管理系统和省级桥梁信息管理系统，整个重复录入的过程极易引起数据的丢失和失真，而且数据的修改也十分不便。这就导致桥梁信息难以及时更新，也不能准确、迅速地在各部门间传递共享。

（3）数据采集和录入问题，桥梁信息管理系统需要大量的各方面数据才能发挥其应有的作用。然而在桥梁运营阶段，想要精确采集相关数据是比较困难的。数据采集需要专门的技术人员进行，而桥梁管理部门存在养护技术人员普遍缺乏的现象，从而难以及时采集相关数据；另外，数据采集采用传统的纸质记录方式，为后期人工逐条录入带来巨大的工作量，数据的准确性和安全性很难保证，也难以避免数据的丢失。如果桥梁信息管理系统没有准确、可靠的数据作为支持，其预测和决策功能也就会受到很大的制约。

三、公路桥梁全寿命周期的划分和建养一体化

（一）公路桥梁全寿命周期的划分

公路桥梁全寿命周期是指项目从构思（项目建设意图产生）到结束（项目废除）的全部过程，包括决策阶段、实施阶段和运营阶段，其中决策阶段是从工程构思开始到批准立项为止，建设阶段通常分为设计和施工两个阶段，运营阶段从项目交付使用直至工程结束，也是工程寿命期中时间最长的阶段。公路桥梁养护工作一般自交付使用之日正式开始，但在病害出现之后才得到重视，从工程全寿命周期的角度来看，公路桥梁从规划立项、设计、施工直至拆除，各项工作与养护工作都有不同程度的联系，故应在全寿命周期内考虑养护问题。

（二）公路桥梁建养一体化

"建养一体化"即建设养护一体化，是在当前高速公路养护普遍存在"重建轻养"、养护管理体制不完善、养护质量偏低的情况下体现出来的，常见于公路管理部门的各项工作报告中，多用于强调做到建养并重，提高高速公路建设和养护水平，实行建设养护一体化管理。

通过以上分析得出，公路桥梁建养一体化是指，在公路桥梁的生命周期内，针对公路桥梁结构性能的安全性、适用性和耐久性能，以及环境、费用和可用性等目标，对建设和养护业务信息进行历史的、空间的分类存储与综合分析，为公路桥梁的建设、养护过程提供信息共享和决策支持，提供公路桥梁建设和养护管理水平。

公路桥梁建养一体化的根本目的是，通过对建设期间信息的有效管理，服务于运营养护期的决策工作。为了实现建设和养护信息之间的共享、消除信息孤岛，公路桥梁建养一体化提出以一体化的项目管理为目标，采用集成管理和信息管理的方法，为公路桥梁管理单位提供从项目开始建设到交付使用的养护、运营的全过程和一体化的管理，包括建设项目生命周期管理的一体化和各参建单位信息共享的一体化。

第二节 公路桥梁建养一体化信息管理的综合认知

一、建设工程信息的特点

在建设工程全寿命周期中会产生大量的信息，它们在不同的工程参与者之间，以及在不同的工程阶段之间传递，前一阶段的大量信息会被后一阶段连续使用。建设工程的信息具有数量庞大、类型复杂、来源广泛、存储分散、应用环境复杂等特征，在建设工程全寿命周期中始终处于动态变化之中。

（一）信息量大，内容复杂

建设工程全寿命周期内产生的信息数量巨大、种类繁多，随着工程项目的进展，建设项目信息的数量呈现出几何递增的趋势。据测算，单个普通单体建筑产生的文档数量就达到 10 的 4 次方数量级，一个大型建设项目在项目实施的全过程中所产生的文档纸张重量可达几十吨。在建设工程全寿命周期内，大量的信息被创建和传递，在工程各阶段之间、项目各参与方之间存在数量庞大的信息流。信息涉及技术、经济、管理、法律等方面与建设工程全过程有关的各种信息。

（二）信息类型复杂、格式多样

建设工程项目信息可依据不同的标准进行分类。按照建设项目实施的过程划分，可分为决策阶段信息、设计阶段信息、施工阶段信息和运营管理阶段信息；按照建设工程的目标划分，可分为投资控制信息、质量控制信息和进度控制信息等；按照参与方信息需求划分，可分为建设单位信息、勘察设计信息、施工单位信息等；从计算机辅助信息管理角度，建设工程信息可以分为结构化信息和非结构化信息两类。在全寿命周期内，建设工程项目信息在被创建和管理的过程中存在多种形式与表现方式，如表达建筑产品构造的工程图纸，反映施工项目管理活动的报告，以及体现工程造价的预算表格等，不同格式的信息同时被创建和管理。

（三）信息被多方创建、管理，存储分散

建设项目信息来自建设单位、设计单位、施工单位、监理单位以及其他组织与部门，来自建筑、结构、给排水等不同专业。在全寿命周期内，建设工程各参与方都在工作中创建和管理自身需要的信息，造成信息的分散、重复存储，多个独立的信息中心不能充分地进行信息共享，导致所谓的"信息孤岛"现象的产生，既不利于建设信息的共享及应用，也不利于及时进行决策。

（四）信息变更频繁，始终处于动态变化之中

建设项目的信息始终处于动态变化之中。与其他应用环境中的信息一样，建设项目中的信息都有一个完整的信息生命周期。建设工程持续时间长，在实施过程中存在大量的不确定因素，如建设工程的实施环境存在很大的不确定性，各类突发事件经常出现，因此建设工程信息由于外部条件变化而变更频繁。

（五）信息应用环境复杂

信息通常按照组织结构形式，在组织成员间进行传输。不同的项目参与方对项目信息有不同的应用要求，同一信息面临不同的信息处理和应用要求，因此对建设工程信息进行组织和管理时需充分考虑对信息的应用要求。

二、公路桥梁信息的分类

桥梁工程项目的信息量大，构成情况复杂，可以从不同的角度对桥梁工程信息进行分类。

按照项目管理工作对象划分，公路桥梁工程信息包括工程系统的总体信息、单位工程信息、分部工程信息、分项工程信息等，按照桥梁结构划分，可分为下部结构、上部结构、桥面系和附属结构信息。

按照信息的内容，公路桥梁工程信息大致可分为技术信息、经济信息、管理信息、法律及其他信息等。根据信息内容属性对信息进行分类和编码，可有效满足项目资料档案收集的需求，实现项目管理各方和各阶段的综合管理。按照工程实施过程中的一些主要工作环节，公路桥梁工程信息可分为决策阶段信息、设计阶段信息、施工阶段信息和运营管理阶段信息。

按照项目参与方划分，建设工程信息可分为业主方信息、设计方信息、施工方信息等不同主体的信息。

三、公路桥梁建养一体化信息管理

公路桥梁建养一体化信息管理主要从两方面实现桥梁建设目标的整体最优，即建设养护信息管理一体化和参建单位信息管理共享一体化。

（一）建设养护信息管理一体化

建设养护信息管理一体化，是将公路桥梁建设阶段和运营阶段的信息进行集成管理，将设计、施工到最后运营养护的管理信息经过充分交流和控制集成为一个整体，减少公路桥梁建设与运营阶段之间的界面信息流失，使项目信息能准确、充分地传递，使公路桥梁建设各个过程之间以及项目各参与方之间进行有效的沟通与合作，实现数据共享。

（二）参建单位信息管理共享一体化

参与公路桥梁建设和养护过程的单位包括业主方、设计单位、施工单位、运营方、政府部门、咨询单位和供应商等有关主体，公路桥梁的建设与养护管理是由各个阶段的参与主体所创建、更新、管理或使用的。在建设阶段，项目各参与主体之间因工作需要而大量、频繁地交流和共享信息，由于各方主体在纵向管理范围有所不同，参与主体在阶段之间的信息交接也是必不可少的。从这个意义上讲，公路桥梁建设与养护管理实际上就是一个工程信息的创建、管理信息共享及应用的过程。因此，基于建养一体化的信息管理模式力图对建设过程中项目各参与主体产生的信息进行有效的梳理，实现在公路桥梁生命周期的各阶段之间、各参与主体之间高效地创建、管理、共享和应用工程信息。基于建养一体化的信息管理共享，一方面要求加强信息（沟通）管理和界面管理，保证界面之间项目各参与主体之间顺利完成信息交接，使工程信息保持准确和完整；另一方面要求加强各参与主体之间彼此合作，强调各参与主体在履行各自传统职责的同时，以配合运营养护为目的将管理工作延伸至工程建设全过程，加强协同工作，实现参建单位信息管理共享一体化。

（三）公路桥梁建养一体化信息管理作用

公路桥梁工程项目信息应符合管理的需要，有助于项目的管理和实施，公路桥梁建养一体化的信息应符合如下要求：符合专业需要，能够满足不同专业、不同项目管理职能人员的信息需求；反映并符合项目实际情况，项目信息保持准确有用不失真；及时提供和反馈信息；信息通俗易懂，便于正确理解。公路桥梁建养一体化信息管理除具备信息管理的辅助决策，提高管理水平、降低成本和提高工作效率等常见作用外，更强调以下几点。

1. 合理组织公路桥梁管理信息资源，实现信息资源的共享

公路桥梁从建设到运营的发展过程中，形成了一定的信息沉淀，如果无法有效组织和管理这些信息，则不能发挥信息资源的优势。为了使这些信息真正成为资源，公路桥梁建养一体化的信息管理通过对桥梁信息的搜集、整理、选择和评价，巧用基于 BIM 技术的数据管理平台实现信息资源的有效整合，通过将分散无序的数据加工为系统有序的信息流，利用信息管理平台实现项目各参与单位的信息资源共享，为桥梁运营养护提供各种工程信息，实现异地协调和控制，并通过各种方式向人们提供信息服务，发挥公路桥梁信息的作用。

2. 信息便于查询与利用

在桥梁运营期间，当通过专业监测系统发现桥梁某技术系统发生故障时，则需要调用设计、施工及变更等所有信息，作为技术人员分析和处理故障的主要信息依据。采用一体化的信息管理方式，通过对公路桥梁建设和养护信息的合理组织，提供多元化查询支持，不仅提供当前桥梁运营养护管理的信息，同时基于 BIM 模型提供三维可视化界面，直观提供公路桥梁各工程系统历史的数据资料，便于工程技术人员查阅和决策。

四、基础理论和方法

（一）建设项目集成管理

集成追求的是优势互补，要求各集成单元能实现优化组合，形成有序和谐的运行结构，从而使得集成产生的总效益大于各集成单元分效益的累加。PMBOK 中对项目集成管理的定义是：项目集成管理是项目管理的一个子集，项目集成管理是将项目管理的各个方面整合在一起的活动，包括那些确保项目各要素相互协调所需要的过程，它需要在相互矛盾的项目目标和方案之间做出权衡，以满足或超出项目干系人的需求和期望。

（二）集成管理分析方法

对于建设工程项目而言，一个典型而有效的方法就是采用系统工程的方法进行集成管理。其中运用最多并且十分有效的方法是系统工程学者霍尔（Hall）提出的"三维结构体系"，即霍尔模型。它用时间维、逻辑维和知识维的三维空间描述复杂系统分析与设计在不同阶段时所采用的步骤和所涉及的知识，是进行集成化管理系统分析与设计的主要方法。霍尔模型是解决规模较大、结构复杂、影响因素众多的大型复杂工程组织与管理问题的思想方法。

（三）建设工程项目集成管理途径

根据霍尔模型可知，建设工程项目集成管理一般从三个维度进行分析，即组织集成、过程集成、信息集成。建设工程项目作为一个完整的系统，组织集成，过程集成、信息集成分别是从三个不同的侧面对建设工程项目进行集成的途径。

1. 组织集成

组织集成是指建设工程项目参与各方的集成。组织集成描述的是建设工程项目集成管理系统的组织形态，即描述建设工程项目各参与单位之间的组织关系。建设项目集成管理中的组织集成是指项目参与各方为了实现共同的目标，按照特定的原则组织设计，从而使相关资源得到有机整合，并以特定结构运行的结合体。组织集成的方法则根据系统论的观点运用组织理论分析建设工程项目采用何种组织结构模式、组织分工及工作流程组织，实现建设工程项目集成化管理。

2. 过程集成

过程集成是建设工程项目实施过程的集成，也是建设项目全寿命周期各阶段的集成。过程集成强调不能只将管理的重点放在工程建设的实施阶段，而应从工程项目的全寿命周期角度进行分析。建设工程项目的所有活动是不可分割的，应运用系统的观点统筹考虑。在建设工程项目集成管理模式中，过程集成反映了纵向管理的范围，涉及建设项目不同过程之间的交互和协同工作。建设项目的过程集成是指实现建设工程项目全寿命周期数据、资源的共享和各参与方的协同工作，将原来分隔的建设过程集成为一个协调的系统。

3.信息集成

信息集成主要针对建设工程项目管理过程中大量存在信息孤岛等问题，解决信息准确、高效的共享和交换。信息集成是建设工程项目集成管理首先必须解决的问题。信息集成的主要目的是如何保证建设项目全寿命周期的信息得到合理的定义、组织和管理，使项目整个寿命周期内的信息都能保持最新、一致、共享和安全。建设工程项目的信息集成根据系统论的观点针对工程项目既定的目标或任务，运用信息管理的理论和方法对信息进行组织和管理，使建设项目相关的多元信息有机融合和优化，为建设项目集成管理而服务。

组织集成、过程集成和信息集成是建设工程项目集成管理必不可少的三个方面。信息集成是过程集成和组织集成的基础，过程集成是连接组织集成与信

息集成的重要环节，组织集成是在过程集成和信息集成的基础之上进行的，是建设工程项目集成的最高层次。

五、工程全寿命期管理

在全寿命期管理研究中最早的领域是全寿命期费用管理（Life Cycle Cost，LCC）研究，LCC概念起源于瑞典铁路系统，瑞典Adranz公司将LCC技术应用于瑞典高速列车工程，并取得了很好的经济效益。成虎在《工程全寿命期管理》一书中关于工程全寿命期管理的定义为：工程全寿命期管理是以工程的前期策划、规划、设计、建设和运营维护、拆除为对象的管理过程。工程全寿命期管理有两个含义。

1.工程全寿命期管理，主要是指对工程全寿命期内各个阶段的管理工作。

2.基于工程全寿命期的管理理念、理论和方法。工程全寿命期管理强调工程的任何一个阶段的工作都要立足于工程的全寿命期，不仅注重建设期，更注重工程的运行阶段；工程全寿命期管理以工程全寿命期的整体最优作为管理目标，反映工程全寿命期的整体效益和效率；强调对工程全寿命期进行集成化管理，将工程全寿命期的各个阶段的全过程作为一个整体统一管理，形成具有连续性的、系统的、集成化的管理系统。

建设项目全寿命管理从项目决策阶段开始，直至项目废除，进行总体和全面的策划、协调与控制，使项目符合投资方、运营方和最终用户的要求，使建设的投资目标、质量目标和进度目标尽可能实现，并使项目得到尽可能大的投资的有形和无形的回报。

全寿命管理的理念要求工程项目的建设和管理应在考虑工程项目全寿命过程的基础上进行，在工程全寿命期内综合考虑工程建设的各种情况，使工程项目的总体目标达到最优。全寿命期管理有助于项目管理者在工程建设过程中统筹考虑工程项目全寿命期目标的实现并最终提升工程的价值。

第三节　公路桥梁建养一体化信息管理过程解析

近年来，随着 BIM 技术的发展，BLM 理念的提出为建设项目全生命周期信息管理提供了理论和技术上的支持。BLM 通过支持协作性的创建、管理、共享和使用项目相关信息，以全寿命周期集成化管理的思想将项目设计和相关信息进行有机集成，为项目增值服务。先分析桥梁工程建设与养护阶段的信息管理过程，包括信息创建、信息加工与存储、信息共享和信息再利用四个环节。然后通过建养一体化信息流程分析，明确基于 BIM 模型的建养一体化信息流动过程，为桥梁建设和养护管理决策服务。

一、基于 BLM 理念的建设工程信息管理

建设工程生命周期信息管理（BLM）的理念是 2000 年提出的，这一思想的提出，从技术上改变了建设工程信息的创建、管理和共享行为与过程，是工程建设领域信息化发展的方向。建设工程生命周期信息管理以 BIM 为技术核心来推动建设工程设计、施工和运营管理工作中的数字化，从而提高信息在工程参与各方之间共享的程度。

公路桥梁建养一体化信息管理的对象是公路桥梁建设项目各阶段的信息，即寻求最佳方式组织、跟踪、访问和管理公路桥梁项目的设计、建造与运行维护等各阶段内的所有数据及信息，它需要解决日前公路桥梁信息的创建、管理、共享和使用中存在的问题。基于 BLM 理念的公路桥梁建养一体化信息管理不仅仅是信息管理，相对于传统的信息管理侧重于信息传输的合理组织和控制，其更密切结合面向公路桥梁项目的协同工作、流程改进和知识管理。公路桥梁建养一体化信息管理过程涉及桥梁工程信息的创建、管理、共享和使用整个过程，需要解决以下问题。

（一）信息的创建阶段

基于 BLM 理念的建养一体化信息管理需要解决公路桥梁巧计方案以及相关的信息集成问题，包括结构空间规划、成本、物料清单等资源和工程结构关系等，以及这些信息的参数化处理和相互关联处理，目前建筑信息模型（BIM）是解决此问题的重要途径。

（二）信息的管理和共享阶段

在这一阶段需要解决信息的分类、文档的产生、桥梁数据的更新以及信息的安全管理、分发和交流等，以使项目各参与方协同工作。

（三）信息的使用阶段

信息的使用阶段需要解决所创建信息的再利用问题，即应具备强大的索引和搜索功能，

从信息的最终用户需求角度出发获取信息，将传统的"推"式转向"拉"式，提升信息使用层次，将信息转化为知识，为公路桥梁项目增值提供服务。

二、公路桥梁建养一体化信息管理的实施

信息管理角度来看，公路桥梁建设与养护管理实际上就是工程信息的创建，以及管理信息共享及应用的过程。公路桥梁建养一体化信息管理的实施可用五个基本过程进行描述，即信息需求的识别、信息创建（获取）、信息加工和存储、信息共享和信息再利用。现在以 BLM 理念为指导，重点分析桥梁工程建设与养护的信息创建、信息加工和存储、信息共享和信息再利用过程。

（一）建设阶段信息管理过程

公路桥梁建设阶段信息管理过程主要从信息创建、信息加工与存储，以及信息共享三个环节进行分析。

1. 信息创建（收集）

公路桥梁工程项目在整个建设过程中产生大量的信息，对这些工程信息进行管理的第一步就是信息的创建和收集。BIM 设计工具创建了参数化设计数据，为桥梁工程全寿命期的信息管理提供了可行的技术基础，实现全寿命期各阶段的信息管理和共享。基于 BIM 模型的信息创建主要包括 BIM 核心、信息的创建以及技术信息、经济和资源信息、管理和其他信息等附属信息的创建。

桥梁工程 BIM 核心、信息的创建主要由专业软件系统实现，在设计阶段主要是参数化三维建模，建立结构细化模型，不仅包括桥梁图形信息、设计信息和材料信息等 BIM 模型创建桥梁工程结构信息等核心信息，还包括通过与 BIM 模型相结合的信息平台集成创建的相关附属信息（如技术信息、经济和资源信息、进度信息等），是 BLM 各阶段信息共享和协调工作的基础。

2. 信息加工与存储

原始信息创建（收集）后并不宜直接存储和使用，信息存储之前需要对信息加工和处理，即对与建设项目相关的信息根据不同需要及要求进行选择、核对、分类和汇总，在此基础上生成不同形式的信息。基于 BLM 理念的信息加工与处理，在强调信息集中管理的同时，主要通过判断、分类整理以及编辑与归档保存三方面的工作，获得可供利用和存储的真实可靠的信息资料。

（1）判断。除了判断创建信息的真实性与准确性外，BIM 信息的判断主要包括两方面：一是工程建设需要的信息，宜由业主方牵头组织，设计、施工方负责实施；二是从运营养护管理角度出发，由运营方负责判断信息的归档和参考类型。

（2）分类整理。公路桥梁建设项目参与方众多，从各方面收集到的信息分散而杂乱，

采用基于 EBS 的信息模型能够以统一的标准对其进行分类整理。拓展的编码信息则用于将创建的初始信息按一定的标准，如时间、业务性质等将其分门别类进行整理。

（3）编辑与归档保存。信息的编辑与归档保存主要是为后期的调用提供便利。基于 BIM 的信息模型能够通过三维可视化让使用者直观了解桥梁状况，采用统一的编码体系则有助于信息归档的电子化和规范化，以实现数据库对信息的集中管理。

3. 信息共享

传统的信息传递主要依赖人工的方式进行，如专人负责信息的传递，将纸质文件在规定时间内传达到指定方，通过通信方式（如信函、电话、传真等方式）及会议形式进行信息传递。BIM 作为一项基于三维的面向对象的工程数据库技术，BIM 数据库包含设计意图、设计管理数据、项目资料和建造信息等可视化信息，因此满足了构建信息交换平台的最基本要求。基于 BLM 的信息共享强调在桥梁工程生命周期内，使工程各参与方能够在线交流信息与协同工作，项目信息门户（Project Information Portal，PIP）为此提供了技术方面的支持。项目信息门户在对工程各参与方产生的信息进行集中管理的基础上，在互联网平台上为各参与方提供个性化建设工程信息的单一入口，项目所有参与方可以通过这一单一入口访问他们所需要的信息，从而使项目信息从传统低效、点对点的沟通方式转变为集中共享，不仅大大提高了信息沟通的效率，项目信息也得以稳定、

准确和及时传递，为工程各参与方提供一个高效的信息交流和共同协作的环境。设计阶段 PIP 为设计方基于 BIM 的协同工作提供支撑，各专业工程师改变传统点对点的沟通方式，采用在 PIP 平台上实现基于 BIM 的信息集中共享。PIP 还为业主方决策提供信息支持，决策人员通过 PIP 能够实时掌握工程进展和工程方案实施情况。施工阶段 PIP 除实现信息共享、协同工作和文档管理等功能外，基于 PIP 平台集成相关项目管理信息系统，能够在 PIP 平台上进行成本管理、进度管理、合同管理等项目管理工作。另外，BIM 中心、数据库的信息内容也可以通过 PIP 平台进行共享和发布，并通过 PIP 平台接收各参与方的信息指令。基于 BIM 数据库和 PIP 信息平台的信息传递与管理模式，使建设项目信息在规划、设计、建造和运营维护全过程充分共享、无损传递，可以使建设项目的所有参与方在项目从概念产生到完全拆除的整个生命周期内都能够在模型中操作信息和在信息中操作模型，进行协同工作，从根本上改变过去依靠文字符号形式表达的蓝图进行项目建设和运营管理的工作方式。

（二）养护阶段信息管理过程

公路桥梁养护是一项系统工程，涉及的信息量多面广，针对公路桥梁养护信息过于抽象、分散的特点，将桥梁养护信息进行科学加工与集成共享具有重要意义。桥梁养护信息过程管理也可以从信息创建、信息加工与存储，以及信息共享的角度进行分析。

1.信息收集（创建）

公路桥梁养护信息可以分为构件信息和业务信息两类。运营阶段公路桥梁的产品数据模型由构件数据模型和业务数据模型组成，构件数据模型是在移交的 BIM 模型基础上形成的，主要描述公路桥梁构件的状态，构件数据模型信息包括桥梁下部结构、上部结构、桥面系、附属结构信息，以及档案信息和图形信息等基本信息。业务数据模型则用于描述桥梁检测、桥梁状况和评估等动态信息。

构件数据模型信息由在桥梁维护过程中所需和积累的设计与施工信息构成。因此，构件数据模型创建的信息包括结构类型和构件在维护计划、退化诊断、维修与加固阶段的信息。

业务数据模型信息由运营阶段桥梁养护工作产生的信息构成，业务数据模型创建的信息包括：桥梁检查检测产生的数据，桥梁检查检测专业数据信息是桥梁状态评估和养护决策的主要专业数据来源，包括经常性检查、定期检查和特殊检查专业数据和健康监测系统采集的数据；根据桥梁检查数据生成的桥梁评定结果的数据；桥梁养护决策信息以及维修加固计划的制订；进行桥梁维修与加固产生的数据；等等。

2.信息加工与存储

桥梁管理系统的数据库子系统为桥梁养护信息的加工和存储提供了技术支持，一般桥梁管理系统数据库包括桥梁基本数据（桥梁结构、设计数据、施工数据）、检查数据、维修改建历史数据、技术状况数据、费用数据和交通环境数据等。采用基于 BIM 的数据库技术，在实现传统桥梁管理系统数据库功能的基础上，通过面向对象的、智能化和参数化特点的数字化表示，支持桥梁养护过程中动态信息创建、更新和管理，实现信息可视化表达，为桥梁养护信息加工与存储提供集成化平台。基于 BLM 的桥梁产品数据模型也可根据判断、分类整理、编辑归档三方面工作进行信息的加工与处理。

（1）判断。除判断创建信息的真实性与准确性外，桥梁养护信息判断主要包括两方面：一是工程后期维护需要的信息；二是为桥梁设计、施工提供技术参考的信息。由运营方负责判断信息的归档和参考类型，并且与设计、施工方保持长期合作关系。

（2）分类整理。桥梁养护信息的整理采用动态数据与静态数据的相互转化进行分类整理，对于构件数据模型的信息，主要桥梁构件指将对应的基本数据、检查数据、维修数据、技术状况等数据一归类整理。

（3）编辑和归档保存。桥梁养护信息的编辑归档是一个不断更新的过程，其中构件数据模型的信息经归类后即可累积存储，业务数据模型的信息在信息输入和输出的过程中将相关技术信息归类保存，便于本工程后期运营参考和其他类似工程设计、施工的借鉴。

3.信息共享

相对于桥梁养护管理，桥梁建设阶段参与方多、信息量大，基于 BIM 的 PIP 为不同参与方之间的交流和信息共享构建了面向桥梁建设全生命周期信息管理的协作平台。桥梁运营方在建设阶段基于 BIM 的 PIP 平台上实现桥梁建设信息共享之外，桥梁养护信息的共享则由基于 BIM 数据库的产品数据模型实现。不同于传统的桥梁管理系统，基于 BIM 数据库的桥梁 3D 产品数据模型最大的特点是提供一个可视化直观界面，作为进入海量桥梁信息库的窗口，具备强大的索引和搜索功能，为相关方信息查阅提供支持。

传统桥梁养护管理从运营阶段开始，相关养护信息也是在运营阶段开始创建和管理。基于 BIM 数据库的产品数据模型在整合桥梁维护过程中所需和积累的设计与施工信息基础上，不断更新桥梁构件在维护计划、退化诊断、维修和加固阶段的信息，其面向桥梁工程对象的设计、施工、养护一体化信息，实现桥梁全生命周期的信息传递，特别是桥梁运营期间的检测评估后的信息共享，为相关设计、施工与养护等部门提供反馈信息，实现桥梁建设与养护之间的信息共享。

产品数据模型中的业务数据模型可以有效与传统的桥梁管理系统相结合，实现业务间的信息共享；产品数据模型与健康监测系统相结合—在产品数据模型上结合桥梁健康监测布局，实现桥梁基本数据信息、业务数据信息、健康监测信息一体化，实现 BIM 数据库、桥梁管理系统和健康监测系统间的信息共享。

（三）信息再利用

对于建养一体化的公路桥梁而言，信息的价值在全生命周期各个阶段的体现也有所不同。在决策阶段，信息的价值在于明确定义一个项目，并为后续阶段提供决策信息；在设计阶段，信息的价值在于为招投标、施工和运营阶段提供准确而完整的项目信息；在施工阶段，信息的价值在于根据项目目标进行各项管理活动并指导施工，避免因信息的错误导致不必要的浪费；在运营阶段，信息的价值在于辅助运营管理及资产的保值增值。

1. 信息管理平台的应用能够减小数据手工输入造成的错误。采用信息管理平台实现了信息再利用的"一次录入，多次使用"，这就避免了传统信息在过程界面或组织界面都需要重复手工录入的情况，从而减少了手工录入造成的信息错误。

2. 基于 EBS 的编码体系减少信息冗余。信息再利用是根据需求对信息的多次使用，由于 EBS 编码体系的固定性，只需对录入的一套信息进行维护就可以满足多方的需求，这不仅减少了信息总量，也降低了信息搜索与维护的成本。

3. 提高信息准确性，准确反映桥梁状态。传统公路桥梁各阶段都是利用本阶段录入的信息，在桥梁生命周期内存在多种表达同一构件的信息，当信息变更时，无法及时反映给其他相邻阶段，造成信息时效性和准确性下降，无法准确反映桥梁状态。

三、公路桥梁建养一体化信息流程

信息流程是记录业务流程中管理工作形成的数据流，建设项目信息流程主要反映建设项目的建设过程和信息处理过程。公路桥梁建养一体化信息流程包括项目管理流程和信息流分析两方面。采用 IDEF0（Integrated Definition Language）方法对公路桥梁建养一体化过程建立模型，通过分析项目各个过程之间的联系，梳理项目管理流程，是信息流程分析的基础。项目建设的不同阶段均存在信息流动过程，建养一体化信息流通过分析基于 BIM 信息模型的数据流，实现公路桥梁设计、施工和养护管理各个阶段的过程数据与结果数据的整合及再利用，服务于公路桥梁建设和养护管理决策。

（一）建养一体化工程模型建立

工程建设项目的过程是指为完成建设项目目标而进行的一系列逻辑相关的跨越时间的活动的有序集合。工程建设项目的所有活动是不可分割的，需要用系统的观点统筹考虑，公路桥梁建养一体化过程涉及不同过程之间的交互和协同工作，运用过程建模技术对公路桥梁建养一体化过程建立模型，分析项目各个过程之间的联系，也有利于实现桥梁建设各过程的信息集成与管理。采用 IDEF0 方法可以清晰而有序地描述各层次的过程以及相互关系，IDEF0 的基本元素包括输入、活动、输出、机制和控制。

工程建设过程从不同参与方的视角出发具有不同的输入、输出和控制机制，业主方作为整个项目的组织者与集成者，公路桥梁建养一体化的过程模型是基于业主视角的模型。由于桥梁工程建设过程涉及内容广泛，人们主要就桥梁工程生命周期过程及其部分关键过程给子建模，着重体现建模的思路和方法。建养一体化过程总体模型可分为建养一体化信息管理、前期策划、设计、施工和运行及维护五个子过程，具体包括以下内容。

1. 建养一体化信息管理活动。建养一体化信息管理主要集中在将资源转化为项目参与团队、文档或合同等控制条件，建养一体化信息管理受控于两个要素，即整个项目的状况信息和优化项目内部子过程的信息。

2. 项目前期策划活动。通过明确和定义业主需求与实现方法，将建设想法转化为设计要求，受控于项目参与者、管理计划、合同和优化信息，输出包括活动下游的设计要求文件和项目前期策划信息。

3. 设计活动。基于策划报告和设计文件的要求，将执行方案转化为 BIM 模型、工程文档和运行维护文档。另外，后续活动的设计可施工性以及运营养护管理信息也是设计所需的控制信息，以使工程满足业主的需求。基于 BIM 的设计过程可分为如下几个子过程：理解项目需求和要求；项目定义和概念设计；初步模型建立；模型改进和深化；模型的测试与模拟；模型的维护和设计文档的输出。

4. 施工活动。基于 BIM 模型、工程文档、合同、标准和现场计划等控制条件，施工活动的主要任务是将与设计有关的资源转化为一个完整的工程实体。

（二）建养一体化项目管理工程分析

基于建养一体化的项目管理流程更多地考虑工程技术的定位、工程建设组织协调管理和运营维护，包含许多职能型的计划和管理控制，使桥梁工程在建设期和运营期都能很好地发挥作用，实现建设目标。项目管理流程可分为建设管理流程和养护管理流程两部分。

1.基于建养一体化的桥梁建设项目管理流程

建养一体化桥梁建设项目管理应以运营养护为导向，从提高信息再利用、降低桥梁寿命周期成本和提高运营效率的功能角度出发，在满足当前目标的基础上，以建养一体化为目标，形成一体化的管理流程，为桥梁养护决策提供必要的条件。在桥梁建设阶段，项目管理流程主要反映项目管理要素之间的关系。

2.基于建养一体化的桥梁养护管理流程

在养护管理工作中，基于 BIM 模型的数据库包含桥梁基本数据（即产品数据模型中包含的桥梁设计、施工数据），它是进行检测、评估、计划和决策的基础。在桥梁检查检测和健康监测系统数据基础上进行结构状态评估，评估结果为维护计划和决策的制定提供数据基础。根据评估的结果制订维修加固计划，最后将维修加固实施的结果也录入数据库保存。

（三）建养一体化信息流分析

从全寿命周期的角度来分析，建设项目在某一阶段产生的一些信息不会立刻消失或失效，往往会继续进入下一个阶段使用、更改。在信息产生、转化、消亡的过程中，项目建设的不同阶段均存在信息的流动过程。公路桥梁工程项目从产生开始经历了决策、设计、施工和运营多个阶段，各阶段之间的管理过程是紧密联系的，前一阶段的信息输出会成为后一阶段的信息输入。建养一体化信息流即用来分析相关的信息流动过程是如何为桥梁建设和养护管理服务的。

1.桥梁建养一体化总体信息流

公路桥梁建养一体化信息平台不同于一般的桥梁管理系统，公路桥梁信息平台利用 BIM 技术，通过对全桥进行结构分解、参数化编码，将每个构件在设计阶段、施工阶段以及运营阶段检测、维修养护的各类数据信息输入，实现桥梁生命周期数据的流通，形成建养一体化的信息流，其信息资料的完整性也符合全寿命周期理念的要求。

2.公路桥梁建设—养护管理信息流

BIM 作为桥梁建养一体化信息管理的核心，在工程生命周期不同阶段的模型信息是一致、连贯的，同一信息无须重复输入，故建设—养护管理信息流分析以 BIM 模型信息流分析为主。BIM 模型信息流以完善 BIM 数据库的信息为目标，BIM 数据库相当于提供了一个信息存储平台，不同阶段不同参与方可以根据需求提取相关信息，扩展和输入相应的信息，随着 BIM 数据库信息的不断完善，为相关参与方进行项目决策提供技术支持。

从以养护为导向的桥梁建养一体化角度出发，桥梁运营阶段的产品数据模型信息由在桥梁维护过程中所需与积累的设计和施工信息构成。因此，运营阶段信息流关注构件的结构类型及其在设计、施工、运营维护计划、退化诊断、维修和加固阶段的信息积累，并将这些信息有效归类于桥梁上部结构、下部结构、桥面系和附属设施中。其中，CAD、设计分析和工程量计量结果等信息作为运营阶段产品数据模型的基础数据，应能体现一定的架构并提供原数据的链接。

（1）桥梁建设阶段的信息流，通过设计和施工各功能模块信息的完善最终流向 BIM 数据库。桥梁 BIM 功能模型的建立是在数据的基础上进行的，可以从相关模型软件中抽取提炼出可识别的信息，通过 BIM 数据集成平台（BIM 数据库）实现共享和扩展。例如，设计阶段的信息模型主要包括桥梁 3D 模型、材料属性、地质环境、水文资料、基础造价等信息；施工信息模型对其进行扩展，包含桥梁施工模拟数据、施工基本信息、安全管理方案。由于后续信息模型在建立时可以从中提取所需的信息，减少不必要的信息输入，提高了信息的重复利用率。

（2）桥梁运营阶段的信息流，桥梁运营阶段的 BIM 信息流以桥梁设计和施工模型积累的信息为基础，对最终施工信息模型进行进一步扩展，增加桥梁检测采集信息、桥梁状况评估产生的关于桥梁构件的结构特征信息，以及后期桥梁维修加固的相关信息，更新到 BIM 数据库中。一方面为桥梁后期养护管理提供技术基础，提高信息再利用；另一方面对其他桥梁工程的设计、施工提供参考信息。

结　语

　　近年来我国的桥梁在不断地增加，由于交通量的迅猛增长，大型运输车辆和超重车辆的增多，对公路桥梁的要求也是越来越大，一些老式的公路桥梁已经不能满足现代人的使用，虽然老式公路桥梁在不断地改建，但是也存在着很大的弊端，加强公路桥梁的检测维修和加固很重要，发达国家总结出的经验表明，桥梁在使用二十多年后，它的各项性能都下降了很多，可能出现安全问题，而且越是交通运输量大的地方越是面临的越严重，我国的现代化公路桥梁建设起步很晚，随着服役的时间和交通事业的迅猛发展，桥梁的养护管理工作越是显现出很多不足之处，所以监管部门应定期地对桥梁进行检测、评价、维修加固和养护管理等工作。

　　公路桥梁使用过程中，因为长期承受荷载，加上部分老旧工程施工工程中技术方法存在一定问题，从而导致公路桥梁出现一定损坏。因此，相应部门需要定期对公路桥梁进行检测，首先对公路桥梁的外观进行检测，然后对其结构进行深入检测，最后对一些特殊病害进行检测。当前，我国的特大桥梁建设事业蓬勃发展，大型桥梁所具有结构更加复杂化和多元化，这就要求我们的技术水平越来越高，建筑材料、设备、建筑技术都在不断地发展，为桥梁建设不断提供新的突破，还有加上桥梁设计者的兢兢业业和施工者的踏踏实实，我国的建桥水平一定能更进一步，要重点关注多样化、标准化的桥梁建设，不断地总结经验，建出高标准、高质量的桥梁。"要致富、先修路"这是众所周知的道理，其实事实就是如此。目前，国家投资重点方向的更改和集资渠道的多样化，有效的为我国公路桥梁的未来发展提供了多方位的资金支持，尤其我国幅员辽阔，经济发展水平参差不齐，更有效的解决了现在所面临的问题，有效利用独具创造性的劳动。

参考文献

[1] 祁朝相. 公路桥梁高墩偏位检测与加固方案 [J]. 北方交通，2020（05）：32-35.

[2] 刘玉民. 公路桥梁检测与加固技术 [J]. 交通世界，2020（Z2）：154-155.

[3] 岳增冬. 高速公路桥梁承载力不足的检测方法及加固措施 [J]. 湖北农机化，2020（03）：82.

[4] 牟风芹，鞠一帆. 公路桥梁工程中预应力混凝土桥梁的检测与加固 [J]. 工程技术研究，2020，5（03）：89-90.

[5] 张来强. 预应力混凝土桥梁检测与加固研究 [J]. 交通世界，2020（Z1）：184-185+201.

[6] 吴文兵. 公路桥梁工程中预应力混凝土桥梁的检测与加固 [J]. 公路交通科技（应用技术版），2020，16（01）：153-154.

[7] 商东洋. 公路桥梁工程中预应力混凝土桥梁的检测与加固 [J]. 建材与装饰，2019（29）：264-265.

[8] 姚俊. 维修加固技术在公路与桥梁检测中的合理运用探讨 [J]. 门窗，2019（15）：232.

[9] 武钰. 浅析公路桥梁工程中预应力混凝土桥梁的检测与加固 [J]. 公路交通科技（应用技术版），2019，15（08）：185-186.

[10] 于继书. 钢筋混凝土简支矩形板桥检测与加固设计研究 [J]. 黑龙江交通科技，2019，42（07）：131-132.

[11] 吴秀娟. 维修加固技术在公路与桥梁检测中的合理运用探讨 [J]. 中国标准化，2019（06）：194-195.

[12] 张刚. 高速公路桥梁检测分析评价与维修加固措施 [J]. 西部交通科技，2019（02）：94-96.

[13] 高长生，黄浩. 公路桥梁工程中预应力混凝土桥梁的检测与加固 [J]. 住宅与房地产，2019（03）：137.

[14] 李小青. 公路桥梁检测与加固技术 [J]. 黑龙江交通科技，2019，42（01）：137-138.

[15] 檀东钊. 公路桥梁工程中预应力混凝土桥梁的检测与加固 [J]. 住宅与房地产，

2018（21）：273.

[16] 路晨英 . 公路桥梁桥墩养护维护及加固措施研究 [J]. 北方交通，2018（07）：82-84+88.

[17] 李平 . 公路桥梁检测与加固技术研究 [J]. 建材与装饰，2018（21）：278.

[18] 白英勇 . 高速公路桥梁检测分析评价与维修加固措施 [J]. 低碳世界，2018（03）：301-302.

[19] 刘志华 . 公路桥梁桩基础偏位检测与维修加固方案 [J]. 北方交通，2018（01）：27-30.

[20] 强志国 . 公路桥梁检测与加固技术研究 [J]. 山西建筑，2018，44（02）：186-188.

[21] 胡勇 . 浅谈公路桥梁工程中预应力混凝土桥梁的检测与加固 [J]. 城市建设理论研究（电子版），2017（36）：32.

[22] 霍振超 . 公路桥梁工程中预应力混凝土桥梁的检测与加固 [J]. 住宅与房地产，2017（33）：206.

[23] 徐凯雯 . 维修加固技术在公路与桥梁检测中的合理运用 [J]. 建筑技术开发，2017，44（21）：94-95.

[24] 梁振勇 . 关于公路桥梁的病害、加固方法与相关检测方法的阐述 [J]. 中国高新区，2017（22）：178.

[25] 刘利平 . 公路桥梁的病害原因与检测加固措施 [J]. 科技创新与应用，2017（32）：105-106.

[26] 邢福伟 . 浅谈公路桥梁工程中预应力混凝土桥梁的检测与加固 [J]. 江西建材，2017（20）：148+152.

[27] 滕力森 . 公路桥梁检测与加固技术研究 [J]. 居舍，2017（28）：125.

[28] 文德 . 浅析公路桥梁检测方法 [J]. 江西建材，2017（16）：164+166.

[29] 汪鑫 . 浅析公路桥梁的检测和加固 [J]. 四川水泥，2017（08）：356.

[30] 唐彬 . 公路桥梁的病害原因与检测加固措施 [J]. 四川建材，2017，43（08）：104-105+120.

[31] 吴伟 . 公路桥梁病害检测与加固实践 [J]. 居业，2017（04）：123-124.

[32] 蔡星美 . 高速公路桥梁检测分析评价与维修加固 [J]. 黑龙江交通科技，2017，40（04）：127-128.

[33] 娄贤龙 . 公路桥梁工程中预应力混凝土桥梁的检测与加固 [J]. 城市建设理论研究（电子版），2017（06）：101-102.

[34] 周宇航 . 公路桥梁工程中预应力混凝土桥梁的检测与加固 [J]. 城市建设理论研究（电子版），2017（03）：233-234.

[35] 朱静 . 我国公路桥梁检测评价与加固技术的现状与发展 [J]. 建材与装饰，2016（30）：264-265.